DO PERÍODO EXPERIMENTAL NO CONTRATO DE TRABALHO

TATIANA GUERRA DE ALMEIDA
Assistente da Faculdade de Direito da Universidade Católica Portuguesa

DO PERÍODO EXPERIMENTAL NO CONTRATO DE TRABALHO

DO PERÍODO EXPERIMENTAL NO CONTRATO DE TRABALHO

AUTOR
TATIANA GUERRA DE ALMEIDA

EDITOR
EDIÇÕES ALMEDINA, SA
Rua da Estrela, n.º 6
3000-161 Coimbra
Tel.: 239 851 904
Fax: 239 851 901
www.almedina.net
editora@almedina.net

PRÉ-IMPRESSÃO • IMPRESSÃO • ACABAMENTO
G.C. – GRÁFICA DE COIMBRA, LDA.
Palheira – Assafarge
3001-453 Coimbra
producao@graficadecoimbra.pt

Fevereiro 2007

DEPÓSITO LEGAL
253607/07

Os dados e as opiniões inseridos na presente publicação
são da exclusiva responsabilidade do(s) seu(s) autor(es).

Toda a reprodução desta obra, por fotocópia ou outro qualquer processo,
sem prévia automatização escrita do Editor,
é ilícita e passível de procedimento judicial contra o infractor.

NOTA PRÉVIA

O trabalho que agora se publica corresponde à dissertação de mestrado em Ciências Jurídicas apresentada na Faculdade de Direito da Universidade Católica Portuguesa em Abril de 2005 e discutida em provas públicas realizadas em Dezembro desse ano.

Pese embora o reconhecimento de que o lapso de tempo entretanto ocorrido desafiava à consideração de algumas alterações e actualizações, sobrelevou a desvantagem do inevitável adiamento da publicação que daí resultaria. Optou-se, por isso, pela manutenção da estrutura e conteúdo do texto apresentado e discutido naquele momento, limitando-se a revisão às necessárias correcções de índole formal.

A investigação – diz-se frequentemente – é uma tarefa solitária. A verdade, porém, é que o trabalho que agora se publica não teria sido possível sem o apoio generoso e dedicado daqueles a quem neste momento se impõe prestar uma palavra de reconhecimento.

Assim, e em primeiro lugar, ao Senhor Professor Doutor Bernardo Xavier, a quem agradeço, a par do muito que tenho aprendido como sua assistente, toda a dedicação com que assumiu a missão de orientação deste projecto e em quem sempre encontro palavras de incentivo e entusiasmo.

Ao Senhor Professor Doutor Júlio Gomes, o reconhecimento pelo empenho e cuidado com que assumiu o encargo de arguir a dissertação, propiciando um debate tão vivo e rico de ideias, bem como ao Senhor Professor Doutor José João Abrantes, a quem muito agradeço também a disponibilidade e entusiasmo com que aceitou integrar o júri destas provas, as inúmeras sugestões e palavras de incentivo.

Uma palavra de reconhecido agradecimento não pode deixar de ser dirigida também ao Senhor Professor Doutor Rui Medeiros, ao tempo Director da Faculdade, pelo constante apoio, compreensão e estímulo.

Aos meus colegas da Faculdade, a quem tanto fico devedora pela solidariedade e amizade que sempre demonstraram, recordando, em especial, a permanente disponibilidade e as incontáveis sugestões e esclarecimentos dos Mestres Pedro Furtado Martins, António Nunes de Carvalho e Joana Vasconcelos.

À minha família, que tanto compartilhou do esforço, das contrariedades e da vontade de avançar neste projecto, por tudo o que fica além do agradecimento.

Ao Bruno, por esse *tudo* e por muito mais do que alguma vez conseguirei exprimir.

Lisboa, Novembro de 2006

PLANO GERAL DA EXPOSIÇÃO

INTRODUÇÃO

PARTE I

PRELIMINARES

1. Considerações gerais.
2. Noção e características do período experimental.
3. Distinção de figuras próximas.
4. Evolução do tratamento legal do instituto no ordenamento jurídico português – Indicação sumária.

PARTE II

RELAÇÃO DE TRABALHO E PERÍODO EXPERIMENTAL

TÍTULO I

ENQUADRAMENTO DO PERÍODO EXPERIMENTAL
NA ESTRUTURA DA RELAÇÃO JURÍDICA LABORAL

1. Razão de ordem.
2. Modelos normativos de reconhecimento e tutela do período experimental.
3. Autonomia contratual e regulamentação colectiva – Âmbito e limites da sua actuação na conformação da disciplina jurídica do instituto.

TÍTULO II

REGIME JURÍDICO DO PERÍODO EXPERIMENTAL

CAPÍTULO I
O PERÍODO EXPERIMENTAL E A CONSTITUIÇÃO
DA RELAÇÃO JURÍDICA LABORAL

1. Período experimental e formação do contrato de trabalho.
2. Influência do período experimental no *programa contratual*. Indicação da sequência.

CAPÍTULO II
CONTEÚDO DA RELAÇÃO DE TRABALHO
DURANTE O PERÍODO EXPERIMENTAL

1. O dever de realização da experiência.
2. O objecto da experiência.
3. Breves notas sobre o período experimental no contrato de trabalho em regime de comissão de serviço. O novo regime do artigo 108.º do Código do Trabalho.

CAPÍTULO III
DURAÇÃO E DECURSO DO PERÍODO EXPERIMENTAL

1. Duração do período experimental.
2. Suspensão do período experimental.
3. O decurso do período experimental e seus efeitos quanto à posição jurídica dos contraentes.

CAPÍTULO IV
CESSAÇÃO DA RELAÇÃO DE TRABALHO
DURANTE O PERÍODO EXPERIMENTAL

1. As especiais faculdades extintivas da relação laboral durante o período experimental. Razão de ordem. Enquadramento.
2. A cessação do contrato de trabalho durante o período experimental face ao regime laboral *geral* de cessação do contrato de trabalho.
3. A qualificação da cessação do contrato de trabalho durante o período experimental como denúncia.

Plano Geral da Exposição

4. Desnecessidade de alegação ou fundamentação da decisão de denúncia do contrato de trabalho durante o período experimental.
5. A exoneração legal de deveres indemnizatórios.
6. Aviso prévio.
7. Denúncia ilícita. Fundamentos e consequências jurídicas.

PARTE III

NATUREZA JURÍDICA DO PERÍODO EXPERIMENTAL

1. Razão de ordem.
2. Teses *dualistas* sobre a natureza jurídica da experiência juslaboral.
3. Teses *monistas* – A experiência juslaboral como fase ou momento inicial de um vínculo contratual unitário.
4. Perspectivas actuais sobre a natureza jurídica do instituto. O fundamento do instituto no ordenamento juslaboral português

SÍNTESE CONCLUSIVA

SIGLAS E ABREVIATURAS MAIS UTILIZADAS

Ac.   Acórdão
AcD   Acórdãos Doutrinais do Supremo Tribunal Administrativo
al.   Alínea
art.   Artigo
BFDUC   Boletim da Faculdade de Direito da Universidade de Coimbra
BMJ   Boletim do Ministério da Justiça
BTE   Boletim do Trabalho e Emprego
CCiv.   Código Civil
CEJ   Centro de Estudos Judiciários
CJ   Colectânea de Jurisprudência
CRP   Constituição da República Portuguesa
CT   Código do Trabalho, aprovado pela Lei n.º 99/2003, de 27 de Agosto
DR   Diário da República
DS   *Droit Social*
Ed.   Edição
Edit.   Editora
ESC   *Estudos Sociais e Corporativos*
IGT   Inspecção-Geral do Trabalho
LCCT   Lei da Cessação do Contrato de Trabalho e dos Contratos a Termo – Decreto-Lei n.º 69-A/89, de 27 de Fevereiro
LCT   Lei do Contrato de Trabalho – Regime jurídico do contrato individual de trabalho, aprovado pelo Decreto-Lei n.º 49 408, de 24 de Novembro de 1969
LCT1   Lei do Contrato de Trabalho (primeira versão) – Regime jurídico do contrato individual de trabalho, aprovado pelo Decreto-Lei n.º 47 032, de 27 de Maio de 1966

n.º	Número
p.	Página
Policop.	Policopiado
pp.	Páginas
RC	Tribunal da Relação de Coimbra
RCT	Regulamentação do Código do Trabalho, aprovada pela Lei n.º 35/2004, de 29 de Julho
RDES	*Revista de Direito e Estudos Sociais*
RE	Tribunal da Relação de Évora
REDT	*Revista Española de Derecho del Trabajo*
Reimpr.	Reimpressão
RIDL	*Rivista Italiana di Diritto del Lavoro*
RJS	*Revue de Jurisprudence Sociale*
RL	Tribunal da Relação de Lisboa
RP	Tribunal da Relação do Porto
Sep.	Separata
ss	Seguintes
STJ	Supremo Tribunal de Justiça
Supl.	Suplemento
T.	Tomo
TC	Tribunal Constitucional
Vol.	Volume

INTRODUÇÃO

O estudo que agora se inicia tem por objecto o fenómeno da *experiência* no quadro de uma relação laboral, ou, seguindo a terminologia jurídica actual, o *período experimental*.

Antes, porém, de encetar a investigação, afiguram-se necessárias algumas indicações no que respeita à oportunidade e motivos que determinaram a opção pelo tema.

Assim, saliente-se desde logo a circunstância de, na actualidade, a referência à experiência se achar frequentemente e de modo quase intuitivo associada ao domínio do contrato individual de trabalho. É certo que não se trata de fenómeno desconhecido de outras áreas do ordenamento, explorado aqui e além em certas figuras e institutos que prosseguem um interesse de algum modo *paralelo* ou similar ao que se encontra na base da figura juslaboral do período experimental.

De facto, enquanto possibilidade de apreciação concreta de um conjunto de elementos relevantes para a formação de um juízo sobre a adequação dos termos de certo negócio às finalidades e interesses prosseguidos pelas partes, o fenómeno da experiência é reconhecido e tutelado por figuras jurídicas de natureza muito diversa.

Tal experiência, porém, não se assume *per* si; apenas adquire relevância jurídica na medida em que à apreciação e valoração aí pressupostas se reconhece a possibilidade de influir sobre a própria manutenção ou prossecução da relação jurídica em causa.

Dizia-se, portanto, que não obstante o reconhecimento da figura – ou, pelo menos, de institutos tutelares de interesses similares – não ser fenómeno privativo do domínio laboral, é certamente a esta área que se acha hoje associado de modo quase imediato. E também assim na literatura e prática jurídicas, onde o período experimental parece surgir como uma espécie de *dado adquirido* ou, como foi já salientado, praticamente assumido como algo de conatural ao contrato de trabalho[1].

Paradoxalmente, ultrapassada tal impressão inicial, não deixa de surpreender a constatação de inesperadas dificuldades na concretização da fisionomia desta figura. Surpresa que será tanto maior se se atender à circunstância, não despicienda, do seu regime jurídico se achar desde sempre profundamente influenciado por opções político-legislativas fundamentais no domínio laboral, opções que determinaram e determinam não apenas a fisionomia do instituto mas que obrigam simultaneamente à acentuação do facto de, ao contrário do que poderia aparentar uma observação fugaz, não nos acharmos perante uma figura ou momento de verificação necessária no *iter* contratual.

Destas observações preliminares poderia porventura já resultar o merecimento de uma análise aprofundada do tema. Não obstante, outras considerações auxiliam a tal conclusão.

Assim, e por um lado, a constatação de um relativo *desinteresse* a que o instituto parece ter sido votado, em particular após certo período de intensa análise e debate doutrinal[2]. Para tal situação parece ter contribuído decisivamente a circunstância de, durante largo tempo, tal debate ter encontrado o seu epicentro na discussão sobre a natureza jurídica do instituto, ainda para mais sem que daí resultasse um nítido vencimento de qualquer das teses em confronto. Não poderá certamente deixar de se salientar que, sob o ensejo do debate em torno daquela questão, muito se avançou noutros domínios ou parâmetros de análise do instituto. A verdade, porém, é que, centrado o debate naquela que foi reiteradamente apelidada de *vexata quaestio* do instituto[3], a aparente encruzilhada de

---

[1] Júlio Gomes, «Do uso e abuso do período experimental», *RDES*, 2001, n.º 3, págs. 37-74, n.º 4, págs. 245-276, p. 38.

[2] Referimo-nos ao intenso trabalho de investigação em torno deste instituto, desenvolvido em particular durante as décadas de sessenta e setenta, num esforço que se deve em grande medida, embora não exclusivamente, à doutrina italiana.

[3] Assim a qualificam muitos dos Autores que se debruçam sobre o tema. Neste sentido, *vd.*, por todos, Pupo Correia, «Da experiência no contrato de trabalho», *in BFDUC*, Supl. XVIII, Coimbra, 1971, p. 284.

O texto citado, de 1971, tinha sido já objecto de publicação autónoma, em versão policopiada, em momento anterior – *vd.* Pupo Correia, *Da experiência no contrato de trabalho*, policop., Coimbra, 1967. As referências ulteriores a esta obra reportar-se-ão, salvo outra indicação, ao texto publicado no *Boletim*, que, sendo posterior, toma em

Introdução 15

posições em torno da questão da natureza jurídica do período experimental parece ter conduzido a uma crescente desatenção pelo tema.

Ora, se não parece poder afirmar-se o carácter absolutamente estável ou *aproblemático* do quadro geral do instituto do período experimental no âmbito de uma contratação laboral, não parece também, por outro lado, que a própria disciplina jurídica desta figura se apresente definitivamente assente, uma vez que, mesmo na actualidade, e como se procurou já apontar, o regime jurídico do instituto continua a corresponder à tradução técnico-jurídica, em cada concreto sistema ou ordenamento, de um conjunto de opções mais ou menos profundas do legislador laboral, em especial no que se relaciona com o próprio conteúdo e delimitação da consagração de um princípio de estabilidade no emprego e consequente relacionamento com opções políticas fundamentais respeitantes à disciplina dos modos de cessação da relação laboral[4].

Num outro plano, o desenvolvimento de uma análise aprofundada do tema derivará ainda do reconhecimento da larga mudança – de realidade e de dados normativos – que se vem fazendo sentir na actualidade. Mudança que assume particular significado no quadro do ordenamento jurídico português, onde, inscritas no contexto geral de reforma da legislação laboral que culminou com a aprovação do Código do Trabalho (CT)[5], foram introduzidas sensíveis alterações ao regime jurídico deste instituto.

---

consideração as alterações entretanto ocorridas – determinadas pela entrada em vigor do Decreto-Lei n.º 49 408, de 24 de Novembro de 1969 (LCT) – actualizando as respectivas referências legais.

[4] O período experimental é, de facto, um instituto cuja admissibilidade e/ou regulamentação no quadro de um concreto ordenamento juslaboral se acha estreitamente conexionada com um dos núcleos fundamentais da disciplina juslaboral, justamente o que concerne à sistemática da disciplina da cessação da relação laboral, em particular na concretização da sua relação com os princípios de estabilidade e segurança no emprego. Cfr. *infra.*

[5] Que, como é sabido, foi aprovado pela Lei n.º 99/2003, de 27 de Agosto. Atenta a especificidade do tema da exposição, dispensamo-nos do desenvolvimento de considerações aprofundadas sobre o movimento de reforma da legislação laboral portuguesa que culminou com a introdução do referido diploma. Limitamo-nos assim à sucinta indicação das referências legais relevantes, que, para além do apontado Código do Trabalho, se conjuga com a aprovação do respectivo regime regulamentar – pela Lei n.º 35/2004, de 29 de Julho – e pelo novo regime do contrato individual de trabalho para a Administração Pública, introduzido pela Lei n.º 23/2004, de 22 de Junho. Sobre as linhas gerais que presidiram à elaboração do diploma, *vd.*, PEDRO ROMANO MARTINEZ,

A concluir estas considerações iniciais, emerge ainda a necessidade de indicação daquela que se propõe como interrogação de fundo na exposição subsequente e porventura a sua mais radical justificação: qual o sentido e função actuais de um instituto como o do período experimental?

Questão que, a nosso ver, assume tanta ou maior importância quando são hoje não raras as vozes que contestam os seus traços tradicionais, questionam o seu regime e acentuam as múltiplas manifestações *patológicas* desta figura.

Assim sendo, e partindo justamente daquela interrogação de fundo, procurar-se-á construir a análise subsequente e ensaiar uma resposta actual e fundamentada a tal interrogação.

Por tudo isto, e pelo mais que se procurará ir salientando ao longo da exposição, julgou-se particularmente justificada e oportuna a escolha deste tema para objecto da presente dissertação.

Antes de prosseguir convirá ainda esclarecer certo conjunto de opções que se assumiram na delimitação da análise subsequente.

Assim, por um lado, a economia da exposição exigiu que o referencial básico de análise e resolução das questões se estribasse nos dados normativos, doutrinários e jurisprudenciais do ordenamento jurídico português. Nestes termos, a referência a soluções de direito comparado apenas é introduzida em função da sua pertinência para a análise das soluções do direito português, na medida em que auxilie à sua compreensão e enquanto tais soluções possam ser transpostas e aclimatadas à realidade jurídica nacional.

«Considerações Gerais sobre o Código do Trabalho», sep. *VI Congresso Nacional de Direito do trabalho*, Almedina, Coimbra, 2004, pp. 41-60. Cfr. também o *dossier* especial «Trabalho – Novos problemas, Novo Direito» in *Sub Judice – Justiça e Sociedade*, n.º 27 (Janeiro-Março/2004), pp. 7-160 e, recentemente, AA.VV., *A Reforma do Código do Trabalho*, IGT/CEJ, Coimbra Editora, Coimbra, 2004. *Vd.* ainda as anotações ao Acórdão do Tribunal Constitucional n.º 360/03 de JÚLIO GOMES e de ANTÓNIO NUNES DE CARVALHO *in Jurisprudência Constitucional*, n.º 1, (Janeiro-Março/2004), respectivamente, pp. 30-36 e pp. 37-42 – aresto pelo qual, como se sabe, se apreciou e decidiu da inconstitucionalidade de certas normas daquele diploma, no âmbito de um processo de fiscalização preventiva solicitada pelo Senhor Presidente da República. Cfr. ainda, na perspectiva da reforma legislativa face à *constituição laboral*, JOSÉ JOÃO ABRANTES, «O Código do Trabalho e a Constituição» in *Estudos sobre o Código do Trabalho*, Coimbra Editora, Coimbra, 2004, pp. 55 ss.

Introdução 17

Por outro lado, e sem prejuízo da necessária acentuação da continuidade ou confronto de certas soluções, toma-se como referência normativa fundamental o recente regime jurídico do Código do Trabalho. Opção que implica um aliciante desafio, mas também um risco – que se tentará calculado – atenta a própria novidade de tal disciplina, a carência de referências doutrinais actualizadas e, sobretudo, a ausência de dados e resultados aplicativos das soluções legais agora introduzidas.

Outras precisões, essas já dirigidas à necessária delimitação do nosso objecto de estudo, serão expostas em seguida. Por ora, e fechando estas já longas considerações introdutórias, alinhe-se uma breve indicação da sequência da exposição que se segue.

Assim, e como se referiu, iniciar-se-á a investigação pela delimitação do objecto e, consequentemente, das realidades subjacentes à referência ao período experimental[6]. Munidos de uma delimitação do objecto deste instituto – e ainda que o desenvolvimento ulterior possa infirmar as conclusões preliminares dessa análise – partiremos, com base nessa hipótese de trabalho, para uma apreciação, tão aprofundada quanto possível, dos principais (velhos e novos) problemas que se colocam em torno desta figura, do seu regime jurídico e da sua aplicação prática. Só depois, e já em jeito de conclusão, se procurarão determinar os termos em que a tão debatida questão da natureza jurídica deste instituto se poderá apresentar nos dias de hoje, aproveitando, a finalizar, para a elaboração de uma síntese das conclusões para que aponta a reflexão precedente e, podendo, um alinhamento dos pontos seguros e clarificadores de tal apreciação.

---

[6] Delimitação que se afigura em si mesma particularmente problemática, atendendo aos diversos possíveis conteúdos que poderá apresentar, em razão da intersecção de diversas realidades e pré-compreensões que se vêm albergando sob tal designação.

PARTE I
PRELIMINARES

1. Considerações gerais

I. A *experiência*, enquanto objecto ou realidade subjacente ao período experimental, assume-se como ponto de partida inevitável na análise deste instituto. Trata-se, todavia, de uma realidade que carece ela própria de rigorosa delimitação, na medida em que, enquanto fenómeno, parece remeter para uma relevância potencialmente transversal ao ordenamento[7].

Do ponto de vista jurídico, a referência à experiência designará uma qualquer possibilidade de apreciação concreta de um conjunto de elementos relevantes – no que agora importa – para a formação de um juízo sobre a adequação dos termos de certo negócio às finalidades e interesses prosseguidos pelas partes. Com este sentido amplo, a expressão permite alcançar as diversas possibilidades de apreciação e valoração que

---

[7] Etimologicamente, o vocábulo *experiência* (derivado do latim *experientìa-*), e seus sinónimos (*v.g.*, observação, prova, ensaio, tentativa) designam o acto ou efeito de experimentar, enquanto conhecimento imediato e/ou prático de certa realidade (observação) ou de uma situação provocada, no propósito de saber algo, particularmente o valor de uma hipótese científica (experimentação).

Ora, se também do ponto de vista jurídico, ao menos numa formulação de índole geral, o vocábulo experiência poderá assumir idêntica ou similar significação, a verdade, porém, é que, quanto à designação dos institutos que regulam e tutelam o fenómeno da experiência juridicamente relevante, não serão poucas as variantes encontradas para tal designação, consoante a área de estudo considerada.

No domínio específico do Direito do Trabalho, a preferência pela expressão *período experimental* para denominar o instituto objecto da presente dissertação toma em linha de conta a circunstância de, correspondendo à designação legal do instituto, observar certa tradição no ordenamento jurídico português. Noutros sistemas jurídicos é todavia frequente a referenciação do instituto por meio de expressões de sentido aparentemente equivalente (*prova, ensaio, cláusula de prova, contrato de experiência*). Adiante se ponderará em maior detalhe a questão da terminologia.

22   *Do Período Experimental no Contrato de Trabalho*

podem estar contidas no processo formativo de um negócio jurídico, muito embora nem todas elas assumam relevância jurídica ou não a assumam em igual medida[8]. De facto, não se trata de fenómeno desconhecido de diversas áreas do ordenamento, explorado aqui e além em certas figuras e institutos que prosseguem um interesse de algum modo *paralelo* ou similar ao que se encontra na base da figura juslaboral do período experimental[9].

Assim, enquanto possibilidade de apreciação concreta de um conjunto de elementos relevantes para a formação de um juízo sobre a adequação dos termos de certo negócio às finalidades e interesses prosseguidos pelas partes, o fenómeno da experiência é reconhecido e tutelado por figuras jurídicas de natureza tão diversa como certas modalidades de compra e venda civil (venda a contento, venda sujeita a prova)[10], de algumas figuras do âmbito comercial (*v.g.*, venda sobre

---

[8] Desde logo porque nem todo o fenómeno de experiência assume relevo jurídico – pense-se, por exemplo, na experiência prévia dos contraentes em posições jurídicas similares à que pretendem assumir. A apreciação que resulta do tipo de experiência referida, muito embora possa relevar ao nível da motivação para a actuação de certo sujeito, não assume qualquer relevância do ponto de vista jurídico.

Por outro lado, nem todos os negócios jurídicos serão susceptíveis de enquadrar elementos de natureza *experimental*. Pense-se, designadamente, na situação que, de modo mais ou menos próximo, se verifica quanto aos chamados *negócios incondicionais* (*v.g.*, o casamento). Tratando-se embora de dimensões distintas, acentue-se a circunstância de que a introdução de um elemento condicional pode relevar enquanto possível meio de enquadramento técnico-jurídico de fenómenos experimentais.

[9] Muito embora, como se salienta em seguida no texto, o modelo concretamente adoptado para consideração dos interesses subjacentes à realização de uma experiência possa configurar-se segundo modelos muito diversos.

[10] Entendidas como modalidades do contrato de compra e venda e expressamente reguladas no nosso Código Civil – respectivamente nos artigos 923.º e seguintes do Código Civil – a venda a contento e a venda sujeita a prova caracterizam-se, em termos gerais, pela incorporação, no quadro contratual típico da compra e venda, de elementos de análise dos termos do negócio, cuja valoração releva juridicamente enquanto *evento condicionante* da celebração ou manutenção do negócio.

Assim, e mais concretamente, a venda a contento é caracterizada pela faculdade de um dos contraentes em, querendo, aceitar a celebração do negócio nos termos propostos (primeira modalidade, regulada pelo artigo 923.º) ou manter – não exercendo um direito de resolução que a lei expressamente lhe defere – a relação jurídica nos termos acordados (segunda modalidade, estabelecida pelo artigo 924.º do Código Civil). Diversamente, a venda sujeita a prova (artigo 925.º do Código Civil) configura-se como uma venda em que a avaliação e verificação (prova) da existência de certos elementos objectivos releva

Parte I – Preliminares

23

amostra)[11] e também no próprio período experimental juslaboral. Em qualquer das hipóteses referidas – e noutras ainda, uma vez que a enumeração se pretende meramente exemplificativa – é possível salientar, como traço comum, o apontado reconhecimento e tutela jurídica de um fenómeno de experiência.

Saliente-se, contudo, desde já que tal experiência não se assume *per si*, apenas adquirindo relevância jurídica na medida em que à apreciação e valoração nela pressupostas se reconhece a possibilidade de influir sobre a própria manutenção ou prossecução da relação jurídica em causa. A referência à experiência, tomada a expressão com este teor, não deixa de se apresentar já num sentido *depurado*, enquanto apenas leva em consideração, como se procura anotar, a experiência juridicamente relevante[12].

---

enquanto condição suspensiva – ou resolutiva, se assim for convencionado. A diferença fundamental entre as duas modalidades de venda reside no tipo de elementos objecto de apreciação ou experiência. Na venda a contento, os elementos, e sua consequente valoração, estão na disponibilidade subjectiva do comprador, sendo, nesse sentido, insindicáveis. Fala-se, a propósito, em condição *si placuerit*. Diversamente, na venda sujeita a prova, os elementos que constituem a base da apreciação são de natureza objectiva, respeitando às qualidades e idoneidade da coisa vendida.

Sobre o tema *vd.*, entre outros, PIRES DE LIMA/ANTUNES VARELA, *Código Civil Anotado*, Vol. II, 3.ª ed., Coimbra, Coimbra Editora, 1986, pp. 223-227 (anotações aos arts. 923.º-926.º); MANUEL BAPTISTA LOPES, *Do contrato de compra e venda – No direito civil, comercial e fiscal*, Almedina, Coimbra, 1971, pp. 182, 193-200 e 394 e seguintes.

[11] Cfr. artigo 469.º do Código Comercial. A *venda sobre amostra*, tal como se encontra regulada na aludida disposição, consiste num contrato de compra e venda comercial sujeito a uma condição resolutiva, caso se verifique que a mercadoria não corresponde, nas suas características objectivas e/ou convencionadas em função de amostra ou parcela apresentada. Aproxima-se, assim, da compra e venda (civil) sujeita a prova (art. 925.º do Código Civil). Cfr. nota anterior.

Também nos artigos 470.º e 471.º do Código Comercial se encontra uma outra modalidade de compra e venda comercial – que, em certa medida se aproxima da já referida venda a contento, ao menos na modalidade regulada no art. 924.º do Código Civil – em que se possibilita ao adquirente a faculdade de, querendo – e em face da apreciação que faça sobre a coisa adquirida – resolver ou manter o negócio. Cfr. nota anterior e bibliografia aí citada. Sobre esta modalidade de compra e venda *vd.* um recente aresto da Relação de Coimbra – Ac. RC de 21 de Setembro de 2004, *CJ*, Ano XXIX (2004), Tomo IV, pp. 9-11.

[12] Muito embora numa apreciação orientada ao domínio juslaboral, ANGEL LUIS DE VAL TENA, *Pacto de Prueba y Contrato de Trabajo*, Civitas, Madrid, 1998, p. 24, não

24 *Do Período Experimental no Contrato de Trabalho*

Acentue-se, porém, que o possível paralelismo assim estabelecido entre tão distintos institutos tutelares de *interesses experimentais* (*hoc sensu*) não irá certamente muito além desta referência em sede geral. À medida que se busca uma aproximação a formulações mais precisas, verifica-se, por um lado, que o tipo de relação jurídica que se *experimenta* influencia profundamente os traços característicos do instituto que visa dar cobertura a tal interesse e, por outro, que os próprios interesses tutelados através dos diversos meios jurídicos que permitem hipóteses de experiência são em si mesmos de índole muito diversa[13].

Não obstante, portanto, o reconhecimento de certa relevância geral deste fenómeno – ou, ao menos, de institutos tutelares de interesses similares – é certamente no domínio laboral que a sua consideração se assume hoje como particularmente relevante, importando, por isso, procurar divisar a peculiar *coloração* ou feição que tal realidade assume nesta área jurídica. Por outras palavras, passaremos a atender a certa dimensão ou âmbito circunscrito desse fenómeno da experiência – justamente o que se reporta à sua consideração no âmbito do período experimental.

Falar de período experimental será, assim, atentar num instrumento ou meio jurídico específico, dentro de um quadro mais geral de reconhecimento de um fenómeno juridicamente relevante – no sentido apontado – que é a experiência; em suma, procurar-se-á considerar o instituto por via do qual se reconhecem e tutelam os interesses subjacentes a uma situação de experiência no quadro do contrato individual de trabalho.

---

deixa de salientar o que refere como a *inutilidade* da experiência quando não acompanhada da possibilidade de decisão sobre a subsistência do vínculo.

Noutra perspectiva, realça PUPO CORREIA, *Da experiência...cit.*, p. 149, que a experiência juridicamente relevante será apenas aquela que "(...) é feita *pessoal* e *directamente* pela parte, que assim forma o seu juízo acerca dos aspectos que considera essenciais para a formação, por seu lado, da vontade negocial".

[13] Neste sentido, PUPO CORREIA, *cit.*, pp. 150-151, acentuando ainda, a par da circunstância da experiência relevar sobretudo nos contratos que *criam vínculos de longa duração*, o facto de nos acharmos num domínio onde impera a autonomia privada, quer quanto à própria previsão contratual destas figuras – uma vez que, em regra, não se encontrará legalmente prevista a sua existência enquanto elemento do tipo contratual eleito pelos contraentes – quer ainda quanto à determinação do conteúdo e efeitos jurídicos da sua previsão (salvo quando estes, excepcionalmente, se encontrem legalmente determinados).

II. Assente o enquadramento geral do tema, as indicações precedentes não deixam, todavia, de carecer ainda de certa precisão.

De facto, a alusão ao período experimental – já qualificado como *instituição jurídico-laboral clássica*[14] e referenciado como um dos temas doutrinariamente mais controvertidos do Direito do Trabalho[15] – poderia, à primeira vista, parecer suficiente para delimitar sem mais o objecto do presente estudo. A verdade, contudo, é que tal referência se afigura porventura ainda demasiado ampla nos seus contornos – desde logo porque, enquadrada no domínio específico do Direito do Trabalho, apresenta também certo carácter pluriforme ou multifacetado. Expliquemo-nos.

De facto, como vem sendo recorrentemente salientado, o domínio aplicativo do Direito do Trabalho, e em particular da regulação jurídica das relações individuais de trabalho, não se erige hoje em sistema uniforme e *omnicompreensivo* das realidades subjacentes à prestação de uma actividade por conta de outrem, exprimindo-se nesse sentido as referências ao *pluralismo do direito do trabalho*, designadamente enquanto pluralismo *de regimes*[16/17]. Na verdade, é hoje pressentida, e reconhecida na legislação laboral, a necessidade de diferenciação de diversos blocos ou áreas de regulação que não se circunscrevem a um traçado comum e unitário da disciplina das relações de trabalho, muito embora o sistema concretamente traçado pela legislação portuguesa – na

---

[14] Assim a qualifica MARIA CÁRMEN PIQUERAS PIQUERAS no seu estudo «El Período de Prueba: Pasado y Presente de una Institución Jurídico-Laboral Clásica» *in REDT*, 1995, pp. 249 ss..

[15] Nesse sentido, entre outros, FRANCISCO J. TOROLLO GONZALEZ, «Extinción del Contrato en período de prueba», *Estudios sobre el Despido – Homenage al Profesor Alfredo Montoya Melgar en sus veinticinco años de Catedrático de Derecho del Trabajo*, Univ. de Madrid, Madrid, 1996, pp. 325-326.

[16] Sobre o ponto, *vd.* ANTÓNIO NUNES DE CARVALHO, «O Pluralismo do Direito do trabalho» *in III Congresso Nacional de Direito do trabalho – Memórias*, Almedina, Coimbra, 2001, pp. 269 ss. e bibliografia aí citada.

[17] Neste sentido também, MÁRIO PINTO, *Direito do Trabalho*, Universidade Católica Editora, Lisboa, 1996, pp. 107 e seguintes, em especial, pp. 113-116, onde se pode ler que "(...) a questão que nos ocupa focaliza-se no interior do âmbito do actual direito do trabalho. E o fenómeno do pluralismo que aí se nos oferece chama a nossa atenção sobretudo para a posição 'central' do contrato de trabalho na empresa económica típica do hodierno sistema de produção-emprego, em redor do qual gravitam contratos de trabalho 'especiais'."

26   *Do Período Experimental no Contrato de Trabalho*

senda do que se verificava já face à legislação anterior – pretenda assumir certo modo ou modelo de conformação como paradigma da relação de trabalho subordinado[18]. Mesmo assim, do âmbito de aplicação *imediata* do actual Código do Trabalho, apartam-se ou distanciam-se hoje diversas situações ou modelos jurídicos que, não obstante a sua subsunção num quadro global de contratação qualificável como *laboral*, apresentam vertentes e traços de especificidade – quer na sua natureza, quer no seu regime jurídico – que plasmam o apontado *pluralismo* da regulação jurídica do trabalho[19].

---

[18] De facto, também o Código do Trabalho continua a eleger, como modelo de base do contrato individual de trabalho, precisamente, a relação laboral desenvolvida no quadro da *empresa*. Já em anotação ao artigo 1.º da LCT, numa reflexão que mantém toda a actualidade, salientavam MÁRIO PINTO/PEDRO FURTADO MARTINS/ANTÓNIO NUNES DE CARVALHO, *Comentário às Leis do Trabalho*, I, Lex, Lisboa, 1994, p. 24:

"Quer dizer, o trabalho humano, livre e produtivo que é prestado contra retribuição, sob as ordens e direcção de outrem, é, de forma típica, o trabalho prestado numa organização, ao lado de outros trabalhadores, organização essa que, por sua vez, é, também tipicamente, a *empresa*. Muito embora esta opção não esteja expressamente formulada (...), o paradigma do contrato de trabalho pressuposto na LCT é o do trabalho prestado na empresa (...). Pode, aliás, sob este ponto de vista, afirmar-se que a criação de subtipos contratuais ou de paradigmas alternativos ao do trabalho na empresa radica na necessidade de regular a actividade laboral desenvolvida em organizações qualitativamente distintas da empresa (v.g. trabalho a bordo, serviço docente) ou de complexidade distinta (v.g. serviço doméstico)."

[19] Pluralismo de enquadramentos jurídicos e formulações normativas passíveis, como se salientou, de recondução e agrupamento sob o vector ou *linha-força* comum da presença de uma situação de prestação subordinada de actividade, ela própria considerada num quadro de crise – traduzida, designadamente, na referência à chamada *fuga* ao Direito do Trabalho. Sobre o ponto, desenvolvidamente, PEDRO FURTADO MARTINS, «A Crise do Contrato de Trabalho», Sep. RDES, Ano XXXIX (XII da 2.ª Série), Out.-Dez.-1997, n.º 4, pp. 335 ss., em especial, pp. 361 e ss.. Crise que, aliás, não se observa apenas na definição das *fronteiras* do Direito do trabalho enquanto área ou disciplina jurídica específica mas que atinge ou se revela igualmente no que vem sendo apelidado de *crise do contrato de trabalho*, enquanto modelo assente no conceito e parâmetro da subordinação jurídica. Neste sentido, para além do texto citado, *vd.*, entre outros, MARCO BIAGGI, *Istituzioni di Diritto del Lavoro*, 2.ª ed., Giuffrè, Milano, 2003, pp. 117 ss.

Paradoxalmente, salienta-se na actualidade o simultâneo movimento *expansionista* de tal modelo de normação da prestação de uma actividade mediante subordinação jurídica. Exemplo deste impulso encontra-se na tendência, já não recente mas cada vez mais acentuada, para a aproximação entre a disciplina jurídica do *emprego público* e a regulamentação das relações juslaborais privadas. Neste sentido se observa, designa-

Ora, a convocação da referência a tal pluralismo assume relevo em sede de análise do instituto do período experimental enquanto permite fazer notar que também aqui, para lá de certo traçado típico, resultante do apontado quadro *comum* ou *geral* da disciplina laboral, é possível divisar outras hipóteses jurídicas susceptíveis de enquadramento num modelo *global* ou genérico de tipo experimental, muito embora já dotadas de certa autonomia funcional e, em consequência, não raras vezes objecto de uma regulamentação jurídica privativa[20].

---

damente, a orientação revelada no ordenamento jurídico português com a recente introdução do regime jurídico do contrato individual de trabalho na Administração Pública (Lei n.º 23/2004, de 22 de Junho), com a extensão – por via do artigo 5.º do Diploma Preambular ao Código do Trabalho – à relação jurídica de emprego público de certas áreas da regulação laboral privada ou, noutro plano, o reconhecimento da necessidade de introdução ou aprofundamento da diferenciação jurídica das relações laborais em razão de critérios objectivos (natureza da actividade) ou subjectivos (especificidades do estatuto pessoal e funcional do prestador da actividade). Sobre o tema, entre outros, MARIA DO ROSÁRIO PALMA RAMALHO, «Intersecção entre o regime da função pública e o regime laboral – Breves Notas», *Estudos de Direito do trabalho*, Vol. I, Almedina, Coimbra, 2003, pp. 69 ss.; PAULO VEIGA E MOURA, *A Privatização da Função Pública*, Coimbra Editora, Coimbra, 2004; ANA FERNANDA NEVES, *Relação Jurídica de Emprego Público*, Coimbra Editora, Coimbra, 1999; MARIA DO ROSÁRIO PALMA RAMALHO/PEDRO MADEIRA DE BRITO, *Contrato de Trabalho na Administração Pública – Anotação à Lei n.º 23/2004, de 22 de Junho*, Almedina, Coimbra, 2004.

[20] Pense-se desde logo, por exemplo, na configuração de situações de experiência no quadro das relações jurídicas de emprego público, com os chamados *períodos de provimento* – cfr., designadamente, o regime traçado pelo artigo 6.º do Decreto-Lei n.º 427/89, de 7 de Dezembro (diploma que foi já objecto de várias alterações, a última das quais levada a cabo pela já mencionada Lei n.º 23/2004, de 22 de Junho).

Por outro lado, no âmbito dos contratos de trabalho sujeitos a regime especial, atente-se na particular configuração – em razão da consideração de específicos interesses que aí se divisam – com que por vezes surge o desenho jurídico do período experimental. Assim, *v.g.*, no regime do praticante desportivo – cfr. artigos 11.º e 26.º n.º 1 – al. e) da Lei n.º 28/98, de 26 de Junho. Sobre o tema, desenvolvidamente, JOÃO LEAL AMADO, *Vinculação versus Liberdade – O Processo de Constituição e Extinção da Relação Laboral do Praticante Desportivo*, Coimbra Editora, Coimbra, 2002, em especial pp. 205 ss..

Por outro lado ainda, e reforçando a ideia de pluralidade de modelos de consideração do fenómeno da experiência mesmo no domínio restrito do direito do trabalho, aponte-se a circunstância de em muitos dos regimes *especiais*, tal matéria se achar entre aquelas que mais frequentemente convocam uma referência específica. Veja-se, neste sentido e a título de exemplo, o que se verifica no regime jurídico do serviço doméstico – cfr. artigo 8.º do Decreto-Lei n.º 235/92, de 24 de Outubro.

Nestes termos, uma correcta delimitação do objecto da investigação reclama desde já a demarcação rigorosa das fronteiras da análise subsequente. Neste sentido, e atenta a índole e a economia da exposição, a indispensabilidade de tal limitação conduziu à opção por uma análise do instituto do período experimental restrita ao apontado quadro geral ou comum, tal como resulta do regime jurídico traçado pelo Código do Trabalho, mais precisamente, dos artigos 104.º a 110.º deste diploma[21]/[22].

III. Assim delineado o objecto da exposição, é tempo de encetar a análise conducente a uma delimitação mais firme do instituto. Nesse intuito, alinharemos uma noção de período experimental, procurando facilitar uma apreciação dos seus elementos face às características tradicionalmente apontadas ao período experimental. A essa tarefa se dedicam os pontos seguintes da exposição.

2. Noção e características do período experimental

Numa noção introdutória, o período experimental pode definir-se como *momento inicial ou preliminar da relação laboral, durante o qual se possibilita aos contraentes uma avaliação dos termos concretos da execução do negócio jurídico celebrado*[23].

Trata-se de uma formulação possível de entre as muitas, porventura mais liminares, que surgem na doutrina ou, por vezes, como se observa no ordenamento jurídico português, também na legislação[24]. A opção

---

[21] O que não invalida naturalmente a referência incidental a tais dimensões específicas, designadamente em função do apoio que tal confronto possa determinar na apreciação e fundamentação das soluções encontradas no quadro de análise em que se situa a investigação.

[22] Todas as referências legais ulteriores feitas sem outra indicação reportar-se-ão ao Código do Trabalho.

[23] *Rectius*, da relação laboral. Quanto à distinção entre relação de trabalho e contrato de trabalho, *vd.* por todos, MONTEIRO FERNANDES, *Direito do trabalho*, 12.ª ed., Almedina, Coimbra, 2004, pp. 181-185 e bibliografia aí citada.

[24] De facto, sob a epígrafe *Noção*, estabelece incisivamente o n.º 1 do artigo 104.º do Código do Trabalho – a abrir a Secção IV das disposições gerais relativas ao contrato de trabalho (Título II) – que o período experimental *corresponde ao tempo inicial de execução do contrato*.

Parte I – Preliminares

pela formulação aduzida prende-se, como se procurou já salientar, com o ensejo de proceder a um cotejo mais detalhado dos elementos aí referenciados com certas características tradicionalmente apontadas ao período experimental – e que, sem prejuízo de certas variantes adiante assinaladas, poderão reconduzir-se a três vertentes ou caracteres típicos de análise, a saber: uma referência à duração da experiência, a análise da função do instituto e a fixação dos seus efeitos ou consequências jurídicas[25].

Assim, considerar-se-ão em seguida, sucessivamente, e ainda numa perspectiva necessariamente genérica, as questões relativas à delimitação temporal e funcional do instituto, passando por uma anotação relativa aos seus efeitos ou consequências jurídicas. Daí, e só então, se partirá para um exame mais detido do traçado apontado, designadamente pelo confronto com certas figuras mais ou menos próximas do instituto.

Assinale-se, contudo, e como se procurou já salientar, que nos encontramos ainda no domínio da explanação da nossa *hipótese de trabalho* – hipótese cujos pressupostos e configuração deverão necessariamente ser confirmados ou porventura infirmados em razão do ulterior desenvolvimento e análise do regime jurídico do instituto.

2.1. *Temporaneidade e temporalidade do período experimental*

A primeira parte da noção apresentada descreve o período experimental como um *momento inicial ou preliminar da relação laboral*, salientando-se deste modo a necessária limitação – e delimitação – temporal pressuposta na sua fisionomia. Trata-se, aliás, de uma característica recorrentemente apontada a esta figura, muito embora nem sempre com a mesma significação[26/27].

---

[25] Neste sentido, *vd.*, por todos, PUPO CORREIA, «Da experiência no contrato de trabalho», *cit.*, p. 166 e MARTIN VALVERDE, *El período de prueba en el contrato de trabajo*, Editorial Montecorvo, Madrid, 1976, pp. 13-15.

[26] E apontada, de facto, tanto na doutrina nacional como estrangeira. *Vd.*, por exemplo, PUPO CORREIA, «Da experiência...», *.cit.*, p. 166 e JÚLIO GOMES, «Do uso e abuso do período experimental», *cit.*, p. 55. Na doutrina estrangeira, para além das referências da manualística, *vd.*, entre outros, em Espanha, ANTONIO MARTIN VALVERDE, *ob. cit.*, p. 14; em Itália, por todos, ALESSANDRO BRIGNONE/MARCO RENDINA, *Il Patto*

30   *Do Período Experimental no Contrato de Trabalho*

De facto, mesmo nos seus sentidos etimológico e corrente, a expressão *experiência* – enquanto, como se viu, observação ou experimentação – reporta-se indubitavelmente a uma realidade de carácter marcadamente transitório ou temporário.

Ora, também do ponto de vista jurídico, a experiência – enquanto verificação da adequação entre os interesses prosseguidos pelas partes na celebração do contrato e a sua efectiva actuação por via do programa contratual acordado – pressupõe-se naturalmente limitada ou *balizada* do ponto de vista da sua duração.

Nestes termos, resulta evidente que o período experimental – instituto que, como se viu, visa o reconhecimento e tutela da experiência no domínio laboral – encontra na *temporaneidade* ou *transitoriedade* da realização de tal experiência um dos seus caracteres mais marcados, sem prejuízo quer da possível variabilidade da medida concreta desse lapso temporal, quer dos modos concretos de determinação da sua duração[28].

A razão de ser de tal característica resulta assim, antes de mais, da própria função do instituto. O período experimental, período durante o qual se realiza uma experiência – que é, como se apontou, uma situação estruturalmente temporária – não deixa de reflectir a natureza do propósito que realiza ou a que dá cobertura[29]. Daí que, como se verá adiante em maior detalhe, repugna à própria configuração e natureza do instituto a ausência ou obliteração da sua dimensão temporal[30].

---

di Prova, Cedam, Padova, 1993, p. 20; na Alemanha, *v.g.*, PREIS/KLIEMT/ULRICH, *Aushilfs- und Probearbeitsverhältnis*, 2.ª ed., C.F. MÜLLER, Heidelberg, 2003, pp. 46-47.

[27] A delimitação temporal do período experimental é normalmente referida no sentido do seu carácter transitório. Neste sentido, cfr. bibliografia citada na nota anterior. Veremos, porém, que a par dessa *temporaneidade*, releva também a *temporalidade* do período experimental, no sentido em que o momento em que se realiza a experiência é também um traço típico desta figura. A acentuação desta temporalidade da experiência nem sempre é claramente destacada. Salientando-a, contudo, JÚLIO GOMES, *cit.*, p. 55 e MARIA AMPARO BALLESTER PASTOR, *El Período de* Prueba, Tirant Lo Blanch, Valência, 1995, pp. 13-14.

[28] Cfr. *infra*, na PARTE II, Título II.

[29] Nesse sentido se utiliza, justamente, a referência à *temporaneidade* da experiência.

[30] Situação que se revela em várias hipóteses, designadamente a propósito dos problemas da duração e da possibilidade de encurtamento ou de prorrogação do período experimental. Cfr. *infra*, na PARTE II, Título II.

II. Para além dessa limitação temporal, a formulação utilizada procura também colocar em evidência uma outra nota que, a nosso ver e sem prejuízo de ulteriores desenvolvimentos, parece despontar como característica do período experimental. Trata-se, justamente, da circunstância de, na perspectiva do *iter* contratual, o período experimental se situar não num qualquer momento da relação laboral, mas num momento específico ou próprio – a fase inicial dessa relação laboral, *summo rigore* a fase inicial de execução do contrato de trabalho[31].

A benefício de ulteriores desenvolvimentos, adiante-se que deste traço, a confirmar-se, resultará o enquadramento do período experimental no plano de uma relação jurídica já constituída e não numa fase pré-contratual ou em face de uma situação jurídica preliminar[32].

De facto, como se referiu, a apreciação subjacente à existência de um período experimental visa uma avaliação da correspondência entre os termos do negócio e os interesses visados pelas partes na contratação. Ora, a valoração da presença ou ausência de um nexo de adequação entre os dois pólos referidos – e consequente decisão sobre a prossecução de tal relação jurídica – assume verdadeira relevância prática no momento inicial da execução ou cumprimento do vínculo; não num momento anterior – em que não se verifica ainda o acordo de vontades subjacente à formação do contrato e onde, naturalmente, a comprovação *no terreno* que se encontra subjacente à realização da experiência não se afigura possível[33]; e não,

---

[31] Neste sentido aponta expressamente, como veremos, a letra do actual n.º 1 do artigo 104.º do CT, ao determinar que o período experimental corresponde ao *tempo inicial de execução do contrato*. O preceito repete aliás o teor do anterior artigo 55.º – n.º 1 da LCCT. Cfr. *infra*, nesta PARTE I, n.º 4 e PARTE II, Tít. II.

[32] Assim, ANTÓNIO MENEZES CORDEIRO, *Direito do trabalho*, Almedina, Coimbra, 1991, pp. 574, que, qualificando o período experimental como *situação laboral preliminar*, a par do contrato de aprendizagem, afirma mesmo que "(...), não devem subsistir dúvidas quanto ao período experimental. Ele consubstancia uma situação jurídica preliminar, destinada a sedimentar a decisão das partes de contratar" (p. 580).

Pelas razões que resultam do texto, e que adiante se desenvolverão, não parece possível seguir tal posição, atento quer o teor do actual n.º 1 do artigo 104.º, quer já mesmo em face ao anterior artigo 55.º da LCCT, disposição vigente na época.

[33] Nesse sentido, entre outros, MIGUEL C. ROGRÍGUEZ-PIÑERO ROYO, «El Período de prueba (En torno al artículo 14)», *in El Estatuto de los Trabajadores, 20 Años después, REDT*, N.º 100 (2000), p. 465, definindo o período experimental como instituto que visa "(...) a *experiência* sobre o terreno da relação individual de trabalho mediante a execução das prestações respectivas das partes, (...)". (Tradução nossa).

32 *Do Período Experimental no Contrato de Trabalho*

certamente, em momento posterior, onde o conhecimento concreto dos termos em que tal contratação veio a ser executada retira sentido útil a um tal período de experiência[34].

A afirmação precedente necessita, porém, de alguma clarificação. Repare-se, por um lado, que a acentuação da característica da *temporalidade* – no sentido de situação ou localização temporal do período experimental no âmbito de uma relação jurídica já constituída – não contende com a possibilidade de actuação de outros mecanismos jurídicos que, desenvolvendo-se estrutural ou temporalmente em termos mais ou menos aproximados aos do instituto que nos ocupa, não deixam todavia de comportar traços específicos de diferenciação[35]. Situando-se a montante ou a jusante do momento contratual relevante na actuação do período experimental, a diferenciação entre este e as apontadas figuras não se relaciona porém apenas com o âmbito temporal de aplicação mas sobretudo, como veremos adiante, com o traçado específico da sua actuação. Aliás, será justamente o objecto particular de tais institutos que determina – à semelhança do que se verifica com o período experimental – o seu *tempo* de actuação. Adiante voltaremos ao ponto. Por ora, e sem prejuízo do necessário confronto entre a afirmação desta característica do instituto e a análise do regime jurídico que lhe dispensa o actual Código do Trabalho, sublinhe-se a ideia de que, no que concerne ao período experimental, o momento relevante de actuação do instituto parece ser, justamente, o do início da execução do vínculo contratual acordado[36].

---

[34] Neste sentido, por exemplo, M. AMPARO BALLESTER PASTOR, *El Período de* Prueba, *cit.*, p. 13: "Não é possível entender que durante o período de prova nos encontremos perante um contrato diferenciado, mas antes na primeira fase de um único contrato. E isto porque o período de prova não tem justificação de modo isolado do resto do contrato" (tradução nossa).

[35] Pensamos fundamentalmente em hipóteses tão diversas como os processos de recrutamento e selecção de pessoal e os mecanismos de responsabilidade no quadro da chamada *culpa in contrahendo* – actuando, como é sabido, num momento pré-contratual – ou também, por seu turno e num plano diverso, no regime da anulação do contrato com base em erro. Adiante, no cotejo do período experimental com outros institutos, teremos oportunidade de retornar ao ponto.

[36] O que resultará desde logo também do que veremos ser a sua função prática. Isto porque, em suma, e conforme se procurou salientar, se, por um lado, a experiência pressupõe a referida comprovação concreta, *no terreno*, por outro, pretendendo-se uma valoração da adequação e consequente interesse na manutenção ou prossecução do vínculo

Por outro lado, afirmada a temporalidade da experiência – no sentido apontado à expressão – não se deixa, contudo, de reconhecer que se avança já uma posição preliminar quanto à possível estruturação do reconhecimento e tutela jurídica de fenómenos de experiência juslaboral segundo modelos diversos daquele que se vem considerando. Assim, e em alternativa à sua instituição ou enquadramento no quadro de uma relação de trabalho já constituída – enquanto sua fase inicial – a experiência parece poder ser concebida enquanto objecto de um vínculo contratual, configurado de modo autónomo e prévio à relação de trabalho *definitiva*. Teríamos, assim, um *contrato de experiência* – relação jurídica *a se*, por tempo determinado, cujo objecto se reportaria, justamente, a experiência de uma relação laboral ulterior. Sem prejuízo do posterior desenvolvimento e análise da questão, saliente-se desde já que esta construção parece resultar inviabilizada no quadro do nosso sistema jurídico. Como se verá adiante, são vários os argumentos que parecem apontar no sentido da exclusão da configuração da experiência como vínculo contratual autónomo[37].

Finalmente, e a benefício de ulteriores precisões, saliente-se que a caracterização do período experimental enquanto momento inicial de execução de uma relação laboral comporta implicações que redundam na necessidade de clarificação das fronteiras deste instituto face a certas hipóteses que, muito embora situadas num momento diverso do *iter* contratual, comportam elementos de proximidade – quando não mesmo de

---

jurídico acordado, será esse o momento em que tal averiguação fará sentido – antes, justamente, da *estabilização* de tal programa contratual.

O período experimental só cumpre a sua função actuando num momento próprio: o inicio da execução da relação de trabalho; *início*, porque só aí faz sentido a sua actuação em termos de averiguação do interesse na manutenção ou prossecução da relação jurídica em causa; *execução* e não celebração do contrato, uma vez que a comprovação se pretende concreta ou prática. Cfr. *infra*, desenvolvidamente, na PARTE II, Título II – Caps. I e II.

[37] Deixamos assim também para momento posterior a análise da possibilidade de reconhecimento e tipificação de um tal vínculo, situação hoje presente noutros sistemas jurídicos, designadamente no direito alemão. O que se procura neste momento é, justamente, a delimitação do instituto no quadro do nosso ordenamento jurídico. E aí, a inadmissibilidade de configuração de um vínculo autónomo de experiência parece resultar, pelo que adiante se verá, inequívoca. Remete-se assim a análise detida desta questão, a par de uma averiguação relativa à correcção da construção jurídica da experiência como vínculo contratual autónomo, para momento posterior. Cfr. *infra*, o que se dirá a respeito da compatibilização do período experimental com o regime da contratação a termo.

34 *Do Período Experimental no Contrato de Trabalho*

aparente coincidência – com o período experimental[38]. A tais hipóteses se fará referência de modo mais detido, a propósito da verificação desta delimitação inicial do instituto face a figuras que dele se acercam de modo mais ou menos próximo[39].

2.2. *Fundamento e funções do período experimental*

I. A propósito da consideração da experiência enquanto fenómeno jurídico, houve oportunidade de salientar que na sua base, e como fundamento da sua relevância jurídica, se encontra o reconhecimento da sua função prática – justamente, a verificação de uma relação de adequação entre os termos de certo negócio jurídico e os respectivos interesses das partes.

Ora, também o período experimental, tendo por objecto certa dimensão desse fenómeno, participa dessa função geral, sem prejuízo, naturalmente, do seu enquadramento em razão do particular tipo de vínculo contratual sobre que incide. Assim, sempre se poderá começar por afirmar que o escopo geral do período experimental se reporta também à verificação da existência de uma relação de adequação entre os interesses das partes na celebração do contrato e o concreto programa contratual acordado.

A asserção precedente procura assim explicitar o fundamento genérico do instituto, apontado pela generalidade da doutrina que se vem

---

[38] Referimo-nos agora, em particular, aos chamados *períodos experimentais* ou *provimentos provisórios* (*trial periods*) no quadro de uma alteração da categoria do trabalhador, bem como às hipóteses (também apodadas de *período experimental*) no quadro específico de um regime de comissão de serviço superveniente a uma relação de trabalho já existente entre os contraentes – e agora, neste aspecto, objecto de regulamentação específica nos termos do artigo 109.º do Código do Trabalho.

[39] Sem querer ainda adiantar considerações mais desenvolvidas em torno desta problemática, importará contudo assinalar desde já que o enquadramento de tais hipóteses no domínio do período experimental parece discutível. Contudo, a diferenciação de tais mecanismos jurídicos – se assente apenas num critério de relevância do momento temporal da sua actuação – muito embora possível, resulta indubitavelmente insuficiente. De facto, e como teremos oportunidade de verificar, não obstante a presença de traços de similitude estrutural, e por vezes até de regime jurídico, entre tais figuras – a apontar para sua assimilação ou aglutinação ao quadro jurídico do período experimental – o acolhimento de tal enquadramento não se afigura indiscutível. Voltaremos ao ponto adiante.

Parte I – Preliminares

dedicando ao tema[40]. Acentue-se, porém, e em primeiro lugar, que a enunciação de um tal fundamento genérico surge frequentemente no quadro de uma aglutinação de duas perspectivas de análise do instituto, perspectivas cuja diferenciação, por vezes implícita, nem sempre resulta clara.

De facto, e esta distinção parece assumir enorme importância, atentar no *fundamento* do período experimental visará sobretudo a procura da justificação para o reconhecimento do instituto e, consequentemente, a sua relação com o sistema jurídico em que se integra[41]. Diversamente, na perspectiva das *funções* do instituto, movemo-nos num plano mais vasto, que, compreendendo embora tal finalidade ou fundamento, se reporta também à acentuação de parâmetros concretos de análise do período experimental, compreendo ainda a acentuação de eventuais finalidades implícitas da regulamentação, a análise da efectiva actuação ou propósito prático do recurso a tal figura e ainda as marcas *patológicas* do seu funcionamento[42].

Por outro lado, e como se verá, a apontada tendência para uma análise em que as vertentes ou dimensões do fundamento e das funções do período experimental surgem agregadas – quando não mesmo confundidas – acabou por marcar decisivamente o modo como se foi orientando o debate em torno da questão da chamada *bilateralidade* ou, inversamente, do cunho unilateral dos interesses subjacentes à existência de um período experimental no contrato de trabalho[43].

---

[40] Apesar das variantes que exibe a sua enunciação, determinadas em geral pela perspectiva adoptada na consideração do instituto.

[41] Tratar-se-á, assim, no dizer de MARTIN VALVERDE, *ob. cit.*, p. 145, de apontar a *finalidade tipificadora ou definitória* do instituto, procurando designadamente atender ao interesse ou interesses cuja tutela se visa alcançar por meio do seu reconhecimento.

[42] Neste sentido, MARTIN VALVERDE, *ob. cit.*, pp.145-146.

[43] Trata-se de questão muito debatida a propósito da análise das funções do instituto e que, sem prejuízo de ulteriores desenvolvimentos, pode resumir-se na posição adoptada quanto aos interesses que o período experimental visa tutelar no quadro de uma relação laboral. De acordo com a perspectiva tradicional, o instituto visa uma tutela de interesses tanto do empregador como do trabalhador – ou, dito de outro modo, de um interesse comum a ambos, sem prejuízo da sua perspectivação diferenciada em função do sujeito contratual em causa. Neste sentido, diz-se, o período experimental assume carácter *bilateral*. Assim, *v.g.*, PUPO CORREIA, «Da experiência no contrato de trabalho», *cit.*, pp. 156 ss. Diversamente, e com particular acentuação na doutrina mais recente – em

De todo o modo, e como ponto de partida comum, não deixa de se salientar que o período experimental "(...) tem como razão de ser a necessidade de dar conhecimento *vividamente* às partes, através do funcionamento das relações contratuais, as aptidões do trabalhador e as condições de trabalho"[44], uma vez que "(...) só o desenvolvimento factual da relação de trabalho pode esclarecer, com alguma nitidez, a compatibilidade do contrato com os respectivos interesses, conveniências ou necessidades"[45] e que o período experimental "(...) tem a sua razão de ser e relaciona-se, por isso, com o início da execução do contrato de trabalho"[46]. Ou, noutra formulação, salientando-se a necessidade de que "(...) celebrado um contrato de trabalho, decorra primeiro um *período experimental* que possibilite às partes ponderar a viabilidade da situação laboral criada e a sua própria vontade, agora já esclarecida por uma experiência real de trabalho"[47/48].

A finalidade geral do instituto assim formulada – frequentemente seguida da sua concretização na perspectiva de cada um dos contraentes[49] – tem o mérito de permitir desde logo acentuar, enquanto seu traço característico, a ideia de que o período experimental envolve a apontada

---

especial, como se verá, na doutrina espanhola – situam-se as posições ou visões apodadas de *unilateralistas*, segundo as quais o período experimental se assume como instituto exclusiva ou, ao menos, predominantemente destinado à satisfação de um interesse do empregador no quadro da relação laboral. Neste sentido, por exemplo, MARTIN VALVERDE, *El período de prueba...*, *cit.*, pp. 141 ss. e VAL TENA, *Pacto de prueba...*, *cit.*, pp. 25 ss. Adiante voltaremos ao ponto, de modo mais detido.

[44] BERNARDO XAVIER, *Curso de Direito do Trabalho*, 2.ª ed. (com aditamento de actualização), Verbo, Lisboa, 1996, p. 419.

[45] ANTÓNIO MONTEIRO FERNANDES, *ob. cit.*, p. 323.

[46] PEDRO ROMANO MARTINEZ, *Direito do trabalho*, Almedina, Coimbra, 2002, p. 408.

[47] ANTÓNIO MENEZES CORDEIRO, *Manual...*, *cit.*, p. 577. Assim também, entre outros, JÚLIO GOMES, «Do uso...», *cit.*, p. 38, PUPO CORREIA, *ob. cit.*, pp. 154-155, RAUL VENTURA «Do Período De Experiência No Contrato De Trabalho» in *O Direito*, ano 93 (1961), n.º 4, pp. 247-248 e PEDRO FURTADO MARTINS, *Cessação do Contrato de Trabalho*, 2.ª ed., Principia, Cascais, 2002, pp. 201 e ss.

[48] Também assim na doutrina estrangeira. Para além das referências da manualística, *vd.*, por exemplo, BRIGNONE/RENDINA, *ob. cit.*, p. 25, RODRÍGUEZ-PIÑERO ROYO, *cit.*, pp. 465-466, W. DÜTZ, *Arbeitsrecht*, 9.ª ed., Verlag C.H.Beck, München, 2004, p. 158, PREIS/KLIEMT/ULRICH, *Aushilfs- und Probearbeitsverhältnis*, *cit.*, pp. 1-2 e PETER FREITAG, *Das Probearbeitsverhältnis*, 2.ª ed., Schäffer, Stuttgart, 1981, p. 1.

[49] Cfr., designadamente, as referências bibliográficas citadas nas notas anteriores.

Parte I – Preliminares

valoração da relação existente entre os termos de um binómio que, a traço largo, consiste na correspondência entre os interesses dos contraentes na celebração do contrato de trabalho e o programa contratual efectivamente acordado. Por outro lado, sublinhe-se, a valoração pressuposta na actuação do instituto é, como se vem salientando, uma valoração concreta ou prática – uma apreciação que só é possível *colocando em marcha* ou *em movimento* o programa contratual acordado. O período experimental só actua, em suma, através de uma relação laboral *em execução*.

Concretizando um pouco mais, e na perspectiva da posição dos contraentes, afirma-se que o período experimental permite ao empregador uma avaliação da *aptidão* do trabalhador no desempenho da actividade contratada[50]. Ao trabalhador, por seu turno, a realização da experiência permitirá avaliar e verificar da correspondência entre as expectativas colocadas na celebração do contrato e a sua real concretização, designadamente no que respeita às condições de trabalho efectivamente proporcionadas[51].

A enunciação do escopo do instituto no quadro de um contrato individual de trabalho, faculta, assim, um enquadramento preliminar do fundamento e das funções do período experimental, mas carece necessariamente de maiores desenvolvimentos. E isto desde logo porque, como se verá, o período experimental pode compreender distintas funções – usualmente divididas e classificadas em principais e acessórias ou secundárias[52] – e, por outro lado, como se procurou salientar, a referência

---

[50] O sentido do termo *aptidão* carecerá de ulteriores desenvolvimentos, atendendo em particular à circunstância de, reportando-se ao âmbito das faculdades de apreciação do trabalhador pelo empregador, não se achar uma delimitação unívoca das suas fronteiras. Cfr. *infra*.

[51] Adiante se analisarão em maior detalhe os termos em que actuará tal faculdade de apreciação pelo trabalhador.

[52] Assim, entre outros, PUPO CORREIA, *ob. cit.*, p. 154. Perspectiva diversa da tradicional é adoptada por MARIA DEL CARMEN PIQUERAS PIQUERAS, *La extinción del contrato de trabajo durante el período de prueba como despido*, Ibidem Edit., Madrid, 1995, pp. 9-10, que, partindo da titularidade do interesse na realização da experiência, aponta, como sua finalidade principal, o conhecimento pelo empregador da aptidão profissional do trabalhador para o desempenho das funções para que foi contratado, a par de uma finalidade secundária, que seria a de permitir ao trabalhador a avaliação do empregador por meio da experiência. Tal perspectiva não parece, contudo, de aceitar, enquanto parece confundir e assimilar a análise das funções práticas do instituto com o seu

às funções do instituto deverá diferenciar-se do estudo do seu fundamento ou razão de ser, cuja apreciação se procurará também empreender, não antes, porém, da análise das diversas vertentes já assinaladas e que aí se deverão compreender[53].

Devidamente sublinhada a necessidade de uma clara distinção entre fundamento e funções do instituto, e ainda que a benefício do necessário desenvolvimento que a explanação do regime jurídico do período experimental imprimirá às considerações preliminares que agora se alinham, julga-se que será conveniente atentar desde já numa indicação sumária das funções do instituto.

Ora, como se salientou logo de entrada, o escopo geral do instituto é em geral identificado com o reconhecimento da vantagem, comum aos contraentes, na verificação da adequação do concreto programa contratual aos seus interesses na celebração do contrato de trabalho. Esta delineação da finalidade do instituto é, porém, ainda demasiado genérica, sendo necessário pôr em evidência as diferentes gradações que se observam para lá dessa impressão global.

Assim, e tomando como critério de análise a classificação tradicional que propõe uma divisão das funções do período experimental em duas modalidades ou planos de análise[54], referir-se-ão sucessivamente as

---

fundamento ou justificação. Cfr. *infra*, o que se dirá a propósito do debate em torno dos interesses tutelados pelo período experimental.

53 No mesmo sentido, MARTIN VALVERDE, *ob. cit.*, pp. 145-146, salientando que "(...) o estudo do fundamento haverá de realizar-se (...) coordenando a regulamentação concreta de uma instituição com as normas básicas do ordenamento e com a análise e ponderação dos interesses afectados; no estudo das funções, por seu turno, é preciso, a partir desta aproximação teórica, realizar uma indagação empírica da utilização do instituto nos distintos âmbitos em que a experiência jurídica pode jogar (...)". (Tradução nossa.)

54 Classificação cujos termos são adoptados pela maior parte dos autores que se dedicam ao tema, ainda que nem sempre em sentido coincidente. Refira-se, designadamente, a classificação proposta por MARTIN VALVERDE em *El período de prueba...cit.*, pp. 147 e ss. que adopta uma tripartição entre funções *manifestas*, funções *latentes* e *disfunções* ou utilizações abusivas do instituto. Os termos adoptados em tal classificação serão porventura os mais sugestivos, permitindo apreender em maior detalhe a diversidade de funções que poderá achar-se associada ao instituto. Note-se, contudo, que a adopção de tais termos não determina uma concordância com os resultados que através dela se alcançam – em parte pelo que já se referiu quanto à concepção *unilateralista* deste Autor e, noutra parte, pelo que ainda se dirá. Outros esquemas classificativos são, contudo,

Parte I – Preliminares

chamadas funções manifestas ou principais e as funções latentes ou secundárias, a que deverá acrescer uma referência complementar às chamadas manifestações patológicas ou disfunções do instituto.

No que concerne às chamadas funções *manifestas* ou principais[55], costuma apontar-se a já aludida necessidade de verificação da adequação do concreto programa contratual aos interesses do trabalhador e do empregador na celebração do contrato de trabalho, ou, utilizando a expressão com que o legislador procurou explicitar tal função do instituto entre nós, a apreciação, pelos contraentes, do *interesse na manutenção do contrato de trabalho* – n.º 2 do artigo 104.º do Código. Adiante se verá em que termos é configurada e se desenvolve a possibilidade de apreciação de tal interesse. Para já, interessará salientar, por um lado, a introdução, com o regime do Código do Trabalho, da referência expressa a tal função do período experimental[56] e, por outro, a circunstância de, por esta via, se

---

possíveis, destacando-se, entre nós, aquele que adopta uma partição entre funções principais e secundárias ou acessórias do período experimental. Nesse sentido, *vd.* por todos, PUPO CORREIA, «Da experiência...», *cit.*, pp. 154 e seguintes.

[55] MARTIN VALVERDE, *ob. cit.*, pp. 148 e ss., referindo-se às funções manifestas do período experimental – que, como salienta, correspondem à sua finalidade tipificadora e constituem, assim, uma explicitação ou desenvolvimento daquele que é o fundamento do instituto – enuncia, a título principal, a verificação da aptidão do trabalhador para o desempenho das funções contratadas bem como, secundariamente, o complemento da formação profissional específica e a concretização do conteúdo contratual. Neste sentido se pronunciam também outros autores, apodando, contudo, tais funções de secundárias ou acessórias. Assim, *v.g*, entre nós, PUPO CORREIA, *cit.*, pp. 154 e seguintes. Note-se, porém, que este Autor não deixa de qualificar tais funções acessórias como *anómalas*, qualificação que se deverá interpretar *cum grano salis*, enquanto finalidades que a lei não proscreve muito embora não tome em primeira linha na tipificação do instituto. Sempre, em todo o caso, poderá entender-se que a apreciação do interesse na manutenção do contrato de trabalho, reclamando a sua actuação concreta, sempre envolverá facetas ou parâmetros de adaptação do trabalhador às funções contratadas – o que apela para a referência à formação – bem como, pelo desenvolvimento da relação laboral em causa, a concretização do seu conteúdo.

[56] Referência que não constava dos diplomas que precederam o Código na regulamentação desta matéria. O mesmo se diga da generalidade dos preceitos que noutros ordenamentos jurídicos regulam o período experimental. Tal circunstância não obsta, contudo, a que a doutrina e a jurisprudência aí reconheçam tal função do instituto, tal como aliás acontecia já entre nós no quadro da legislação anterior.

A doutrina italiana, em particular, procura retirar tal ideia da referência, constante do § 2 do artigo 2096.º do *Codice Civile*, ao dever do empregador e do trabalhador em,

40   *Do Período Experimental no Contrato de Trabalho*

explicitar que o regime que decorre da aplicação do instituto visa a possibilidade de apreciação do interesse na manutenção do contrato de trabalho tanto pelo empregador como pelo trabalhador – assumindo-se, neste sentido, como *bilateral*[57].

Já no que se refere às funções *latentes* ou secundárias – designação com que se procura aludir a certa dimensão ou concretização *prática* desta figura[58] – saliente-se a circunstância de nos acharmos perante um instituto que visa frequentemente certos propósitos acessórios ou complementares do processo de formação de certa relação laboral. Pense-se, designadamente, na frequente utilização desta fase contratual para a introdução de componentes de formação com vista à adaptação do trabalhador à empresa e/ou às funções a desempenhar. Assinale-se também a sua utilização, em certos casos, na prossecução de uma concretização de certos aspectos do programa contratual cuja pormenorização ou ajustamento apenas se afigure possível (ou necessária) aquando do início da execução de tal relação contratual[59]. Tratar-se-ão, em todo o caso, de funções que, não

---

respectivamente, consentir e realizar a experiência objecto do pacto de prova. Assim, por todos, BRIGNONE/RENDINA, *ob. cit.*, pp. 25 e ss. e ANTONIO VALLEBONA, *Istituzioni di Diritto del Lavoro – II – Il Rapporto di Lavoro*, 4.ª ed., Cedam, Padova, 2004, p. 79.

Em termos semelhantes dispõe o 2.º parágrafo do n.º 1 do artigo 14.º do *Estatuto de los Trabajadores* espanhol, salientando que *o empresário e o trabalhador estão respectivamente obrigados a realizar as experiências que constituem o objecto da prova.*

[57] Isto, claro, sem prejuízo da maior proeminência prática do interesse do empregador na existência de um período experimental. Prevalência prática que, como se salientou, não contraria contudo o fundamento e o desenho do instituto, que tutela também um eventual interesse do trabalhador – ainda que menos frequente em termos práticos, em especial numa conjuntura de crise económica e de desemprego.

[58] Ou, no dizer de MARTIN VALVERDE, *cit.*, p. 148, aquelas funções «(...) que se realizam de facto ainda que não tenham sido expressamente previstas; esta perspectiva de análise aponta, pois, tanto aos propósitos implícitos do legislador como ao uso que os destinatários da norma fazem da mesma, à margem das previsões normativas». (Tradução nossa.)

[59] Sublinhe-se, de novo, a circunstância de, muito embora utilizando terminologia semelhante à referida na classificação proposta por MARTIN VALVERDE, o enquadramento das funções do instituto distancia-se daquele que é apresentado pelo Autor. Tal se deve, em particular, ao diferente modo de perspectivação do fundamento do instituto. Aliás, não deixa de ser curioso que o Autor citado, fundando o instituto num interesse exclusivo do empregador em libertar-se das limitações a que se encontraria sujeito face à aplicação do regime geral de cessação do contrato de trabalho, atribua certo destaque – enquanto

Parte I – Preliminares 41

sendo embora as que são primariamente visadas pelo instituto, são contudo susceptíveis de ser nele enquadradas ou associadas.

Por outro lado, referiu-se já a circunstância de poderem ocorrer situações em que, sob a aparência de um legítimo recurso à figura do período experimental, se procuram alcançar objectivos ou finalidades contrárias – ou, ao menos, *desvia*das – do seu fundamento e, consequentemente, das funções às quais tal instituto visa responder. Trata-se de fenómeno que não é evidentemente privativo desta figura. A utilização *abusiva* das faculdades conferidas pela actuação do período experimental corresponderá assim em termos gerais ao que se procurou caracterizar como *disfunções* do período experimental. Tal utilização abusiva deve naturalmente reputar-se ilegítima e contra ela terão de se procurar adequados mecanismos de prevenção e repressão. Adiante, a propósito da análise do actual regime jurídico do período experimental, voltaremos ao ponto de modo mais detido[60].

Feito este breve excurso pelas vertentes que vêm sendo apontadas como correspondendo às funções do instituto, e sem prejuízo das distintas gradações com que se apresentam, procurar-se-á avançar na análise desta figura. Para isso se tomará, como base de trabalho, a indicação daquele que se constitui como escopo geral ou liminar do instituto, sem perder de vista, porém, as indicações já expostas quanto às suas funções e a indispensabilidade da sua comprovação face à disciplina jurídica do instituto no nosso ordenamento.

Das conclusões que a investigação subsequente permitir carrear para a análise desta questão, resultarão ulteriores precisões e desenvolvimentos. Só então, e como se procurou assinalar, estaremos em condições de aprofundar a análise daquele que é o fundamento, isto é, o sentido último, tipificador e definitório, do instituto no nosso sistema jurídico.

---

funções latentes da experiência – ao que designa por *eliminação de contratos defeituosos e agilização da contratação laboral* (*ob.cit.*, pp. 148 e 160-162) ou, a nosso ver, e como se procurou referir no quadro do fundamento do instituto, a promoção da estabilidade dos vínculos contratuais.

[60] Cfr. *infra*, Tít. III..

2.3. Faculdades extintivas da relação laboral

Ainda a propósito das características ou caracteres típicos do período experimental, importa introduzir uma referência, ainda que neste momento também necessariamente abreviada, às faculdades extintivas da relação laboral, tradicionalmente apontadas como traço típico e consequência jurídica da actuação do instituto.

De facto, e como já se mencionou, a relevância jurídica do fenómeno da experiência acha-se directamente ligada à possibilidade da sua *actuação* sobre o destino da relação jurídica em causa. Daqui resulta a necessidade de insistir no facto de que a relevância jurídica da valoração pressuposta na realização de uma experiência de certa relação laboral terá de se traduzir também na possibilidade da sua actuação sobre tal relação. Actuação que funciona, simultaneamente, como sua característica (enquanto lhe determina relevância jurídica) e como consequência jurídica da operatividade do instituto.

A valoração da experiência realizada, enquanto apreciação da adequação da realidade aplicativa de certo quadro contratual aos interesses dos contraentes na sua celebração actuará num de dois sentidos, consoante o resultado de tal valoração. Ou, dito de outro modo, e utilizando a expressão legal, a apreciação do *interesse na manutenção do contrato de trabalho* determinará certa consequência juridicamente relevante sobre o destino da relação em causa.

Assim, e por ora, acentue-se a consideração de que, perante a verificação da apontada relação de adequação, a experiência parece propiciar uma *estabilização* do vínculo laboral em causa; diversamente, a constatação, pela realização da experiência, da inadequação do quadro contratual assumido ao serviço do interesse (ou interesses) de cada um dos contraentes na assumpção de tal vinculação, parece determinar-se como *impedimento* à prossecução do vínculo, actuando por via da atribuição de uma específica faculdade extintiva de tal relação[61].

---

[61] Específica, entenda-se, enquanto justificada pela ausência de interesse, de um ou de outro contraente, na prossecução de tal relação. No que concerne ao confronto e eventual autonomização deste modo de cessação da relação laboral face aos modelos comuns de cessação do vínculo laboral, procurar-se-á averiguar adiante se a concreta solução encontrada para a actuação de tal *motivo justificativo* da cessação determina a integração de tais faculdades extintivas no quadro geral dos modos de cessação da relação

Dito isto, importará perceber até que ponto tais faculdades extintivas da relação de trabalho sujeita a um período experimental, se inscrevem na *genética* deste instituto. Ora, de tudo quanto se vem afirmando no que concerne à fisionomia do instituto e do seu objecto será já porventura possível compreender dos motivos pelos quais a noção introdutória do instituto não refere explicitamente tais faculdades extintivas do contrato de trabalho que eventualmente advirão da realização – ou, em bom rigor, do inêxito – da experiência. A referência não é expressa mas encontra-se naturalmente pressuposta. O motivo parece claro: a faculdade de pôr termo ao contrato de trabalho configura um resultado ou consequência jurídica possível da actuação do instituto. Verdadeira marca do instituto é, justamente, o reconhecimento da relevância jurídica da valoração propiciada pela realização da experiência sobre o destino da relação contratual em causa. Essa relevância jurídica traduzir-se-á, como se compreende, no reconhecimento de certas consequências jurídicas da valoração sobre a relação contratual objecto de *apreciação*, que influem, em caso de *êxito* ou de *fracasso* da experiência, respectivamente na sua manutenção ou prossecução ou, diversamente, na sua extinção. A ser de outro modo – ou seja, sem o reconhecimento das consequências jurídicas da valoração da experiência – perderia todo o sentido útil a possibilidade de valoração ínsita no momento experimental da contratação. Adiante, a propósito do regime de cessação da relação de trabalho durante o período experimental, haverá oportunidade de analisar esta questão desenvolvidamente.

---

laboral ou, diversamente, se se constitui como fundamento para uma solução que, face à sua motivação e regime jurídico, se configura enquanto modelo autónomo ou próprio de cessação do contrato de trabalho. Adiante retomaremos o ponto.

Assinale-se, contudo e desde já, que, no sentido do que se referiu, o debate em torno destas faculdades extintivas da relação laboral – em particular quando actuadas pelo empregador – apresenta-se frequentemente centrado na polémica relativa à sua autonomização ou enquadramento face ao regime geral do despedimento. Assim, por exemplo, M. C. PIQUERAS PIQUERAS, *La extincion del contrato de trabajo durante el período de prueba como despido, ob. cit.*, pp. 83 ss.. Em sentido oposto, entre nós, distinguindo esta modalidade de cessação do despedimento patronal, PEDRO FURTADO MARTINS, *ob. cit.*, p. 202.

3. Distinção de figuras próximas

Alinhadas as características que se afiguram susceptíveis de conduzir à delimitação do instituto que nos propomos analisar, é tempo de clarificar e verificar da justeza das hipóteses avançadas, tarefa que não resultará naturalmente completa sem o desenvolvimento e exame da disciplina jurídica do instituto. De todo o modo, e neste momento preliminar, será possível avançar mais alguns passos nessa indagação, recorrendo a um cotejo entre o traçado geral do instituto que nos ocupa e certas figuras que com ele se relacionam de modo mais ou menos estreito.

Ora, dentro das diversas realidades susceptíveis de contacto mais ou menos próximo – ou até mesmo de intersecção – com o período experimental, avultam certas figuras cujo confronto com este instituto permitirá apurar de modo mais rigoroso o seu recorte geral e actual. A algumas delas, e na medida em que, como se salientou, assim se possibilita um alinhamento de indicações mais seguras na tarefa de delimitação preliminar do instituto, faremos referência nos números seguintes.

3.1. *Período experimental, processos de recrutamento e selecção de pessoal e promessa de contrato de trabalho*

I. A propósito da caracterização do período experimental, avançou-se com a consideração de que, para lá da sua temporaneidade ou transitoriedade, o instituto se delineava também em razão de certo momento temporalmente relevante e adequado à sua actuação – justamente, e como se procurou explicitar, o início da execução de certo contrato de trabalho[62].

Pois bem. A relevância da acentuação da temporalidade do período experimental poderá ser clarificada por via do cotejo entre este instituto e certos processos e meios jurídicos que, porventura votados a propósitos com certa similitude ou complementaridade, se distinguem todavia claramente daquele, também, e de modo particular, em função do momento temporalmente relevante da sua actuação. Assim, e desde logo, no que toca ao conjunto de procedimentos, de natureza e fisionomia variáveis,

---

[62] A esse sentido se reportou a referência à *temporalidade* do instituto. Cfr. *supra*.

genericamente enquadrados na referência aos meios de *recrutamento e selecção de pessoal*[63].

Como é sabido, o *processo*[64] de formação do contrato de trabalho, enquanto *encontro confluente de duas vontades a que o Direito associa determinados efeitos, raramente será casual: ele é precedido por toda uma actividade destinada a procurá-lo e a dar-lhe corpo* [65]. Esse processo ou conjunto de actos, susceptíveis de enquadramento em *fases*, encadeadas e orientadas logicamente ao propósito de celebração de um contrato individual de trabalho, será, sem prejuízo da verificação de certos momentos necessários à formação do negócio, em princípio inteiramente livre quanto à sua composição e modo de organização. O que não significa, contudo, que – resultando ou não na celebração de um negócio jurídico – se trate de um processo juridicamente irrelevante, enquanto lhe são associados, quer no domínio geral da formação dos contratos, quer no especificamente concerne à formação do contrato de trabalho, relevantes efeitos jurídicos, sujeitando as partes, para lá da vinculação geral ao princípio da boa fé, a específicos deveres de conduta, sob pena de responsabilidade por *culpa in contrahendo*[66]. Nesse sentido, aliás, esclarece agora de modo expresso o artigo 93.º do Código do Trabalho que *quem negoceia com outrem para a conclusão de um contrato de trabalho deve, tanto nos preliminares como na formação dele, proceder segundo as regras da boa fé, sob pena de responder pelos danos que culposamente causar*[67].

---

[63] Com tal designação procuramos abranger os diversos modos de estruturação de um processo prévio à celebração de um contrato individual de trabalho, albergando tanto as suas manifestações mais simples ou informais até aos modelos mais complexos – integrados por vezes por actos e negócios jurídicos de certa complexidade – orientados à selecção da contraparte do contrato individual de trabalho.

[64] De facto, a referência à formação do contrato de trabalho enquanto *processo* não é despicienda, enquanto nele avultam, para lá das questões que se colocam no quadro da celebração dos negócios jurídicos em geral, certas particularidades derivadas, justamente, da verificação, no seu processo formativo, de processos de selecção da contraparte no negócio mais ou menos complexos.

[65] MENEZES CORDEIRO, *Manual de Direito do Trabalho*, ob. *cit.*, p. 555.

[66] Sobre o instituto, desenvolvidamente, entre outros, JOÃO DE MATOS ANTUNES VARELA, *Das Obrigações em geral*, Vol. I, 9.ª ed., Almedina, Coimbra, 1996, pp. 274 ss., MÁRIO JÚLIO DE ALMEIDA COSTA, *Direito das Obrigações*, 8.ª ed., Almedina, Coimbra, 2000, pp. 263 ss. e ANTÓNIO MENEZES CORDEIRO, *Da Boa Fé no Direito Civil*, 2.ª reimpr., Almedina, Coimbra, 2001, pp. 546 ss.

[67] Sem prejuízo de, já no quadro da legislação anterior, se considerar aplicável

46   *Do Período Experimental no Contrato de Trabalho*

Ora, se em regra a formação do contrato de trabalho se bastará com o mero acordo de vontades das partes no sentido da sua celebração, é certo que são hoje também muito frequentes as hipóteses em que o processo conducente à celebração do contrato de trabalho tende a assumir maior complexidade, quer pela introdução de diversos momentos ou fases preliminares de contactos e negociação das respectivas condições, quer, inclusivamente, pelo desenvolvimento de verdadeiros *sistemas* preliminares de recrutamento e selecção de candidatos, com estruturação e natureza variadas. Tais processos de recrutamento e selecção de pessoal podem, de facto, integrar elementos de natureza muito diversa – contactos pessoais, entrevistas, realização de provas de diversa natureza, bem como até, por vezes, verdadeiros negócios preliminares ou preparatórios em relação ao contrato de trabalho que se procura realizar[68]/[69].

De todo o modo, e como é possível já entrever das considerações anteriores, tais processos preliminares de recrutamento e selecção de pessoal assumem natureza diversa do período experimental, quer quanto ao seu objecto, quer no que concerne à sua natureza jurídica. Tais processos, logicamente preliminares ao consenso que determina a formação do contrato de trabalho, destinam-se, à selecção da própria contraparte na negociação e não, como se verifica no período experimental, à averiguação da concreta adequação entre o consenso alcançado na fase formativa do contrato com os interesses e expectativas dos contraentes na

---

no domínio da formação do contrato de trabalho o regime geral da responsabilidade pré-contratual previsto no artigo 227.º do Código Civil.

[68] Como modalidade relevante, embora não exclusiva, de tais negócios preparatórios ou preliminares é tradicionalmente apontado o regime do *concurso*. Sobre a inserção de tal negócio preliminar no processo de formação do contrato de trabalho, suas modalidades e relevância jurídica no quadro do processo de formação do contrato de trabalho, *vd.* PEDRO ROMANO MARTINEZ, *ob. cit.*, pp. 369 ss. Em geral, quanto à aplicabilidade do princípio da igualdade no quadro da formação do contrato de trabalho, *vd.* desenvolvidamente GUILHERME DRAY, *O Princípio da Igualdade no Direito do trabalho – Sua aplicabilidade no domínio específico da formação de contratos individuais de trabalho*, Almedina, Coimbra, 1999, em especial pp. 203 ss.

[69] Numa abordagem empresarial e psicológica dos modelos e métodos de organização dos processos de recrutamento e selecção de pessoal, *vd.* FILOMENA DIAS DA SILVA, *Recrutamento e Selecção de Pessoal*, Almedina, Coimbra, 1995. Na perspectiva da gestão de recursos humanos é também interessante o estudo de GLÓRIA REBELO, *Emprego e Contratação Laboral em Portugal – Uma Análise sócio-económica e jurídica*, RH Editora, Lisboa, 2003, em especial, pp. 91 e ss.

Parte I – Preliminares 47

celebração de tal negócio jurídico. Ali, justamente, procura-se a selecção da contraparte no negócio, aqui, diversamente, o funcionamento concreto do programa contratual acordado na sequência do processo de negociação do contrato.

Note-se, assim, que a ocorrência de um processo de recrutamento ou selecção, mesmo na modalidade do concurso, prévio à celebração do contrato de trabalho, em nada inviabilizará a actuação – claramente situada num domínio objectiva e temporalmente diverso – do período experimental[70].

A distinção assim apontada permite salientar e compreender a afirmação avançada quanto à inserção do período experimental no quadro de uma relação de trabalho já constituída, distinguindo-o claramente das hipóteses em que se verifica um recurso, no processo formativo do contrato de trabalho, a certos negócios preparatórios dessa vinculação.

II. Por outro lado, e ainda no que concerne aos chamados negócios preparatórios no quadro do processo de formação do contrato de trabalho, importa salientar a diversa natureza da promessa de contrato de trabalho e do período experimental, que, não se confundindo, também não se excluem, atentos os diversos campos de actuação.

De facto, a promessa de contrato de trabalho, tal como resulta da sua regulamentação no artigo 94.º do Código do Trabalho, consiste no negócio que toma como objecto a promessa de futura celebração de um contrato de trabalho[71]/[72]. Achamo-nos, assim, claramente, perante uma hipótese susceptível de enquadramento na categoria dos chamados *negócios prepa-*

---

[70] Tais processos de recrutamento e selecção podem, isso sim, influenciar ou condicionar o recurso a outros mecanismos jurídicos de *expurgação* de relações *inadequadas*. Pense-se, designadamente, na relação entre tais hipóteses e o regime do erro. Sobre o ponto, *vd.* MONTEIRO FERNANDES, *Direito do Trabalho*, *ob. cit.*, p. 328 e MANUEL ALONSO OLEA/MARIA EMÍLIA CASAS BAAMONDE, *Derecho del Trabajo*, 20.ª ed., Civitas, Madrid, 2002, p. 227.

[71] Sobre o regime da promessa de contrato de trabalho, *vd.*, para além das referências na manualística, *v.g.*, a anot. de PEDRO ROMANO MARTINEZ ao artigo 94.º CT *in* PEDRO ROMANO MARTINEZ/LUÍS MIGUEL MONTEIRO/JOANA VASCONCELOS/PEDRO MADEIRA DE BRITO/GUILHERME DRAY/LUÍS GONÇALVES DA SILVA, *Código do Trabalho Anotado*, 3.ª ed., Almedina, Coimbra, 2004, pp. 227-228 e bibliografia aí citada.

[72] Sobre a relação entre período experimental e promessa de contrato de trabalho, *vd.* Ac. STJ de 2 de Dezembro de 1998 *in BMJ*, n.º 482 (1999), pp. 150-160.

ratórios do contrato de trabalho. Não assim, como se viu, no que concerne ao período experimental, a cuja actuação subjaz um vínculo contratual laboral já constituído[73].

A referência à promessa poderá porventura relevar noutra sede, qual seja a da consideração da questão da experiência como fundamento de um vínculo contratual autónomo, que se referirá adiante. Por ora, realce-se sobretudo a circunstância de que o funcionamento do instituto do período experimental se relaciona e pressupõe um vínculo laboral já constituído e não com uma qualquer situação jurídica preliminar à relação de trabalho *definitiva*.

3.2. *Período experimental e períodos probatórios «em funções»*

A referência em epígrafe pretende abarcar e enquadrar um conjunto de situações jurídicas que apresentam aparente proximidade com o período experimental e que, por vezes, tomam mesmo tal designação. Importa, contudo, distingui-las, uma vez que, julgamos, tais hipóteses comportam elementos de diferenciação clara face ao período experimental verdadeiro e próprio.

Assim, e desde logo, no que concerne aos casos em que, no quadro de uma modificação contratual objectiva que se traduz na mudança de categoria – mais precisamente, numa promoção – o trabalhador, no

---

[73] Neste sentido, aliás, já RAUL VENTURA, *Teoria da Relação Jurídica de Trabalho – Estudo de Direito Privado*, I, Imprensa Portuguesa, Porto, 1944, pp. 338 ss., salientava a diferença entre os chamados contratos preliminares e o período experimental, ao afirmar:

"São diferentes as razões justificativas dos contratos preliminares e dos períodos de prova. [...] Quando as partes, embora firmemente dispostas a celebrar entre si certo contrato, não querem, todavia, obrigar-se em dado momento, necessitam de um meio jurídico que garanta a posterior celebração do contrato (...). Esse meio é o contrato preliminar, (...). Não é isto que acontece com o período de prova, em que as partes pretendem certificar-se mutuamente da existência de certos requisitos pessoais. Para isso não podem limitar-se a contratar a futura celebração dum contrato de trabalho; precisam ver como a outra parte actua nas circunstâncias em que essas características pessoais se hão-de mais tarde fazer sentir. Tal desejo só pode ser realizado pela celebração imediata de um contrato em virtude do qual as partes devam proceder como no próprio contrato cujo êxito se procura assegurar. Quer dizer, é indispensável que, logo de início, seja celebrado um contrato de trabalho; não um contrato preliminar cujo conteúdo seja um contrato de trabalho: – um verdadeiro contrato de trabalho."

Parte I – Preliminares

exercício de funções diversas daquelas que lhe competiam no âmbito do programa contratual primariamente acordado, se sujeita a um período de verificação da aptidão para o desempenho das novas funções, considerando-se tal promoção com carácter provisório até à superação, com êxito, de tal *período probatório nas novas funções* – por vezes, e a nosso ver impropriamente, denominado *período experimental*. De facto, procura-se aqui uma avaliação do desempenho do trabalhador face às novas tarefas ou funções em que se traduz a modificação contratual e não uma verificação da adequação da relação jurídica (em bloco) aos interesses das partes na sua celebração. Por outras palavras, a verificação da aptidão para o desempenho de certas funções no quadro de uma modificação contratual surge num diverso plano de apreciação daquele em que se move a valoração pressuposta no período experimental. Tanto assim que a consequência jurídica da actuação destas figuras se apresenta claramente distinta. Enquanto no período experimental estará em causa a própria apreciação do interesse na manutenção *da relação de trabalho*[74], a experiência *hoc sensu* em funções diversas das inicialmente contratadas, determinará apenas – em caso de insucesso de tal período de avaliação – o retorno à posição *inicial* ou anterior do trabalhador no quadro do programa contratual existente ou, noutra perspectiva, a não consolidação da modificação contratual em causa.

A generalidade das legislações que se debruçam sobre o período experimental afasta por isso, embora nem sempre de modo expresso, as hipóteses de actuação do instituto das situações em que a modificação contratual (promoção) pende, no fundo, da superação satisfatória de um período de adaptação ao exercício de novas funções[75]/[76].

---

[74] Ou, na expressão agora utilizada pelo legislador – no n.º 2 do artigo 104.º CT – a verificação do *interesse na manutenção do contrato de trabalho*.

[75] Neste sentido, veja-se a expressa referência de ALONSO OLEA/CASAS BAAMONDE, *ob. cit.*, pp. 230 e 313, ao chamado *ascenso provisional* ou *«pruebas» para ascensos*.

[76] Movemo-nos assim neste quadro, numa hipótese que se aproxima pelo seu objecto, não obstante as suas radicais diferenças, da situação compreendida no instituto do *despedimento por inadaptação* do trabalhador, regulado agora nos arts. 405.º ss. CT. O despedimento por inadaptação, distinguindo-se claramente das hipóteses de período experimental, levanta, contudo, questões interessantes do ponto de vista da sua relação com este instituto. Neste sentido, cfr. *infra*, PARTE II, e bibliografia aí citada.

50   *Do Período Experimental no Contrato de Trabalho*

A radical diferença do objecto da experiência (daquilo que é *experimentado*) determina assim também uma diversa consequência jurídica – não uma faculdade extintiva da relação em caso de insucesso da *experiência* nas funções, mas sim a manutenção do programa contratual sem a modificação objectiva que o desempenho das novas funções acarreta do ponto de vista contratual.

Mais intrincadas se afiguram as hipóteses em que tal *modificação* da relação contratual opera por via da sujeição a um regime especial como a comissão de serviço. Tratando-se, contudo, de matéria sobre a qual o Código do Trabalho apresenta inovações relativamente ao regime jurídico que o precedeu, remete-se para momento posterior uma análise mais detida da questão[77].

Refiram-se ainda, e a finalizar, as hipóteses de sucessão de vínculos em que se verifique uma identidade de objecto contratual entre as duas relações jurídicas. De facto, não se verificando uma diferença de objecto contratual, a relação jurídica será idêntica à que foi *experimentada*, não se vendo razão para sobre ela fazer incidir uma *nova* apreciação – no fundo, uma repetição daquela apreciação. Adiante, a propósito análise do regime jurídico do período experimental, em particular do conteúdo da experiência, voltaremos ao ponto com maior detalhe[78].

3.3. *Período experimental e formação*

A referência em epígrafe procura, nos termos amplos em que se encontra formulada, abranger hipóteses que, embora distintas e heterogéneas, são susceptíveis de aglutinação para efeitos de análise, justamente em razão do seu *objecto*. De facto, a referência genérica à *formação* procura abarcar não apenas certa vertente do desenvolvimento da relação laboral[79] mas também certos tipos contratuais que, tomando-a como objecto, se dirigem à sua actuação e desenvolvimento.

---

[77] Cfr. *infra*, na PARTE II

[78] Cfr. *infra*, na PARTE II.

[79] Considerada hoje de vital importância no quadro de desenvolvimento da relação laboral e, nessa perspectiva, assumida como vertente prioritária da disciplina introduzida pelo Código do Trabalho – cfr. arts 123.º e segs do Código, desenvolvidos pelos arts 160.º e seguintes do respectivo diploma regulamentar.

Ora, se é certo que, como adiante se verificará, o período experimental pode conviver com componentes de formação[80], importa salientar que, quanto aos apontados tipos contratuais de cariz ou objecto formativo – onde avulta hoje o regime da aprendizagem[81] – nos achamos perante realidades que não se confundem. Pretende-se assim tão só anotar que o período experimental se distingue, na sua função e na sua fisionomia, de tais vínculos jurídicos – razão pela qual, mesmo no quadro desses regimes específicos não fica excluída a possibilidade de existência de um período experimental. A integração de um período experimental numa relação jurídica de cariz formativo destinar-se-á assim à avaliação da própria adequação de tal relação aos interesses visados pelos contraentes na assumpção de tal vínculo. Trata-se, aliás, de questão que hoje não oferecerá margem para grandes dúvidas[82].

Por outro lado, e num plano distinto, podendo a relação de trabalho abranger períodos de formação mais ou menos longos, importará conciliar essa particular vertente da relação laboral com a actuação do instituto do período experimental. Em termos gerais, sempre se pode salientar que – consoante os casos – a formação poderá ou não colidir com a possibilidade de *experiência* dos termos concretos de execução da relação laboral; assim sendo, o critério delimitador de resolução dessas hipóteses deverá centrar-se na averiguação dos termos em que a formação permite ou impossibilita a averiguação concreta da adequação da relação – e, consequentemente, utilizando a expressão legal (que se analisará posteriormente) *do interesse*

---

[80] E, como se referiu também a propósito da análise das funções do instituto, a formação complementar ou de adaptação poderá mesmo constituir uma das possíveis dimensões acessórias ou latentes na utilização prática do período experimental. Cfr. *supra*.

[81] Regulado pelo Decreto-Lei n.º 205/96, de 25 de Outubro.

[82] Nem sempre assim foi, contudo. A relação entre a experiência e a formação foi durante largo tempo objecto de análise pela doutrina que se dedicava ao tema. Na génese de tal atenção à relação entre as vertentes formativas *lato sensu* e o período experimental, em especial na relação entre este instituto e a aprendizagem, não deixa de estar – em particular no que respeita ao ordenamento jurídico espanhol, mas não só – o facto de as primeiras alusões à experiência juslaboral se encontrarem historicamente associadas a uma regulamentação legal que a perspectiva, justamente, em função de certa vertente ou componente formativa. Assim, *v.g.*, em Espanha, a primeira referência legal à experiência juslaboral surge no âmbito da legislação sobre o regime da aprendizagem. Sobre o ponto, *vd.*, por exemplo, PIQUERAS PIQUERAS, «El período de prueba: pasado y presente de una institución jurídico-laboral clásica», *cit.*, pp. 249 e seguintes.

na manutenção da relação de emprego. Será em função da resposta a tal averiguação que a componente formativa da relação poderá ou não enquadrar-se como momento *experimental* da relação de trabalho. Veremos, aliás, que neste plano se insere outra das *novidades* introduzidas pelo Código do Trabalho na regulamentação do período experimental, ao procurar estabelecer um critério de *compatibilização* entre as eventuais vertentes formativas e o decurso do período experimental[83]. Adiante voltaremos ao ponto.

3.4. *Formas atípicas de experiência – O recurso prático à contratação a termo como meio alternativo ao período experimental*

A encerrar este breve cotejo entre o período experimental e outros institutos que, em maior ou menor medida, com ele se relacionam, pode surgir como inesperada ou até inusitada a necessidade de conceder algum espaço à análise da relação do período experimental com o regime da contratação laboral a termo.

De facto, a distinção entre período experimental e contratação a termo parece, à primeira vista e em face de tudo quanto se foi avançando, relativamente evidente. Porém, uma observação fugaz da realidade quotidiana da contratação laboral deixará desde logo divisar a relativa frequência com que, no plano concreto, surgem situações em que o regime da contratação a termo é utilizado como meio *alternativo* ou *atípico* de desenvolvimento de um verdadeiro período de experiência, com propósito idêntico ao que preside, enquanto escopo geral do instituto e como se procurou já assinalar, ao reconhecimento e tutela legal do período experimental. Nestes termos, importa contemplar a possibilidade de se achar aqui uma forma atípica de prossecução dos interesses subjacentes ao instituto que nos ocupa, averiguando da licitude de tais hipóteses face ao nosso ordenamento juslaboral[84].

---

[83] Referimo-nos ao regime traçado pela 2.ª parte do n.º 1 do artigo 106.º, preceito sem correspondência na legislação anterior. Veremos, contudo, que a concretização do regime aí estabelecido pode suscitar algumas dificuldades aplicativas. Cfr. *infra*, PARTE II.

[84] Sem prejuízo de ulterior desenvolvimento, acentue-se desde já a circunstância de que a ordenamento jurídico português acolhe o período experimental segundo um certo

Assim, constatando que na prática surgem, com relativa frequência, hipóteses que configuram verdadeiras formas de realização da uma experiência da relação de trabalho – sendo a mais frequente, como se referiu, a que se traduz no recurso à celebração de um contrato a termo, prévio à celebração de um contrato de trabalho por tempo indeterminado, em que se procura efectivamente a verificação da adequação dos termos concretos do desenvolvimento de certa relação laboral aos interesses e expectativas das partes (em particular, como se sabe, do empregador) na celebração de certo vínculo contratual laboral.

Os objectivos prosseguidos por esta via prendem-se assim, e por um lado, com um possível ou potencial alargamento da duração da experiência e relacionam-se, por outro, com o receio de que a celebração de uma relação por tempo indeterminado, em função de certa valoração social do regime de cessação de tal contrato – reputando-o como demasiado *rígido* – possa determinar a manutenção de relações laborais inadequadas ou indesejadas.

Em termos liminares, haverá que sublinhar o carácter manifestamente ilícito do recurso a tal expediente, ilicitude que resulta desde logo do regime legal da contratação a termo – ainda que, como veremos, o período experimental apenas seja admitido no nosso sistema em obediência ao desenho legal que lhe é traçado.

Em bom rigor, a contratação a termo nestes moldes procura funcionar como um *contrato de experiência*, por via do qual, contornando porventura os prazos máximos de duração do período experimental, se visa alcançar idêntico objectivo. Trata-se, manifestamente, à luz do nosso sistema, de uma fraude à lei.

Poderá, contudo, levantar-se a hipótese de, não sendo contrariados os limites legais de duração do período experimental, ser admissível um tal *contrato de* experiência, isto é, um vínculo contratual por tempo determinado cujo objecto seria, justamente, a realização da experiência.

---

modelo ou desenho, designadamente enquanto configura o instituto como sistema *geral* ou *comum* no quadro da contratação. Não assim noutros sistemas, aliás a maioria, onde o período experimental se conforma como um modelo cujo recurso, observados certos requisitos, resulta da convenção das partes no caso concreto. Cfr. *infra*, PARTE II, Título I.

54   *Do Período Experimental no Contrato de Trabalho*

De facto, alguns sistemas, como o alemão[85], admitem expressamente tal hipótese, e em outros, como o italiano ou o espanhol, a questão é discutida[86].

Face ao ordenamento jurídico português a questão não poderá todavia deixar de merecer resposta negativa. Assim, e em primeira linha, pela impossibilidade de compatibilização de tais hipóteses com o regime legal da contratação a termo que determina, como condição geral (material) de admissibilidade do recurso à contratação a termo, que esta se destine à satisfação de *necessidades temporárias da empresa*[87], o que manifestamente não se verifica numa hipótese em que o fundamento da aposição do termo se encontra na realização (necessariamente temporalmente limitada) da experiência.

Poderia contudo argumentar-se no sentido de que, uma vez que a lei admite agora a alteração do regime da contratação a termo por via de instrumento de regulamentação colectiva de trabalho – nos termos do artigo 128.º CT – poderia porventura alcançar-se assim uma hipótese em que a experiência fosse expressamente prevista como causa ou fundamento para a celebração de certa relação de trabalho por tempo determinado. Não parece, todavia, que esta argumentação possa obter vencimento. Ela encontra, a nosso ver, um sério obstáculo no próprio regime legal do período experimental que fixa, em termos imperativos, os limites à possibilidade de intervenção da regulamentação colectiva nesta sede. O artigo 110.º CT, onde se fixa a margem de actuação da regulamentação colectiva na conformação da disciplina jurídica do instituto, parece de facto excluir qualquer alteração ao modelo legal do período experimental que vá para além dos limites indicados nessa disposição[88].

---

[85] Neste sentido, *vd.*, por todos, Schaub, *Arbeitsrechts-Handbuch*, 11.ª ed., C. H. Beck, München, 2005, pp. 323 ss.

[86] Normalmente enquadrada no debate em torno da natureza jurídica do instituto. Cfr. *infra*, PARTE IV, o que se referirá a propósito das chamadas teses *dualistas*.

[87] Cfr. art. 129.º - n.º 1 CT.

[88] Sobre o regime jurídico constante desta disposição, cfr. *infra*, desenvolvidamente, PARTE II.

De facto, a regulamentação colectiva não parece poder actuar sobre o desenho legal do período experimental para além dos estritos termos agora traçados pelo art. 110.º CT – e que se prendem, justamente e apenas, com a redução dos prazos de duração do período experimental. Poderá argumentar-se que, admitindo-se tal redução, será de admitir-se que ela possa verificar de modo alternativo, traduzindo-se na configuração de um vínculo

Parte I – Preliminares

Por outro lado, e num outro plano, parece ao menos discutível a admissibilidade de um vínculo contratual autónomo cujo objecto seria a experiência de uma outra relação jurídica. A argumentação que se poderá aduzir neste sentido respeita não só às dificuldades de demonstração de uma verdadeira autonomia da relação de experiência no que respeita à relação *definitiva* e, por outro lado, ainda que assim não fosse, às dificuldades de enquadramento jurídico da relação entre os dois vínculos contratuais pre-tensamente autónomos. Perante uma situação de sucesso da experiência, estaríamos perante uma espécie de novação do vínculo primário? Mesmo tentando estabelecer uma autonomia pura entre as duas relações contra-tuais, como distinguir o seu objecto? A experiência da relação jurídica em causa realiza-se, como se verá adiante, pela actuação concreta do conteúdo (direitos e deveres recíprocos) dessa relação, pela avaliação da adequação entre os interesses dos contraentes e a actuação prática ou execução do programa contratual acordado[89]. Parece surgir aqui uma difícil, para não dizer inviável, sustentação da pretensa autonomia do vínculo preliminar[90].

Finalmente, e a terminar a análise a esta questão, poderá levantar-se a possibilidade de consideração da autonomia contratual das partes como fundamento para a configuração de uma figura contratual autónoma cujo objecto seria a experiência de uma futura relação laboral. Estaríamos, assim, perante uma figura contratual atípica? A verdade, porém, é que as prestações em que se analisa o conteúdo desta relação permitem indiscuti-

---

autónomo de experiência. Contudo, o desenho legal do instituto, fortemente associado à sua consideração enquanto fase ou momento inicial *comum* da relação de trabalho, parece claramente excluir estas hipóteses.

[89] Esse programa contratual há-de ser, no quadro de uma relação laboral, a execução das prestações a que trabalhador e empregador reciprocamente se obrigam (trabalhar e pagar a retribuição devida). Mas se é assim, se a realização da experiência – que é, como se salientou, experiência de uma relação jurídica – só se concretiza pela actuação/execução do conteúdo típico dessa relação, como distinguir e autonomizar um conteúdo susceptível de integrar um objecto de uma relação jurídica autónoma? A menos que se defenda que o conteúdo da experiência não coincide com a execução da relação jurídica experimentada... Hoje, porém, dificilmente se poderá sustentar tal posição e os próprios defensores das teorias da experiência enquanto vínculo contratual autónomo ou preliminar à relação propriamente dita não conseguem desviar-se dos sérios escolhos que levanta este modo de configurar a experiência. Cfr. *infra*, PARTE IV.

[90] Cfr. *infra*, PARTE IV, o que se refere a propósito das chamadas teorias *dualistas* quanto à natureza jurídica do período experimental.

56   *Do Período Experimental no Contrato de Trabalho*

velmente a sua qualificação como contrato de trabalho, independentemente do *nomen iuris* atribuído pelas partes. Configurando-se com um conteúdo susceptível de enquadramento e qualificação no quadro típico do contrato individual de trabalho, será essa a disciplina que deverá ser aplicada a tal relação jurídica. E tratando-se de contrato de trabalho, neste caso a termo, será impossível *escapar* ao confronto com a argumentação aduzida sobre a impossibilidade, face ao nosso sistema, da configuração de um contrato de trabalho cuja aposição de um termo se justifica pela realização da experiência.

4. Evolução do tratamento legal do instituto no ordenamento jurídico português – Indicação sumária

Muito embora o desenvolvimento do presente estudo se encontre centrado, como se indicou, na análise do período experimental à luz do seu actual regime jurídico – traçado, como se sabe, pelos artigos 104.º e seguintes do Código do Trabalho – afigura-se útil, todavia, e a encerrar este exame preliminar do instituto, a explanação sumária do quadro evolutivo do tratamento legal do instituto[91].

Nestes termos, anote-se desde logo que a primeira referência legal relativa ao período experimental foi introduzida no nosso ordenamento pela Lei n.º 1952, de 10 de Março de 1937 – referência que PUPO CORREIA qualifica como *regulamentação embrionária do* instituto[92].

---

[91] Explanação que, ainda que necessariamente abreviada, assume, além do mais, a vantagem das particulares possibilidades de confronto de soluções que assim se propiciam.

[92] «Da experiência...», *cit.*, p. 160, onde se pode ler: "(...) esta regulamentação pode considerar-se embrionária, quer pela omissão de numerosos aspectos do regime da experiência, quer pelo uso de uma técnica muito discutível para a resolução do enquadramento da faculdade lata de resolução do contrato". Por seu turno, e em apreciação ao regime deste diploma, salienta RAUL VENTURA, «O período de experiência ...», *cit.*, pp. 252-253: "Os citados preceitos da Lei n.º 1952 mostram que a lei previu e regulou *apenas o período de experiência do trabalho pelo patrão*; (...)» (sublinhados do texto). E ainda «O período de experiência do patrão em favor do trabalhador, omisso na lei, está, portanto, aberto tanto à regulamentação colectiva como à individual, podendo, inclusivamente, ser criada para ela uma construção jurídica que totalmente se afaste daquela em que se baseou o § único do artigo 12.º.» No mesmo sentido, M.C. TAVARES DA SILVA, *Direito do Trabalho*, policop., Instituto de Estudos Sociais, Lisboa, 1964-65, pp. 595 e ss..

De facto, nem o Código Civil de 1867[93] nem o Estatuto do Trabalho Nacional (introduzido em 1933 pelo Decreto-Lei n.º 23 048, de 23 de Setembro) faziam qualquer referência ao instituto.

Nos termos do § único do artigo 12.º da apontada Lei n.º 1952, relativo aos *empregados*, estabelecia-se uma presunção de inaptidão do trabalhador para o serviço quando o despedimento ocorresse antes de se completarem dois meses de trabalho, presunção que resultava também aplicável *ex vi* artigo 14.º do mesmo diploma, aos assalariados – reduzindo-se neste caso o aludido prazo em 15 dias – e ao serviço doméstico, nos termos do artigo 15.º, hipótese em que o prazo de permanência ao serviço era de um mês.

Como se compreende, o regime decorrente deste diploma apresenta-se ainda em moldes radicalmente diversos daquele que veio a ser, mais tarde, o traçado comum do instituto. Por um lado, a técnica adoptada para a consideração de uma hipótese de experiência *do trabalhador* – porque é manifestamente apenas esta a hipótese considerada – é, no mínimo, duvidosa, enquanto no fundo conforma tais hipóteses como causa presumida de uma faculdade de resolução do contrato por iniciativa do empregador[94]. Nestes termos, porventura mais ainda do que uma regulamentação *embrionária* da experiência, poderá questionar-se se sequer poderá ver-se já aqui um verdadeiro reconhecimento do período experimental.

Certo é, porém, que só em 1960, na Base IX da Proposta de Lei n.º 157, se encontrará uma referência expressa ao período experimental, num traçado já mais ou menos próximo daquele que viria a ser o *tronco comum* da regulamentação legal do instituto daí em diante[95]. Não

---

[93] Muito embora, no entender de Pupo Correia, *cit.*, p. 159, fosse admissível, ao abrigo da liberdade contratual decorrente do artigo 1372.º, a convenção das partes quanto à existência de um tal período de experiência.

[94] Neste sentido, e para maiores desenvolvimentos, cfr. bibliografia citada nas notas anteriores.

[95] Dispunha a aludida Base IX:

   1. Durante o período de experiência, pode qualquer das partes rescindir o contrato de trabalho, independentemente de justa causa ou do pagamento de indemnização.

   2. O período de experiência será de dois meses para os empregados e de um mês para os assalariados, salvo se prazo diferente for estabelecido em convenção colectiva de trabalho.

   3. Decorrido o prazo de experiência, a antiguidade do trabalhador contar-se-á desde o início daquele período.

obstante, e na sequência da apreciação desta proposta, foi apresentado um Parecer da Câmara Corporativa que, no que concerne ao período experimental, continha uma proposta de articulado, estabelecendo uma regulamentação mais desenvolvida da matéria, designadamente quanto o modo de cessação da relação laboral durante o período experimental (respec-tivamente, artigos 22.º e 56.º)[96].

Na sequência do aludido Parecer, foi elaborada nova proposta, que ficaria conhecida por *Projecto Pessoa Jorge*, em homenagem do responsável pela sua elaboração, datada de 1965 e de cujo articulado (respectivamente, dos seus artigos 38.º e 111.º) resultaria em boa parte a redacção que viria a ser acolhida nos artigos 44.º e 109.º do Decreto--Lei n.º 47 032, de 27 de Maio de 1966 (LCT1)[97].

Com a publicação do Decreto-Lei n.º 49 408, de 24 de Novembro de 1969, decorrente da reforma da primitiva LCT, apenas se alterou, no que concerne ao regime jurídico do período experimental, o teor do anterior artigo 109.º, cuja numeração foi alterada, passando a figurar como artigo 112.º do novo regime[98].

O regime do período experimental, tal como resultava desta última versão da LCT, viria a vigorar até cerca de 1975, data em que se operou a revogação do n.º 1 do citado artigo 44.º pelo Decreto-Lei n.º 372-A/75, de 16 de Julho (Lei dos Despedimentos). Este diploma veio introduzir um novo regime do período experimental, constante do artigo 28.º, nos termos do qual se fixava a sua duração em 15 dias, salvo nos casos previstos no n.º 3 daquela disposição, em que, tratando-se de *cargos ou postos de trabalho em que, pela sua alta complexidade técnica ou elevado grau de respon-sabilidade, só seja possível determinar a aptidão do trabalhador após um período de maior vigência do contrato*, período cuja duração máxima deveria resultar da regulamentação colectiva aplicável ou de acordo individual, não podendo, contudo, em qualquer caso, *exceder seis meses*.

---

[96] Para o confronto entre as soluções da Lei n.º 1952 e o articulado proposto no referido parecer da Câmara Corporativa, *vd.* PUPO CORREIA, *cit.*, p. 161.

[97] Sobre o regime do período experimental neste diploma, e PUPO CORREIA, *cit.*, p. 162-163.

[98] Sobre este regime, e também para confronto entre as alterações introduzidas por este diploma e o regime de 1966, cfr. BERNARDO XAVIER, *Regime jurídico do contrato de trabalho anotado*, 2.ª ed., Atlântida Editora, Coimbra, 1972, pp. 112-114 e pp. 213-214 – anotação aos artigos 44.º e 112.º, respectivamente.

Os restantes números do citado artigo 44.º – à excepção do seu n.º 4 que, parece ter-se mantido em vigor[99] – foram revogados pelo Decreto-Lei n.º 781/76, de 28 de Outubro, que introduziu também, por via do seu artigo 5.º, um regime experimental para as hipóteses de contratação a termo[100].

Em 1989, o Decreto-Lei n.º 64-A/89, de 27 de Fevereiro (LCCT), veio introduzir, por via dos seus artigos 43.º e 55.º, um novo regime jurídico do período experimental – tratando, respectivamente do período experimental na contratação a termo e nos contratos de trabalho por tempo indeterminado – integrando-se, à semelhança do que se fazia no artigo 4.º do diploma anterior, a *rescisão* do contrato de trabalho *por qualquer das partes durante o período experimental* como uma das formas de cessação do contrato de trabalho – al. e) do artigo 3.º daquele diploma[101]. O regime jurídico do período experimental resultante da LCCT viria a ser objecto de alteração, em 1991, por via do Decreto-Lei n.º 403/91, de 16 de Outubro[102] – que deu nova redacção ao mencionado artigo 55.º da LCCT. O regime daí resultante, a par do preceituado no artigo 43.º para os

---

[99] Preceito que dispunha que *a antiguidade do trabalhador conta-se sempre desde o início do período experimental.*

[100] Sobre a revogação da disciplina do período experimental constante da LCT e sua substituição pelo regime que resultou dos mencionados diplomas de 1975 e 1976, vigorando até à entrada em vigor do Decreto-Lei n.º 64-A/89, de 27 de Fevereiro (LCCT), vd. ANTÓNIO MONTEIRO FERNANDES, *Noções Fundamentais de Direito do trabalho*, 2.ª ed., Almedina, Coimbra, 1978, pp. 206-212, JOSÉ BARROS MOURA, *Compilação de Direito do Trabalho Sistematizada e Anotada*, Almedina, Coimbra, 1980, pp. 111-112 e 218-219 e, mais recentemente, MÁRIO PINTO/PEDRO FURTADO MARTINS/ANTÓNIO NUNES DE CARVALHO, *Comentário às Leis do Trabalho, cit.*, pp. 203-204 e 286 – anots. aos arts. 44.º e 112.º, respectivamente.

[101] A qualificação do modo de cessação do contrato de trabalho durante o período experimental foi objecto de polémica, para o que contribuiu também a própria incorrecção do texto legal. Sobre o ponto, considerando mais correcta a referência a *denúncia*, PEDRO FURTADO MARTINS, *Cessação do Contrato de Trabalho, cit.*, p. 201, nota (2). Em sentido contrário, considerando tratar-se de *rescisão*, JÚLIO GOMES, «Do uso ....», *cit.*, p. 259. Sobre o ponto, face ao regime vigente, cfr. *infra*, PARTE II

[102] Diploma cujo processo de elaboração foi particularmente acidentado. Cfr., desenvolvidamente, sobre esta questão, as considerações de PEDRO FURTADO MARTINS, *Despedimento Ilícito...*, pp. 15 ss. e, do mesmo autor, *Cessação do contrato de trabalho*, pp. 78 ss., textos onde se analisam detalhadamente as considerações feitas no Ac. TC 64/91, de 4 de Abril, que apreciou preventivamente a constitucionalidade daquele diploma.

contratos de trabalho a termo, constituiu, até à entrada em vigor do Código do Trabalho, a disciplina jurídica do período experimental aplicável à generalidade dos contratos individuais de trabalho.

Sobre o regime traçado pelos aludidos artigos 43.º e 55.º da LCCT, salientem-se apenas algumas breves notas.

Por um lado, e prosseguindo com o sistema instituído pelo já mencionado diploma de 1978, o período experimental configura-se como instituto de aplicação geral, independentemente da duração do contrato, salvo convenção por escrito em contrário.

No que concerne aos prazos legais determinados naquelas disposições, assumem-se estes como limites máximos de duração do período experimental, apenas se admitindo a sua redução por convenção das partes ou por instrumento de regulamentação colectiva de trabalho. Por outro lado, e quanto à determinação do prazo concretamente aplicado, acentua-se, em particular a partir da alteração de 1991, a diferenciação não apenas qualitativa – isto é, a diferenciação da duração do período experimental em função do tipo de actividade exercida – mas também em função de um critério quantitativo – em função do número de trabalhadores, a determinar um alargamento do prazo mínimo em empresas com menos de vinte trabalhadores. Por outro lado ainda, e quanto ao período experimental nos contratos a termo, a duração do período experimental depende de um critério diverso, fundado na duração do contrato[103]/[104].

---

[103] Numa disposição objecto de muitas e certeiras críticas, quer, designadamente, quanto à deficiente técnica utilizada para a fixação da duração da experiência – suscitando sérias dúvidas quanto à sua duração (quinze ou trinta dias) nos contratos a termo com duração de seis meses, bem como a propósito da sua duração nos contratos a termo incerto – quer, por outro lado, nas dificuldades que a deficiente redacção do preceito colocava na determinação do regime que daí resultava bem como na sua conciliação com o regime estabelecido pelo artigo 55.º. Sobre o ponto, *vd.*, por todos, PEDRO FURTADO MARTINS, *Cessação do Contrato de Trabalho*, *cit.*, pp. 201 e JÚLIO GOMES, «Do uso....», *cit.*, p. 259.

[104] Sobre o regime do artigo 43.º da LCCT, *vd.*, entre outros, ALBINO MENDES BAPTISTA, «A Duração do Período Experimental nos Contratos a Termo», *Prontuário de Direito do Trabalho*, n.º 55, CEJ, Lisboa, Abril-Junho/1998, pp. 57-65, pese embora este Autor proponha uma interpretação do regime traçado pelo mencionado preceito a que não aderimos. Em sentido contrário, acolhendo a solução do Ac. STJ de 14 de Fevereiro de 1986, de MARIA JOSÉ ARAÚJO, «O Período Experimental nos Contratos a Prazo», *Scientia Iuridica*, Tomo XXXVI (1987), págs. 50-58.

Com a entrada em vigor do Código do Trabalho[105] – e para além dos regimes privativos de certas figuras contratuais especiais[106] e do regime específico da *função pública*[107] – o período experimental encontra-se hoje regulado pelos já citados artigos 104.º a 110.º desse diploma. É este o regime jurídico que se tomará para análise daqui em diante.

---

[105] E sem prejuízo da previsão, no artigo 9.º al. a) do seu Diploma Preambular, de que *o regime estabelecido no Código do Trabalho não se aplica ao conteúdo das situações constituídas ou iniciadas antes da sua entrada em vigor, relativas a (...) período experimental.*

[106] Como é o caso, por exemplo, das disposições constantes do já apontado regime jurídico do praticante desportivo e do regime jurídico do serviço doméstico.

[107] Cfr. *supra*.

PARTE II

RELAÇÃO DE TRABALHO E PERÍODO EXPERIMENTAL

TÍTULO I

ENQUADRAMENTO DO PERÍODO EXPERIMENTAL NA ESTRUTURA DA RELAÇÃO JURÍDICA LABORAL

1. Razão de ordem

Ao longo da exposição precedente visou-se alcançar uma delimitação preliminar do período experimental, na sua noção e traçado característico. Não obstante, tratou-se ainda de uma análise radicada numa perspectiva abstracta de consideração desta figura[108].

Munidos dos resultados de tal observação, é tempo de desenvolver a análise do seu regime jurídico, visando o modo concreto do seu funcionamento no quadro do nosso ordenamento jurídico. Nessa tarefa, e como facilmente se compreenderá em razão do que se foi já avançando, a investigação ulterior tenderá a centrar-se e a acompanhar o desenvolvimento da própria relação laboral, enquanto quadro e objecto do instituto que nos ocupa[109].

---

[108] Ou, utilizando uma dicotomia particularmente sugestiva a este propósito, a observação precedente procurou atentar sobretudo numa dimensão *estática* do instituto – no alinhamento dos seus caracteres típicos, fundamento e funções – por confronto com a sua *dinâmica*, respeitante já à actuação do instituto (formação, desenvolvimento e extinção) e sua articulação com a relação de trabalho em que se enquadra.

[109] De facto, achando-se a actuação do período experimental inexoravelmente associada à execução de um concreto vínculo laboral, o critério que se afigura mais razoável no seguimento da exposição parece ser, de facto, aquele que permite acompanhar o desenvolvimento da experiência no quadro da relação laboral que a suporta e constitui, simultaneamente, seu objecto. O que não significa, por outro lado, que se esqueça a circunstância de nos acharmos perante uma fase específica do desenvolvimento de tal relação jurídica e não, pelas razões apontadas, perante uma relação contratual *a se*. Seguem, aliás, idêntico itinerário a generalidade dos autores que se dedicam ao tema – *vd.*, por exemplo, PUPO CORREIA, *cit.*, pp. 175 ss. e MARTIN VALVERDE, *ob. cit.*, pp. 171 ss.

Antes, porém, de prosseguir com tal análise, importa deter a atenção na análise do próprio método de enquadramento normativo do período experimental, operação que assume um relevo tanto maior quando é certo que o sistema adoptado corresponde a certa opção do legislador – e, no nosso ordenamento, não, de longe, a mais corrente – de entre distintos modelos que se lhe oferecem para o reconhecimento e regulação do instituto. Iniciaremos, por isso, esta etapa da investigação pela caracterização de tal modelo, mormente no actual desenho da sua regulamentação legal. Nesse propósito, começaremos por alinhar uma caracterização, ainda que sucinta, dos possíveis sistemas ou métodos de regulação do instituto, procurando em seguida divisar os motivos que terão conduzido à opção do nosso legislador pelo modelo de regulamentação traçado pelos artigos 104.º e seguintes do Código. Só depois, e já devidamente enquadrado o sistema acolhido no nosso ordenamento, partiremos para a análise das concretas soluções do regime jurídico do período experimental.

2. **Modelos normativos de reconhecimento e tutela do período experimental**

I. Como se referiu, a consideração do instituto do período experimental no quadro de certo ordenamento juslaboral pode em princípio operar por vias distintas, sendo certo que, em qualquer caso, a opção por um concreto modelo de regulação não deixará naturalmente de se relacionar com os quadros e princípios gerais enformadores do sistema em que se insere. A afirmação precedente, que não deixa de tomar sentido relativamente à generalidade dos institutos jurídicos, assume particular alcance no âmbito do período experimental, designadamente em razão do que vimos ser o fundamento e funções deste instituto. Assim, importa avaliar o modo como o nosso ordenamento reconhece e integra a figura do período experimental. Nesse intuito, comecemos por atentar nas vias ou modelos que em princípio se oferecem ao legislador na concretização de tal tarefa, procurando compreender as razões que poderão ter apontado para a adopção da concreta solução do nosso ordenamento jurídico – que, como referimos, não corresponde ao modelo de tratamento normativo do instituto seguido na generalidade dos sistemas jurídicos que nos são mais ou menos próximos.

Assim, e *em traço largo*, comecemos por evidenciar certa marca ou opção inicial no tratamento normativo do instituto, marca essa que

Parte II – Relação de Trabalho e Período Experimental

influencia decisivamente o modelo adoptado no reconhecimento e integração do período experimental.

De facto, o tratamento da experiência juslaboral reflecte desde logo a opção por uma das seguintes vias[110]:

a) Ou, por um lado, um deferimento da possibilidade da sua actuação para o domínio da autonomia privada, abdicando o legislador neste caso de uma regulação expressa da figura;

b) Ou, por outro, pelo seu reconhecimento normativo, com ou sem inscrição de certa disciplina jurídica da sua actuação.

A primeira referência respeitará a sistemas em que, não se enjeitando explicitamente uma hipotética relevância jurídica de situações de experiência no quadro da contratação laboral, a apreciação de tal relevância jurídica é outorgada aos contraentes por via da autonomia contratual, na sua vertente de liberdade de estipulação de conteúdo ou, conjunta ou alternativamente, à autonomia colectiva[111]. Com esta configuração, tratar-se-á de um modelo que, pela ausência de previsão do instituto, o concebe, na sua origem ou fonte constitutiva, como instituto

---

[110] Reconhecendo-se embora que se trata de uma partição um tanto ou quanto artificial, ela justifica-se pela sua utilidade em termos de análise e clarificação do posterior desenvolvimento do regime jurídico. Note-se, na realidade, que a consideração de tais modelos em termos abstractos, possível para efeitos de análise, não permite acentuar as variantes e combinações que serão susceptíveis de vir a assumir em concreto e que resultam naturalmente do seu ajustamento ao sistema normativo em que se inserem.

[111] Assim surgiram aliás, em certos ordenamentos jurídicos, as primeiras manifestações de regulação do período experimental. Tal é o caso, por exemplo, verificado em Espanha, onde o *período de prueba* surge, em finais do século XIX e início do século XX, no quadro dos chamados *usos profesionales*. Ao longo do século XX, mais precisamente até à introdução da chamada *Ley de Relaciones Laborales* de 1975 – muito embora a questão já se colocasse a propósito da anterior legislação de 1944 que, contudo, não regulava expressamente o instituto – o período experimental no âmbito do contrato individual de trabalho comum, surge, na ausência de referências legais ao instituto, sobretudo por via das chamadas *normas reglamentarias* e *sectoriales*. Sobre a evolução histórica da regulamentação do instituto no ordenamento jurídico espanhol, *vd.* entre outros, desenvolvidamente, MARTIN VALVERDE, *ob. cit.*, pp. 45 ss. e, mais recentemente, M. C. PIQUERAS PIQUERAS, «El período de prueba: pasado y presente de una institución jurídico-laboral clásica», *cit.*, pp. 249 e ss.

Em Itália, BRIGNONE/RENDINA, *ob. cit.*, pp. 7 ss.

resultante exclusivamente da autonomia contratual (*ex contractu*)[112]. Neste sentido, pense-se, por exemplo, naquela que vimos ser, entre nós, a solução resultante do Código Civil de Seabra[113]. Trata-se também da solução adoptada, em razão da particular natureza de tais sistemas, no quadro dos ordenamentos de raiz ou influência anglo-saxónica[114].

Diversamente, o segundo modelo a que se aludiu – e que parece assumir-se como protótipico da moderna regulação laboral – é susceptível de englobar diversas cambiantes, correspondentes a outras tantas técnicas de reconhecimento e enquadramento do instituto no sistema de regulação laboral. Em termos gerais, contudo, é possível distinguir entre dois grandes modelos.

Por um lado, a inclusão do período experimental em certo quadro de normação laboral pode traduzir-se num mero reconhecimento do instituto ou, de modo já mais desenvolvido, na inscrição de certa disciplina ou modelo jurídico da sua actuação, muito embora ainda, em todo o caso, como regime supletivo, dependente da eleição pelos contraentes ou de previsão no âmbito da contratação colectiva.

---

[112] Neste sentido, MARTIN VALVERDE, *ob. cit.*, pp. 171 e seguintes. Merece referência a classificação proposta pelo autor, assente num critério que atende ao modo de *constituição* do período experimental. Assim, o período experimental poderá resultar *ex lege* ou *ex contractu*. Segundo o Autor, na primeira hipótese, o instituto acha-se regulado por via legal ou convencional, (*rectius* contratação colectiva), oferecendo-se em duas variantes, consoante a regulamentação assuma carácter dispositivo ou imperativo – admitindo-se, assim, respectivamente, na primeira hipótese, o seu afastamento por convenção em contrário das partes ou previsão de tal exclusão por via da contratação colectiva ou, pelo contrário, no segundo caso, encontrando-se vedada a autonomia das partes quanto à exclusão de tal período de experiência. Diversamente, no período experimental *ex contractu* – aquele que se estabelece por vontade dos contraentes – são também duas as variantes possíveis. Por um lado, a inserção do período experimental (como pacto, cláusula ou condição) no contrato de trabalho, sem diferenciar duas relações contratuais distintas – falar-se-á, então, em *cláusula de experiência ou de prova*. Por outro, a possibilidade de separação clara entre a fase probatória e os momentos subsequentes da vinculação laboral – referindo-se a este propósito o chamado *contrato de experiência*.

[113] Onde, justamente, e como se referiu, a admissibilidade de um período de experiência se achava no domínio da autonomia contratual das partes. Cfr. *supra*.

[114] *Vd.*, entre outros, JONH BOWERS, *Bowers on Employment Law*, 6.ª ed., Oxford University Press, Oxford, 2002, p. 242, salientando as dificuldades frequentes na construção e integração destes períodos experimentais (*probationary periods*).

Parte II – Relação de Trabalho e Período Experimental   69

A actuação do instituto assume assim carácter eventual, configu-rando-se tecnicamente por via de uma cláusula acessória do negócio jurídico – a chamada *cláusula de experiência ou de prova*[115]. É este hoje o sistema comummente utilizado no reconhecimento e regulação da expe-riência laboral – sendo o sistema adoptado, por exemplo, em Itália[116], em Espanha[117] e na Alemanha[118]/[119].

---

[115] Em bom rigor, a referência cláusula de experiência ou de prova resulta mais da tradição de cada ordenamento do que propriamente de um diverso conteúdo das expressões. A expressão prova é muito frequente noutros ordenamentos jurídicos, sendo típica do sistema italiano – *patto di prova*. No sistema espanhol, por exemplo, muito embora o artigo 14.º do ET se refira ao *pacto de prueba*, surge frequentemente a referência à *experiencia* como expressão sinónima. Deve acentuar-se, contudo, certa tendência, em particular nos ordenamentos mencionados, para reservar a expressão *experiência* para designar o objecto do *pacto de prova*.

No ordenamento jurídico português, a tradição aponta para a referência à experiência e, nas legislações mais recentes, a período experimental. Daí a preferência que, de início, se referiu pelo uso desta expressão.

Por outro lado ainda, importa acentuar certo rigor nas expressões utilizadas, uma vez que, como veremos, a referência a uma cláusula, pacto ou convenção de experiência tomará, no nosso sistema, um significado diverso daquele que toma a expressão nos ordenamentos apontados. Reportando-nos ao ordenamento português, e em consonância com o modelo de regulação do período experimental adoptado pelo legislador, tal expressão achar-se-á necessariamente referida, como veremos, à exclusão ou supressão de um período experimental e não à sua previsão contratual. Cfr. *infra* e notas seguintes.

[116] De facto, trata-se do sistema utilizado na maior parte dos sistemas jurídicos que nos são próximos. Em Itália, por exemplo, a matéria acha-se regulada no artigo 2096.º do *Codice Civile*, configurando-se o *patto di prova* no quadro de um contrato individual de trabalho como uma cláusula acessória do negócio, dependente de convenção das partes, sujeita a forma escrita – forma escrita que é, em geral, entendida pela doutrina e juris-prudência como condição de validade de tal convenção. Neste sentido, *v.g.*, RENATO SCOGNAMILIO, *Manuale di Diritto del Lavoro, ob. cit.*, pp. 141 ss. e ANTONIO VALLEBONA, *Instituzioni..., ob. cit.*, pp. 79 ss.. A duração de tal experiência resultará da contratação colectiva, que em regra estabelece prazos inferiores aos seis meses que o artigo 10.º da Lei n.º 604 de 1966 (relativa aos despedimentos) determina como período durante o qual não haverá lugar à sua aplicação *para trabalhadores à experiência* – neste sentido, entre outros, GIUSEPPE PERA, *Compendio di Diritto del Lavoro, ob. cit.*, pp. 180-181. Segundo informa este Autor, a prova poderá também resultar da sua previsão na contratação colectiva, caso em que, encontrando-se estabelecida como regime regra, será necessária a convenção das partes para excluir, então, a sua actuação.

[117] Em Espanha, por seu turno, o período experimental é actualmente regulado pelo já citado artigo 14.º do Estatuto de los Trabajadores (ET). O teor actual desta disposição não corresponde todavia à sua redacção inicial, que foi alterada pela reforma

70 *Do Período Experimental no Contrato de Trabalho*

Outro modelo é, contudo, admissível dentro do apontado quadro de reconhecimento e normação do instituto. Trata-se agora da variante em que o sistema legal de regulamentação é assumido como regime *geral* ou *comum* no quadro da contratação laboral, admitindo-se porventura o seu afastamento por convenção das partes. Neste caso, o período experimental, assumido como parte integrante do tipo contratual, surge já como elemento *natural* do contrato individual de trabalho, cuja actuação apenas é, ou pode ser, precludida por convenção das partes em sentido contrário.

---

do diploma de 1995. Note-se, contudo, que o tratamento legal do instituto no ordenamento espanhol não é recente, remontando à chamada *Lei da Aprendizagem* de 17 de Julho de 1911 – *vd*., entre outros, MARTIN VALVERDE, *ob. cit*., p. 47 ss.

O sistema espanhol assume desde logo – tal como o ordenamento jurídico italiano (cfr. nota anterior) – uma radical diferença de tratamento da figura relativamente ao sistema português, enquanto determina que a sujeição da relação de trabalho ao regime do período experimental depende da expressa convenção das partes nesse sentido. O período experimental configura-se assim como elemento acidental do negócio jurídico, verdadeira cláusula acessória aposta ao contrato individual de trabalho. Por outro lado, saliente-se a circunstância do aludido preceito exigir a forma escrita da cláusula pela qual se convencione a sujeição do contrato de trabalho ao regime do período experimental, salientando-se na doutrina que tal exigência de forma se configura como condição de validade da referida cláusula. A inobservância da forma prescrita determina a invalidade apenas da cláusula de experiência, pelo que o negócio se considerará celebrado sem sujeição ao regime do período experimental.

ALONSO OLEA/CASAS BAAMONTE, *ob. cit*., p. 226 salientam que não basta que a convenção colectiva de trabalho aplicável ao contrato de trabalho em causa determine ou possibilite a sujeição ao regime do período experimental, sendo necessária a expressa convenção das partes nesse sentido. Refira-se, aliás, que – como adiante se assinalará – o regime espanhol defere à contratação colectiva um relevante papel na fixação dos prazos de duração da experiência, limitando-se a disposição citada a fixar critérios supletivos de duração do período experimental.

[118] Note-se que, sendo embora enquadrável no modelo de regulação do período experimental que vimos analisando – designadamente enquanto o § 620 do BGB faz depender a actuação do instituto da expressa convenção das partes nesse sentido – o sistema adoptado na Alemanha não deixa de oferecer certas particularidades dignas de nota. Assim, veja-se o que se referiu *supra*, a propósito da admissibilidade dos *contratos de experiência* neste sistema.

[119] E outros sistemas poderiam ser também referidos a título de exemplo. Em França, onde o *periode de essai* resultará de convenção das partes, dos usos ou de previsão na contratação colectiva – *vd*., entre outros, PÉLISSIER, Jean/SUPIOT, Alain/ /JEMMAUD, Antoine, *Droit du Travail*, 22.ª ed., Dalloz, Paris, 2004, pp. 361 ss. Também na Bélgica – Cfr. VIVIANE VANNES, *Le contrat de Travail – Aspects Théoriques et Pratiques*, pp. 235 ss.

Parte II – Relação de Trabalho e Período Experimental

É neste quadro que, indubitavelmente, se inscreve desde há muito o sistema de regulação do instituto no ordenamento jurídico português, hoje também patente no regime jurídico traçado pelo Código do Trabalho[120].

II. Face ao exposto, a questão que certamente se impõe, como se salientou, respeita à motivação conducente à adopção de certo modelo de regulamentação dentro dos sistemas possíveis apontados. Interessará sobretudo – e a economia da exposição assim o exige – procurar compreender que fundamentos se poderão achar no nosso sistema para justificar o modelo normativo adoptado pelo legislador português.

Na verdade, parecerá no mínimo desusado que o legislador tenha adoptado um sistema que potencia uma aplicação genérica do instituto sem que, com isso, procure atingir algum propósito. A indagação pela justificação para a adopção de tal sistema assume ainda maior relevo quando é certo que na recente alteração a esta matéria, fruto da introdução do Código do Trabalho, o desenho geral do instituto se manteve intocado – designadamente, e no que ora interessa, mantendo-se o período experimental como fase *normal* ou *comum* do contrato individual de trabalho. Que justificação, perguntar-se-á, poderá ter determinado a manutenção deste sistema no quadro do novo regime?

Já em escritos anteriores ao Código, alguns autores não deixavam de salientar certa influência de uma visão da relação de trabalho típica dos sistemas corporativos que, dominante na legislação precedente, se terá mantido na consideração deste instituto, tornando tal sistema como que um *resquício histórico* de um sistema de regulação laboral já ultrapassado[121]. O que determina que, face à nova legislação, a questão se

---

[120] Mais rigorosamente, e como houve oportunidade de referir, desde a introdução do Decreto-Lei n.º 47 032, de 27 de Maio de 1966 (LCT – 1.ª versão 1960), que acolheu o sistema traçado já pela Base IX da Proposta de Lei n.º 157 e desenvolvido no *Projecto Pessoa Jorge*, (ESC, n.º 13). Cfr. *supra*.

[121] Como salienta JÚLIO GOMES, *cit.*, p. 56:

"A natureza automática do período experimental que caracteriza a solução da nossa lei, embora já fosse a do Código suíço das Obrigações, foi sobretudo preconizada nos sistemas fascista italiano e nos sistemas corporativos em que se realçava sobremaneira o elemento de colaboração pessoal que se dizia caracterizar a relação de trabalho subordinado."

Já antes, PUPO CORREIA, *ob. cit.* – referido também por JÚLIO GOMES, *cit.*, p. 56 – apreciando o sistema adoptado para o reconhecimento e regulação do instituto no orde-

72 *Do Período Experimental no Contrato de Trabalho*

volte a colocar com particular acuidade. Haverá, então, algum fundamento que justifique a adopção de um sistema de regulação do período experimental como o que resulta hoje, e ainda, do regime traçado pelo Código do Trabalho? Que motivos poderão ter determinado a preferência pela consideração do período experimental enquanto fase comum ou geral da relação de trabalho, preterindo um sistema de tipo convencional?

A resposta a tal questão parece assumir redobrada importância se se considerar, designadamente, que não parece conseguir descortinar-se qualquer vantagem aparente no sistema adoptado face ao modelo de base convencional. O que significa que a manutenção de tal sistema terá porventura uma base e uma motivação que se prenderão não tanto com uma ponderação inerente às vantagens ou inconvenientes dos possíveis modelos de regulação mas antes, porventura, com outra ordem de considerações.

Ora, a nosso ver, a resposta a esta questão não poderá deixar de se relacionar com a aludida conexão e fundamento do instituto no princípio da estabilidade do emprego[122]/[123].

---

namento jurídico português, salientava que "(...) essa atitude legal, se bem que discutível de um ponto de vista técnico, é a mais coerente com a ideologia corporativa que preside à nossa legislação do trabalho". Recorde-se que Pupo Correia escrevia ao tempo da vigência dos artigos 44.º e 112.º do Decreto-Lei n.º 49408, de 24 de Novembro de 1969 (*LCT – 2.ª Versão*).

Também Martin Valverde, *El Período de Prueba..., cit.*, pp. 172-173, olhando ao sistema português, salientava a influência da legislação corporativa italiana, apontando o sistema português como exemplo dos modelos de consideração do período experimental como *naturalium negotti*, salientando "(...) el período de prueba *ex lege*, en cambio, tiende a limitar su âmbito a ciertas relaciones de trabajo especiales, y a ordenamientos influídos por el corporativismo fascista". A mesma ideia é salientada na sua anotação ao artigo 14.º do ET espanhol, AA. VV., *Comentario al Estatuto de los Trabajadores*, dir. Monereo Perez, Comares, Granada 1998, pp. 236 ss.

[122] O que não deixará também naturalmente de se associar à fisionomia concreta do sistema de cessação do contrato de trabalho no nosso ordenamento jurídico.

Referimo-nos aqui apenas a motivações de natureza técnico-jurídica, a que se juntam naturalmente outro tipo de considerações – designadamente de ordem histórica e social – considerações indubitavelmente interessantes mas que nesta sede, e em razão da economia da exposição, não se cuidarão.

[123] De facto, é certo que, qualquer que seja a via seguida para a seu reconhecimento no quadro juslaboral, o instituto não deixa de se relacionar com questões da estabilidade do vínculo nem com o quadro legal concretamente delineado quanto os modos de cessação da relação laboral. Daí que a motivação que se busca, no quadro do

Parte II – Relação de Trabalho e Período Experimental

De facto, referiu-se já que o período experimental, profundamente enleado com a ideia de estabilidade, não deixa de reflectir tal conexão no modo como o legislador o enquadra normativamente. Porque razão, perguntar-se-á então, não se avançou por um reconhecimento do instituto enquanto elemento *eventual* de uma vinculação laboral, antes erigindo-o em momento normal ou comum do *iter* contratual?

A justificação, julga-se, a par de certo apego ao sistema tradicional de regulação da matéria, poderá estar porventura relacionada com a primeira das vertentes assinaladas – justamente a consideração de que o instituto, potenciando a selecção das relações laborais mais ajustadas ou conformes aos interesses dos contraentes, fomentará, ao menos teoricamente, a sua estabilização. Ou, dito de outro modo, na base da manutenção de um tal modelo de consideração do instituto parece estar o reconhecimento de que este actuará como *chave de equilíbrio* face à *rigidez* e imperatividade do sistema de cessação do contrato de trabalho por iniciativa do empregador, em especial uma vez decorrido tal período de experiência.

Significa isto que a consideração do período experimental enquanto momento *natural* da relação de trabalho corresponde à solução mais consistente de consagração do princípio da estabilidade? A resposta não será indubitavelmente afirmativa, bem pelo contrário. A verdade é que, na base e como justificação da *singularidade* do ordenamento jurídico português, estará uma vez mais, e como se referiu já anteriormente, o apelo e o apego a certo paradigma de regulação da relação laboral, para-digma no qual o período experimental – como meio de eliminação *ab initio* de vínculos jurídicos *inadequados* – se assume como meio eficaz e adequado de tutela dos interesses dos contraentes no quadro inicial do desenvolvimento da relação e, por isso mesmo, propiciador da desejada estabilização posterior da relação laboral.

Mas, perguntar-se-á, um sistema em que o período experimental dependa de convenção das partes não seria igualmente eficaz na realização deste propósito? A resposta parece não poder deixar de ser afirmativa. Daí que se suspeite que a razão última da opção – e da manutenção ao longo

---

ordenamento jurídico português, se reporte à indagação pelo sentido que no nosso sistema é atribuído às apontadas linhas de resposta, procurando divisar o sentido de tal interpretação como justificação para a opção por um sistema de reconhecimento do período experimental enquanto modelo ou traço comum do contrato individual de trabalho.

dos vários diplomas – deste sistema de período experimental – *legal hoc sensu* – se prenda mais com o reconhecimento, por parte do legislador, da rigidez subsequente do sistema de cessação da relação de trabalho por iniciativa do empregador. Rigidez que se procura que resulte também assim de algum modo justificada – a presença de um período experimental, salvo convenção das partes no sentido da sua exclusão, permitirá ao empregador avaliar e expurgar certos riscos inerentes ao sistema rígido de cessação da relação da laboral que se seguirá ao decurso de tal período de experiência[124]. Esta, em síntese, parecia ser a lógica subjacente à adopção deste sistema de regulação do período experimental nos diplomas anteriores e parece ser igualmente a *ratio* que, face à actual disciplina do Código do Trabalho, justifica a manutenção do sistema de regulação do período experimental enquanto elemento *natural* da relação de trabalho por tempo indeterminado no quadro da empresa – padrão que, como se sabe, é tomado ainda hoje como paradigma de regulação da relação de trabalho subordinado no nosso ordenamento jurídico.

Do exposto parece assim resultar relativamente claro o esteio que levou à manutenção deste sistema de regulação do período experimental ao longo dos sucessivos diplomas, ao menos no que respeita aos contratos de trabalho por tempo indeterminado.

Mais complexa – e dificilmente justificável – parece ser semelhante opção do legislador no que concerne à contratação a termo. Aí, de facto, e fora um propósito de uniformização do sistema de regulação do instituto dificilmente justificável, parece difícil encontrar uma motivação autónoma para a generalização do período experimental[125]. Repare-se, inclusiva-

---

[124] E ainda, a par de tudo quanto se referiu, parece surgir também de forma particularmente evidente certa preocupação em garantir a efectividade do sistema. De facto, o receio de que, face a um modelo que fizesse depender a actuação do período experimental de expressa convenção das partes, acabasse por conduzir a certa inaplicabilidade desse regime – em razão da fraca efectividade da legislação laboral, da ausência ou deficiente formalização da convenção, etc. – poderá também porventura ajudar a justificar e compreender a manutenção do sistema de período experimental *legal* na nova legislação.

[125] Contra tal solução já se pronunciava, no quadro da legislação anterior, Monteiro Fernandes, *Direito do Trabalho*, 11.ª ed. (2002), posição que o Autor mantém na análise ao regime do Código do Trabalho – *vd. Direito do Trabalho*, 12.ª ed., *cit.*, p. 324, onde se pode ler que "(...) afigura-se difícil entender a posição do legislador enquanto *generalizada* aos contratos a termo, independentemente da extensão deste: (...)".

mente, que o eventual propósito de manutenção de um sistema homogéneo será ainda menos compreensível se se atender a que, ao estabelecer a disciplina geral do instituto, expressamente se preceitua, quanto aos contratos de trabalho em regime de comissão de serviço, um sistema assente na expressa convenção das partes nesse sentido[126], mantendo-se ao invés a solução do período experimental *legal* para a contratação a termo. Sempre se poderá argumentar que naquele caso nos achamos perante um regime especial, a justificar, por isso, uma solução diferenciada. A verdade, porém, é que, no que concerne à contratação a termo, parece difícil encontrar outro argumento – para lá do já apontado e discutível intento de manutenção de um sistema homogéneo de regulamentação – para sustentar a manutenção de tal solução no quadro da contratação a termo[127].

De todo o modo, e em jeito de síntese, é hoje indiscutível a adopção, por parte do legislador português, de um sistema em que o período experimental – fase inicial da relação de trabalho durante a qual se permite às partes a apreciação do *interesse na manutenção do contrato* – se assume como elemento comum ou natural da relação laboral.

3. **Autonomia contratual e regulamentação colectiva – Âmbito e limites da sua actuação na conformação da disciplina jurídica do instituto**

I. Até aqui, procurando distinguir e enquadrar o modelo de reconhecimento e regulação do período experimental assumido pelo legislador português, concluiu-se que tal modelo se caracteriza pela inscrição do instituto enquanto traço ou elemento *natural* ou comum do contrato individual de trabalho.

Tal caracterização resultaria ainda incompleta sem uma referência à margem de autonomia convencional atribuída pelo legislador na específica configuração jurídica da actuação do instituto. Ou, dito de outro modo, a compreensão do traçado geral do modelo de período experimental adop-

---

[126] De facto, esclarece o artigo 109.º que, nas relações de trabalho em regime de comissão de serviço, apenas haverá período experimental se existir acordo das partes nesse sentido. Cfr. *infra*, desenvolvidamente.

[127] Cfr. *infra*, o que se dirá a propósito da análise do regime jurídico do período experimental nos contratos a termo.

tado no ordenamento português só resulta completa com a averiguação da margem de liberdade concedida pelo legislador na configuração jurídica de tal regime, o que implica uma indagação das faculdades de modificação ou mesmo supressão de tal regime experimental. Nesse sentido, versaremos de seguida, ainda que sob a forma de breves notas, o papel da autonomia privada no quadro do regime jurídico da experiência – seu fundamento, âmbito e limites de actuação – seguindo depois por uma averiguação das possibilidades de intervenção da contratação colectiva neste domínio[128]. Só então será possível obter uma imagem de conjunto do modelo consagrado no ordenamento português no que respeita ao período experimental.

Ora, começando por descrever o período experimental, como se referiu, enquanto fase contratual correspondente ao *momento inicial de execução do contrato* – primeira parte do n.º 1 do artigo 104.º – não deixa o legislador de fixar desde logo o âmbito aplicativo do instituto, não apenas pela sua qualificação como momento típico ou comum do *iter* contratual como também pela fixação do sentido de tal inclusão, determinando, na parte final da disposição citada, que *a sua duração obedece ao* [modelo] *fixado nos artigos seguintes*. Nesse sentido, a disciplina do período experimental assume-se *ab initio* na sua imperatividade, procurando fixar-se os exactos termos em que poderá operar a autonomia – individual e colectiva – na modificação do desenho legal do instituto. Nesse sentido, e densificando aquela formulação, prescreve o artigo 110.º do Código[129] os termos concretos de tal faculdade de actuação, numa técnica que procura, em síntese, determinar os limites da possibilidade de tal intervenção, ainda que as margens de actuação concedidas à autonomia contratual e à contratação colectiva assumam âmbitos distintos[130].

---

[128] Deixaremos por ora de lado certas vertentes concretas de análise da intervenção da autonomia contratual e convencional no quadro do regime do período experimental, procurando o seu exame posterior, à medida que tais questões forem surgindo, no desenvolvimento do regime jurídico. Cfr. *infra*.

[129] O preceito corresponde, com algumas alterações, ao preceituado no anterior artigo 55.º, n.º 1 e n.º 3 da LCCT, respectivamente. Sob a epígrafe *Redução e Exclusão*, dispõe o artigo 110.º do CT o seguinte:

1. A duração do período experimental pode ser reduzida por instrumento de regulamentação colectiva de trabalho ou por acordo escrito das partes.

2. O período experimental pode ser excluído por acordo escrito das partes.

[130] De facto, parece evidente que ao fixar rigidamente os limites da possibilidade de intervenção modificativa do regime legal, pretende o legislador proceder à sua

Parte II – Relação de Trabalho e Período Experimental

II. Assim, e na perspectiva da autonomia dos contraentes – aquela em que interessa atentar em primeiro lugar – importa delimitar a admissibilidade da sua incidência na alteração ou diversa conformação do modelo legalmente consagrado. Atendendo ao que se avançou já na caracterização do modelo assumido pelo legislador, sempre se poderá começar por afirmar que a margem de autonomia concedida aos contraentes se apresenta relativamente modesta, em particular quando confrontada com as faculdades de regulamentação concedidas por sistemas que assentam a sua própria margem de actuação na convenção inserta no contrato de trabalho[131]. Se tal é a impressão inicial quanto ao modelo adoptado, designadamente face aos sistemas vigentes em ordenamentos jurídicos mais ou menos próximos, veremos, contudo, que a autonomia dos contraentes na conformação do regime jurídico da experiência é, no quadro do regime vigente, relativamente mais ampla do que se poderia supor.

Rege, quanto a este aspecto, o preceituado na já apontada parte final do n.º 1 do artigo 104.º, concretizada pelo regime decorrente dos artigos 105.º, n.º 1 e 110.º do Código.

Assim, e como se salientou, a parte final do n.º 1 daquele artigo 104.º determina a imperatividade do regime jurídico traçado pela secção do diploma em que se insere, ressalvando porém certa margem de autonomia – que, resulta justamente, da disciplina traçada pelas disposições aludidas.

Vejamos, em primeiro lugar, o regime resultante do artigo 110.º, de onde se extrai uma margem de actuação da autonomia das partes restrita à redução da duração do período experimental ou, em última instância, à sua exclusão do quadro contratual concretamente acordado. Estabelece, de facto, o primeiro número daquela disposição, na parte que ora releva, que *a duração do período experimental pode ser reduzida por acordo escrito das partes*. Procura-se assim dissipar qualquer dúvida – como as que se

---

delimitação em termos exclusivos, determinando, pois, em princípio uma impossibilidade de actuação para além dos domínios especificamente admitidos. Ver-se-á, contudo, que mesmo numa formulação restrita como a que decorre da estatuição do artigo 110.º, alguma margem de incerteza é ainda deixada à ponderação do intérprete.

[131] Pense-se, designadamente, no que se referiu *supra*, a propósito dos sistemas italiano, espanhol ou alemão. Em qualquer destes sistemas, a actuação do instituto depende de convenção das partes nesse sentido – discutindo-se, contudo, se nos casos em que a existência de um período experimental se encontre prevista na regulamentação colectiva aplicável, será ainda necessário o acordo individual. Cfr. *infra*.

colocaram no âmbito do anterior regime – quanto ao sentido da liberdade convencional dos contraentes. Às partes apenas se permite a convenção pela qual se estabeleça uma duração do período experimental menor do que a que resultaria da aplicação do regime de duração previsto nos artigos 107.º e 108.º, respectivamente para os contratos de trabalho por tempo indeterminado e para os contratos a termo.

Por outro lado, e complementando tal faculdade, estabelece o n.º 2 do artigo 110.º, a validade da convenção pela qual se suprima o período experimental, demonstrando claramente que o legislador, tomando o instituto como elemento comum ou natural do contrato de trabalho, não o toma naturalmente como elemento de verificação necessária[132].

Algumas dúvidas poderão, contudo, suscitar-se a propósito dos limites assim traçados à autonomia dos contraentes, em especial no cotejo entre o regime estabelecido no artigo 110.º e os limites traçados pelo preceituado na parte final do n.º 1 do artigo 105.º do Código do Trabalho. De facto, e ao contrário do que se verificava na legislação anterior, parece resultar agora desta disposição que também no que respeita ao modo de configuração específica do regime de cessação do contrato de trabalho durante o período experimental se admite a intervenção da autonomia privada, sobrevindo, porém, sérias dúvidas quanto ao possível conteúdo do acordo das partes aí fundado.

Expliquemo-nos. No quadro normativo anterior, as referências à possibilidade de derrogação do regime legal pelos contraentes – referidas nos números 1 e 3 do artigo 55.º da LCCT – achavam-se circunscritas à possibilidade de redução do prazo de duração da experiência ou à exclusão da existência de tal período experimental ou, pelo menos, eram neste sentido interpretadas pela maior parte da doutrina que se dedicava ao tema[133]. O novo regime do período experimental parece, porém, tomar em consideração uma nova perspectiva ou domínio de actuação da autonomia dos contraentes, enquanto, a propósito da delimitação do regime de cessação do contrato durante o período experimental (e no que parece um

---

[132] E aí poderá porventura, a par do que veremos adiante, encontrar-se uma explicação para a circunstância pela qual a supressão do período experimental apenas ser admissível por via de acordo no contrato individual de trabalho.

[133] Muito embora se admitisse já, certa margem de liberdade convencional dos contraentes, para lá de tal actuação, *v.g.*, no que respeita à possibilidade de fixação de uma duração mínima da experiência. Cfr. *infra*.

Parte II – Relação de Trabalho e Período Experimental

79

aproveitamento *formal* da redacção do anterior artigo 55.º n.º 1), parece agora vir admitir o acordo dos contraentes no que concerne também à disciplina específica do modelo de cessação do contrato durante o período experimental. Trata-se de matéria anteriormente excluída à livre disposição das partes? A letra do n.º 1 do artigo 55.º não parece apontar nesse sentido, bem pelo contrário, muito embora na interpretação dessa disposição pareça assumir-se de modo reiterado que aquele trecho do n.º 1 do artigo 55.º se referia à possibilidade de exclusão da aplicação do instituto. Agora, e face à explícita consagração de tal possibilidade de exclusão pelo n.º 2 do artigo 110.º, haverá que atribuir um sentido útil à referência da parte final do artigo 105.º. De outro modo, teria de se concluir tratar-se de uma referência tautológica face ao apontado n.º 2 do artigo 110.º Código do Trabalho.

Significa isto que, a partir do novo regime consagrado no Código do Trabalho, não apenas será de admitir a convenção das partes relativa à diminuição da duração desse período e a que afaste em bloco a aplicação do instituto à concreta relação contratual em causa mas também, e ainda, as convenções que mantendo a aplicabilidade da figura ao contrato de trabalho em causa, estabeleçam regimes específicos no que respeita ao modo de cessação de tal relação laboral durante esse período. Assim, *v.g.*, a convenção por via da qual as partes estabeleçam certo regime indemnizatório, a necessidade de um aviso prévio para além do que seria aplicável por via do regime que decorre do novo n.º 2 do artigo 105.º ou regras específicas sobre a fundamentação ou a forma da decisão de pôr termo à relação laboral em causa. Parece, em suma, atenta a redacção deste preceito, e no seu confronto com o regime resultante do aludido artigo 110.º, que a autonomia contratual assume um sentido bem mais amplo do que aquele que parecia resultar do regime anterior.

II. Bem mais complexa – apesar do evidente esforço de aclaração do regime – parece ser a questão da margem de intervenção da contratação colectiva na conformação do regime jurídico do período experimental. Trata-se, aliás, de questão já muito discutida no quadro do regime jurídico precedente.

Importa, todavia, começar por salientar o esforço do legislador no sentido da clarificação desta matéria. De facto, – e contrariamente ao que se passava no quadro da LCCT – vem agora o n.º 1 do artigo 110.º esclarecer, sem margem para dúvida, a possibilidade de redução da duração do período experimental *por instrumento de regulamentação colectiva de trabalho*, daí se retirando, *a contrario*, a impossibilidade de extensão ou alargamento de tal duração. Por outro lado, e como parece também claramente resultar da leitura do já citado n.º 2 daquele preceito, a possibilidade de supressão do período experimental apenas é admitida por via do contrato individual de trabalho e não, como era pelo menos discutido na legislação anterior, também por instrumento de contratação colectiva ou, ao menos, por convenção colectiva de trabalho. Que justificação poderá estar na base de tal proibição?

O propósito do legislador parece ter sido, uma vez mais, o de acautelar – em linha com a consideração do período experimental como elemento natural ou comum da relação de trabalho – que o acordo de supressão do período experimental apenas teria lugar face a circunstâncias específicas que concretamente justificassem a não existência de tal experiência[134].

Já a actual redacção do mencionado n.º 1 do artigo 105.º do Código do Trabalho suscitará as maiores dúvidas quanto ao sentido a atribuir à expressão *salvo acordo escrito em contrário*. Parece evidente, como se referiu, que abrangerá a convenção entre trabalhador e empregador no sentido da alteração, dentro dos limites aí traçados, do regime da cessação do contrato durante o período experimental. Mas será de admitir tal alteração por via da contratação colectiva? Sempre se poderá argumentar que a leitura conjugada deste preceito com o disposto no artigo 110.º, a par da própria imperatividade do regime estabelecida pela parte final do n.º 1 do artigo 104.º, levará à exclusão de tais hipóteses. E, contudo, a história e a letra do preceito permitem ao menos suscitar a dúvida quanto ao sentido de tal referência. Teria sido porventura avisado não repetir neste preceito uma redacção que tantas dúvidas suscitou no âmbito do regime anterior. De todo o modo, tendemos a interpretar a parte final do n.º 1 do artigo 105.º no sentido de abranger apenas o acordo individual quanto às matérias aí referidas. A ser de outro modo, deveria ter o legislador feito a distinção – como fez, aliás, no artigo 110.º. *Ora, ubi lex non distinguet...* Parece, assim, e em suma, que as faculdades de modificação do regime do período experimental previstas em tal preceito apenas poderão resultar de acordo entre empregador e trabalhador.

---

134 Pense-se, *v.g.*, na hipótese de se haver convencionado um pacto de permanência – Cfr. artigo 147.º CT.

TÍTULO II

O REGIME JURÍDICO DO PERÍODO EXPERIMENTAL NO CÓDIGO DO TRABALHO

CAPÍTULO I

O PERÍODO EXPERIMENTAL E A CONSTITUIÇÃO DA RELAÇÃO JURÍDICA LABORAL

1. Período experimental e formação do contrato de trabalho.

É ponto assente que, enquanto fase inicial da relação de trabalho, o período experimental não reclama, do ponto de vista da formação do respectivo vínculo, a assumpção de qualquer formalidade ou requisito específico para além dos que em geral se prefiguram como elementos da formação do contrato individual de trabalho[135]. Nesse sentido, aliás,

---

[135] Ideia que surge sublinhada pela generalidade da doutrina que se vem dedicando ao tema. Neste sentido, *vd.*, por todos, PUPO CORREIA, «Do período de experiência...», *cit.*, pp. 175 ss.

Já não assim, certamente, em sistemas onde se exige a expressa convenção das partes para a existência de um período de experiência. Em tais hipóteses, haverá que ter em conta o regime específico a que deverá obedecer tal acordo, nomeadamente no que respeita aos requisitos estabelecidos como condição de validade da sua estipulação – que, em termos gerais, embora não necessariamente, se traduzirão ao menos na exigência de forma escrita. Assim, *v.g.*, em Espanha, onde o já mencionado n.º 1 do artigo 14.º do ET determina que "podrá concertarse por escrito un período de prueba (...)", disposição que a doutrina e jurisprudência vêm interpretando maioritariamente no sentido de se tratar de um formalidade *ad substantiam* – nesse sentido, *vd.*, entre outros, MONTOYA MELGAR/ /GALIANA MORENO/SEMPERE NAVARRO/RIOS SALMERÓN, *Comentarios al Estatuto de*

82   *Do Período Experimental no Contrato de Trabalho*

aponta, por um lado, a redacção do n.º 1 do artigo 104.º, bem como, por outro, a própria inserção sistemática da disciplina jurídica do instituto.

---

los Trabajadores, 5.ª ed., Thomson, Navarra, 2003, p. 108 e ALONSO OLEA/CASAS BAAMONDE, *ob. cit.*, p. 226. Também assim ALBIOL MONTESINOS/ALFONSO MELLADO/ /BLASCO PELLICER/GOERLICH PESET, *Estatuto de los Trabjadores*, 2.ª ed., Tirant Lo Blanch, Valência, 2001, pp. 156-157, onde, citando um aresto do Supremo Tribunal de 12 de Março de 1987 (Ar. 1395) se sustenta que "la forma escrita del pacto relativo al período de prueba es requisito 'ad solemnitatem'. La falta de forma escrita invalida el pacto salvo que dicha omisión resulte imputable al proprio trabajador". *Vd.* ainda a anotação de MARTIN VALVERDE à referida disposição, *in Comentário al Estatuto de Los Trabajadores*, dir. por MONEREO PÉREZ, Comares, Granada, 1998, pp. 236 ss., em especial, sobre este ponto, pp. 239-240.

Por seu turno, em Itália, onde o artigo 2096.º do *Códice Civile* começa desde logo por estabelecer que "salvo diversa disposizione delle norme corporative, l'assunzione del prestatore di lavoro per un periodo di prova deve risultare da atto scritto", discutiu-se durante largo tempo, em especial na jurisprudência, o sentido a atribuir à primeira parte desta disposição – nomeadamente, e em outros aspectos, sobre se a previsão, por via da contratação colectiva, de que a contratação de um trabalhador se consideraria automaticamente celebrada com sujeição a um período de experiência, bastaria para se considerar preenchida a necessidade de convenção sobre a existência de um período experimental. A discussão em torno da necessidade ou não de expressa previsão contratual de um período de experiência nas hipóteses referenciadas divide ainda hoje posições, tanto na doutrina como na jurisprudência. Sumariando os termos em que tal questão vem sendo colocada, *vd.*, por todos, LORIS BONARETTI, *Il Patto di Prova nel Rapporto di Lavoro Privato*, Giuffrè, Milão, 1984, pp. 53 ss., em especial, pp. 57-59 e também BRIGNONE/RENDINA, *ob. cit.*, pp. 18-19, concluindo que "In ogni caso, l'esame della giurisprudenza della Suprema Corte evidenzia una assoluta prevalenza delle decisioni che propendono per l'esistenza *ad substantiam* della forma scritta".

Outra questão, também objecto de acesa polémica na doutrina e na jurisprudência italianas, prende-se com a eventual exigibilidade, a par da forma escrita da convenção, da específica indicação das funções a desempenhar ao abrigo do contrato de trabalho, como condição de validade da *convenção de prova*. Sobre o ponto, e em comentário a dois arestos que se referem expressamente a esta questão, *vd.*, GUGLIEMO BURRAGATO, «Patto di prova e relativi oneri formali» *in RIDL*, Ano XIX (2000), n.º 2, pp. 342 ss. (Com. à Sent. *Cassazione*, 20/2/1999, n.º 1464) e MASSIMILIANO MARINELLI, «La specificità delle mansioni nel patto di prova» *in RIDL*, Ano XXI (2002), n.º 2, pp. 903 ss. (Com. à Sent. *Cassazione*, 4/12/2001, n.º 15307).

Já na Alemanha, e apesar das especificidades que decorrem da circunstância de nos acharmos perante um verdadeiro período experimental ou um *contrato de experiência* (cfr. o que se referiu *supra*, PARTE I, a este propósito), a doutrina exige em geral que do acordo das partes resulte claramente a vontade de submeterem a relação contratual em causa a uma experiência. Nesse sentido, considerando que não é necessário que o

Parte II – Relação de Trabalho e Período Experimental 83

Nestes termos, correspondendo ao *tempo inicial de execução do contrato*, o período experimental releva enquanto verdadeira fase ou momento inicial da execução de certa relação laboral. Na sua formação haverá assim que observar o regime geral aplicável quanto aos pressupostos e requisitos da formação de tal contrato. A actuação do instituto em nada desvia a estrutura e o modelo de formação do contrato individual de trabalho – que se sujeitará, assim, quer aos pressupostos (subjectivos e objectivos) dos demais negócios jurídicos[136], quer ao regime específico eventualmente aplicável ao vínculo contratual em causa[137].

Para a formação do contrato individual de trabalho bastará assim, em regra, o consenso das partes – que, de acordo com o artigo 102.º do Código do Trabalho, segue o princípio geral de liberdade de forma[138].

---

propósito de realização da experiência seja expressamente referido no contrato de trabalho, bastando que tal resulte das circunstâncias, SCHAUB, *Arbeitsrechts-Handbuch*, *cit.*, pp. 322-323, salientando, contudo, que, em caso de dúvida sobre o sentido do acordo das partes, se deve considerar o contrato celebrado por tempo indeterminado. *Vd.* também, no mesmo sentido, FREITAG, *Das Probearbeitsverhältnis*, *cit.*, pp. 2-3 e PREIS/ /KLIEMT/ULRICH, *Das Aushilfs- und Probearbeitsverhältnis*, *cit.*, pp. 13 ss. e, respectivamente, pp. 18-19 e pp. 78-79, quanto aos *contratos de experiência* e quanto ao contrato de trabalho por tempo indeterminado com período experimental.

[136] Designadamente no que concerne à capacidade dos contraentes e idoneidade do objecto negocial. Em geral, sobre os pressupostos e requisitos de formação dos negócios jurídicos, *vd.* MANUEL DE ANDRADE, *Teoria Geral da Relação Jurídica*, Vol. II (9.ª Reimpr.), Almedina, Coimbra, 2003, pp. 33 ss. *passim*, MOTA PINTO, *Teoria Geral do Direito Civil*, 3.ª ed. (11.ª reimpr.), Coimbra Editora, Coimbra, 1996, pp. 413 ss.

[137] Nomeadamente, quanto a particulares requisitos, materiais ou formais, estabelecidos como condição de validade da formação do contrato de trabalho com sujeição a determinado regime jurídico específico. Pense-se, *v.g.*, nos requisitos de que depende a possibilidade de celebração de um contrato de trabalho em regime de comissão de serviço (cfr. artigos 244.º e 245.º CT, respectivamente sobre o *objecto* e *formalidades* necessárias à sujeição do contrato de trabalho ao regime da comissão de serviço) ou na exigência de forma escrita prescrita pelo artigo 103.º do Código para os contratos aí enumerados.

[138] Princípio geral que é seguido por uma enumeração, no artigo 103.º CT, dos casos em que a lei exige a forma escrita para a celebração do contrato de trabalho. Quanto às consequências jurídicas da inobservância da forma prescrita, como salienta ROMANO MARTINEZ em anotação às disposições referidas, *in* PEDRO ROMANO MARTINEZ/LUÍS MIGUEL MONTEIRO/JOANA VASCONCELOS/PEDRO MADEIRA DE BRITO/GUILHERME DRAY /LUÍS GONÇALVES DA SILVA, *Código do Trabalho Anotado*, 3.ª ed., Almedina, Coimbra, 2004, pp. 237-239: "(...), por via de regra, a forma especial é exigida para 'legitimar' um ajuste que se afasta do regime comum, pelo que a sua falta determina a sujeição do

84   *Do Período Experimental no Contrato de Trabalho*

Algumas dificuldades poderiam todavia ser suscitadas pela celebração do contrato de trabalho com observância de certos regimes específicos. Referimo-nos desde logo à celebração do contrato de trabalho por via do regime do contrato de adesão[139]/[140] ou da sujeição de tal vínculo, no seu processo de formação, a certos elementos acidentais do negócio, *v.g.*, mediante a aposição de uma cláusula de condição ou termo suspensivos[141]/[142]. Mesmo aí, porém, a aplicabilidade do

---

contrato de trabalho ao regime regra, não sendo questionada a validade do negócio jurídico, mas só da cláusula que fixa um regime especial".

[139] De facto, estabelece o artigo 95.º do Código do Trabalho, sob a epígrafe *Contrato de trabalho de adesão*:

1. *A vontade contratual pode manifestar-se, por parte do empregador, através dos regulamentos internos de empresa e, por parte do trabalhador, pela adesão expressa ou tácita aos ditos regulamentos.*
2. *Presume-se a adesão do trabalhador quando este não se opuser por escrito no prazo de vinte e um dias, a contar do início da execução do contrato ou da divulgação do regulamento, se esta for posterior.*

[140] Mais complexa, e suscitando dificuldades que a economia da exposição não permite desenvolver em detalhe, é a nova disciplina resultante do artigo 96.º do Código, que prevê a aplicabilidade do regime das cláusulas contratuais gerais *aos aspectos essenciais do contrato em que não tenha havido prévia negociação individual, mesmo na parte em que o seu conteúdo se determine por remissão para cláusulas de instrumento de regulamentação colectiva de trabalho*. Ora, no que concerne ao regime jurídico do período experimental, e como houve oportunidade de salientar, a autonomia colectiva acha-se limitada na conformação do referido regime jurídico às hipóteses contempladas pelo n.º 1 do artigo 110.º, relativo à diminuição do prazo de duração da experiência, o que, em princípio, não levantará problemas de maior neste domínio específico. De todo o modo, e em geral, a solução da aplicabilidade do regime das cláusulas contratuais gerais ao contrato de trabalho não se afigura pacífica, quer agora, quer no quadro legal anterior (na ausência de disposição expressa nesse sentido). Sobre o ponto, *vd.*, recentemente, em apreciação ao regime dos artigos 95.º e 96.º CT, ALEXANDRE MOTA PINTO, «O contrato de trabalho de adesão no Código do Trabalho: Notas sobre a aplicação do regime das cláusulas contratuais gerais ao contrato de trabalho» *in A Reforma do Código do* Trabalho, Coimbra Editora/CEJ/IGT, Coimbra, 2004, pp. 191 e ss.

[141] Cfr. o artigo 127.º CT, exigindo a forma escrita como condição de validade da aposição de tal cláusula.

[142] Pense-se igualmente na celebração do contrato de trabalho com sujeição a uma das chamadas *cláusulas de limitação da liberdade de trabalho* (artigos 146.º e seguintes), como a cláusula de não concorrência ou o pacto de permanência.

Aliás, o pacto de permanência poderá levantar a questão de saber se a sujeição de um contrato de trabalho a tal cláusula – prevista no n.º 1 do artigo 147.º CT – poderá

Parte II – Relação de Trabalho e Período Experimental

regime experimental em princípio não se reflecte nem condiciona o recurso a tais mecanismos.

Enquanto legalmente caracterizado como fase inicial da execução do vínculo contratual, o período experimental assume-se como elemento *natural* – o que não equivale, como se salientou, a considerá-lo como elemento *necessário* – da relação jurídica em causa, não influindo, portanto, nem, por outro lado, sendo influenciado, pelo enquadramento do concreto vínculo sob certo modelo específico de formação ou à sua sujeição a determinadas cláusulas acessórias.

O período experimental assume-se, em suma, como fase *do ciclo vital do contrato que serve de base à relação jurídica de trabalho*[143], em nada influindo ou influenciando o modelo de formação de tal contrato individual de trabalho. Achamo-nos, assim, em pleno no domínio aplicativo geral da disciplina da formação do contrato individual de trabalho.

2. Influência do período experimental no *programa contratual*. Indicação de sequência

Procurou já salientar-se que o conteúdo típico das prestações em que se analisa o objecto do vínculo laboral não resulta afectado pela circunstância de, no momento inicial da sua execução, os contraentes se

---

ser interpretada no sentido de um acordo implícito de exclusão do período experimental. Adiante voltaremos ao ponto.

[143] Neste sentido, MONTEIRO FERNANDES, *ob. cit.*, p. 329. Tem sido referida frequentemente ao longo da exposição, ainda que porventura de modo implícito, a dicotomia *relação de trabalho/contrato de trabalho*. Note-se, contudo, que tal referência não se acha determinada por uma alusão quanto a qualquer específico fundamento no confronto entre as chamadas teorias contratualistas e as teorias da incorporação. Trata-se, sobretudo por facilidade de exposição, de realçar a ideia de que, como salienta MONTEIRO FERNANDES, *ob. cit.*, p. 184, o reconhecimento do contrato individual de trabalho como facto gerador da relação de trabalho "(...) não impede, todavia, (...) que ao *facto* da incorporação do trabalhador, isto é, ao início da 'relação factual' de trabalho, devam ser atribuídos importantes reflexos na fisionomia daquela relação jurídica", aspecto que se afigura particularmente relevante na análise do instituto que nos ocupa. Em geral, sobre o tema, *vd.*, por todos, HUECK/NIPPERDEY, *Compendio de Derecho del Trabajo*, (tradução castelhana e notas de Miguel Rodriguez Piñero e Luís Enrique de la Villa), Editorial Revista, Madrid, 1963, pp. 83 ss.

acharem reciprocamente numa situação de *experiência*[144]. Assim, e não obstante o decurso de tal avaliação, a relação de trabalho assume-se em pleno, nos direitos e obrigações que reciprocamente vinculam cada um dos contraentes. Em bom rigor, a realização da experiência pressupõe mesmo um desenvolvimento *normal* dessa relação laboral – no sentido de que apenas a sua execução nos termos do programa contratual acordado pelas partes pode propiciar o efectivo cumprimento dos propósitos ínsitos na existência de um tal período[145]. Nessa linha, aliás, se inscreve o já citado

---

[144] Isto é, a circunstância de tal fase contratual se encontrar subordinada a um propósito de apreciação dos termos concretos do desenvolvimento do vínculo contratual não determina, em geral, qualquer diferenciação do ponto de vista do objecto contratual. O que não significa, naturalmente, que da actuação do instituto não resultem certas particularidades de regime ou que da circunstância de nos encontramos no período experimental não resultem inaplicáveis determinadas disposições legais, cujo regime se afigure insusceptível de compatibilização com o decurso da experiência. Neste sentido, salientando que muito embora durante o período experimental se prossiga um escopo particular, o instituto assume sempre carácter instrumental face ao objecto do contrato de trabalho, cuja *causa* permanecerá assim inalterada durante e após tal período, *vd.*, por todos, PUPO CORREIA, «Da experiência...», *cit.*, p. 186.

[145] Neste sentido, MONTEIRO FERNANDES, *Direito do Trabalho, cit.*, p. 325, realçando que, para que o período experimental cumpra a sua função «(...) é necessário que o contrato esteja a ser executado, isto é, que se inicie a prestação de trabalho no seio da organização». No mesmo sentido, ainda na vigência do n.º 2 do artigo 55.º da LCCT, PEDRO ROMANO MARTINEZ, *Direito do Trabalho, cit.*, p. 408, «(...) o período de experiência tem a sua razão de ser e relaciona-se, por isso, com o início da execução do contrato de trabalho» e JÚLIO GOMES, *cit.*, pp. 57 e ss., salientando que o período experimental «(...) só pode começar a contar-se a partir do momento em que o trabalhador começa a executar a sua prestação ou, melhor, oferece a sua disponibilidade ao empregador de acordo com as condições contratuais». Do mesmo modo, BERNARDO XAVIER, *Curso...cit.*, p. 419, relacionando a observância da função deste instituto com o «(...) funcionamento das relações contratuais, (...)». Na doutrina estrangeira, *vd.*, por exemplo, em Itália, BRIGNONE/RENDINA, *ob. cit.*, p. 25, referindo, inclusivamente, que a disciplina resultante do § 2 do artigo 2096.º do *Codice Civile*, revela a intenção do legislador em, mais do que consagrar o interesse de ambos os contraentes na prova, salientar que esta apenas cumpre o seu propósito se for efectivamente realizada; no mesmo sentido, entre outros, G. PERA, *ob. cit.*, p. 181. Também em Espanha, interpretando o regime constante do 2.º parágrafo do n.º 1 do artigo 14.º ET, é salientada em geral pela doutrina e pela jurisprudência. Nesse sentido, *vd.*, por todos, MARTIN VALVERDE, *ob. cit.*, p. 213, salientando, justamente, que "sea cual sea la posición que se adopte sobre la naturaleza jurídica del período de prueba, está fuera de dudas que durante su transcurso nos encontramos ante una relación de trabajo jurídicamente en pleno funcionamiento, de la

Parte II – Relação de Trabalho e Período Experimental 87

n.º 1 do artigo 104.º do Código[146], ao determinar que o período experimental corresponde à fase inicial *de execução do contrato*.

Consequentemente, a realização da experiência – possibilitada pela execução do vínculo e visando, justamente, a apreciação do *desempenho* concreto dos contraentes no quadro do programa contratual acordado – não chega sequer a ter-se por principiada nos casos em que, celebrado o contrato de trabalho, a sua execução se acha deferida para momento ulterior, *maxime* na hipótese de se haver convencionado, por exemplo, um termo suspensivo inicial[147].

---

que derivan para las partes todas las obligaciones (y los derechos correlativos) que constituyem el contenido típico de la misma", concluindo, mais adiante (p. 215) que "(...) aun permaneciendo inalterado el esquema del contrato de trabajo – (...) – es claro que, durante el período de prueba, tanto la prestación de servicios como la prestación salarial presentan en muchos casos peculiaridades dignas de atención". Cfr. também, sobres este último ponto, o que se referiu na nota anterior.

Na Alemanha, diversamente, parece admitir-se uma denúncia do contrato antes mesmo do início da sua execução. Assim, FREITAG, *ob. cit.*, pp. 23 e 28. Note-se, todavia, que tal posição tem de ser observada à luz das especificidades deste ordenamento jurídico, mormente no que respeita à disciplina estabelecida pelo § 1 – I e II da *KSchG*, nos termos do qual o *período de espera* aí previsto não depende da efectiva prestação de trabalho. Sobre o ponto, *vd.* ainda, entre outros, W. DÜTZ, *ob. cit.*, p. 158 e SCHAUB, *ob. cit.*, p. 326.

[146] Seguindo a orientação já presente na anterior legislação (art. 55.º n.º 1 da LCCT). Cfr. as referências feitas *supra*, a propósito da evolução do tratamento legal do instituto, no Tít. I, n.º 4, bem como a bibliografia aí citada.

[147] Cfr. bibliografia portuguesa citada nas notas anteriores. Trata-se, aliás, de orientação também assente na nossa jurisprudência, mesmo já em face da redacção do n.º 1 do artigo 28.º do Decreto-Lei n.º 372-A/75, de 16 de Julho, que determinava a correspondência do período experimental aos *primeiros quinze dias de vigência do contrato*. Neste sentido, cfr. Acórdão da Relação de Lisboa de 20 de Janeiro de 1988, CJ, Ano XIII, Tomo I, pp. 175 e ss. – também referido em nota por JÚLIO GOMES, *cit.*, p. 57, nota 41 e MONTEIRO FERNANDES, *Direito do Trabalho*, *cit.*, pp. 325-326, nota (1).

Atente-se também no Ac. STJ de 25 de Junho de 1986 (BMJ n.º 358, pp. 470 e ss.), p. 477, onde se pode ler:

«Contudo, para que a rescisão do contrato de trabalho se possa legalmente verificar durante esse período de experiência é necessário que a experiência tenha tido efectivamente lugar.

Ora no caso vertente o autor [trabalhador] não chegou a exercer funções, isto é, não foi experimentado.»

Mais recentemente, na mesma orientação, *vd.* a título de exemplo, Ac. STJ 25 de Setembro de 1996 (BMJ n.º 459, p. 355 ss.), Ac. RC, 20 de Janeiro de 2000, *CJ XXV*

A correspondência – hoje legalmente explicitada – entre o período experimental e o início da execução do contrato permite pôr em evidência a função prática da experiência enquanto modelo de verificação e valoração da adequação do vínculo contratual aos interesses dos contraentes na celebração de tal relação jurídica[148]. A experiência só é possibilitada pelo cumprimento das prestações a que cada um dos contraentes se obrigou no quadro da celebração do contrato[149].

Deverá assim concluir-se que o período experimental corresponde, sem mais, a uma *normal* ou *comum* execução do contrato de trabalho? Seguindo essa via, não haveria que reconhecer que o período experimental se afigura juridicamente irrelevante para lá da possibilidade – assim aparentemente *arbitrária* – de pôr termo ao contrato de trabalho durante esse período? A investigação precedente, em particular no que respeita ao fundamento e funções do instituto deixará já antever, contudo, a imprecisão deste modo de colocação do problema.

De facto, a afirmação da correspondência entre realização da experiência e execução do contrato de trabalho, não permite extrair qualquer conclusão quanto à influência da actuação da experiência sobre a relativa posição jurídica dos contraentes[150]. Haverá, assim, que avaliar em que medida a actuação do instituto que nos ocupa influencia tais posições jurídicas.

(2000), T. I, pp. 66 e ss. e Ac. RL, 8 de Novembro de 2000, *CJ* XXV(2000), T. V, pp. 156 e ss.

[148] Interesses dos contraentes cuja relevância jurídica se alcança justamente na possibilidade mesma de verificação da resposta contratual à sua prossecução.

[149] O que não significa, porém, e como se procurou salientar, que a específica função a que se acha orientada esta fase contratual não consinta, como aliás sucede frequentemente, a verificação de certas especificidades no modo como se desenvolve o complexo de direitos e deveres inerentes à posição jurídica de cada contraente. Tais especificidades não serão, porém, de molde a descaracterizar o conteúdo típico da relação contratual em causa. Neste sentido, MARTIN VALVERDE, *ob. cit.*, pp. 215-216.

[150] Ou, socorrendo-nos da formulação de PUPO CORREIA, *cit.*, p. 211: «Com efeito, nada distinguiria o período de experiência da fase definitiva a não ser uma especial faculdade de rescisão 'ad nutum' vazia de sentido, já que apenas apareceria a justificá-la um particular escopo que não teria eficácia sobre a conformação dos deveres fundamentais das partes.» E, prosseguindo, conclui: «Há, por conseguinte, que atribuir autonomia à obrigação de levar a cabo a experiência. Se esta se realiza *durante* o desenvolvimento normal da relação, não se realiza *através* dele. E, porque autónoma, tal obrigação tem efeitos independentes dos das obrigações típicas, (...)».

Ora, se o reconhecimento da necessidade de um desenvolvimento *normal* da relação de trabalho – enquanto pressuposto da realização da experiência – não determina, por outro lado, e como se referiu, uma absoluta identidade ou simetria de conteúdos entre o período de realização da experiência e o subsequente desenvolvimento da relação de trabalho, não se poderá concluir sem mais pela ausência de um conteúdo específico desta fase contratual. Por outras palavras, haverá que averiguar se a presença de certas particularidades do desenvolvimento da relação de trabalho durante a fase experimental se poderão traduzir no reconhecimento de uma obrigação autónoma de realização da experiência[151]. É justamente pela análise da debatida questão da autonomização de um tal dever que prosseguirá a exposição.

---

[151] Mais precisamente, um dever instrumental ou acessório que acresceria assim ao conteúdo típico das prestações devidas pelos contraentes no quadro de um contrato individual de trabalho. Ou, na expressão de MARTIN VALVERDE, *ob. cit.*, p. 216, tratar--se-á de averiguar do *impacto* da actuação do instituto sobre *o núcleo obrigacional da relação*, bem como dos efeitos juridicamente relevantes de tal actuação sobre certos aspectos conexos com a relação de trabalho em causa (que o Autor qualifica como efeitos *indirectos* da experiência). Adiante voltaremos ao ponto.

CAPÍTULO II

CONTEÚDO DA RELAÇÃO DE TRABALHO DURANTE O PERÍODO EXPERIMENTAL

1. O dever de realização da experiência.

1.1. *O problema da autonomização de um dever de realização da experiência*

Vem já de longe a discussão em torno da questão da eventual autonomização de um dever de realização da experiência, que se constituiria assim como objecto específico da fase contratual em que se analisa o período experimental.

Numa apreciação sumária do modo como vem sendo colocado o problema, saliente-se desde logo a posição de RAUL VENTURA que, em análise ao já remoto regime da Lei n.º 1952, negava a existência do que qualificava como *o direito e a obrigação de produzir e consentir a prova*[152]. No entender deste Autor, a finalidade da experiência cumpria-se pela execução das prestações em que se determinava o cumprimento do contrato, não resultando tal finalidade afectada pela negação do carácter autónomo de tal obrigação[153]. A função da experiência resultaria assim da mera execução do contrato de trabalho, mormente porque o trabalhador

---

[152] «O período de experiência...», *cit.*, p. 266.

[153] Salientava o Autor, *cit.*, p. 267, em síntese: "(...) nem direitos nem obrigações autónomos, mas simplesmente o direito de exigir a prestação do trabalho e a obrigação de prestar o trabalho; (...). Para a experiência se realizar, basta que o vínculo normal da prestação de trabalho se estabeleça e se execute, pois é perante ele que deve ser formulado o juízo de uma das partes sobre a outra; (...)".

92   *Do Período Experimental no Contrato de Trabalho*

não teria um interesse autónomo na realização da experiência, *com base no qual* – salientava-se – *possa designadamente pretender o pagamento de uma indemnização por falta do cumprimento dessa obrigação contratual*[154]. O único interesse do trabalhador, cuja violação poderia eventualmente determinar danos indemnizáveis, seria, nestes termos, um interesse geral na prestação do trabalho[155].

Não foi esta, contudo, a posição que viria posteriormente a consolidar-se maioritariamente na doutrina e jurisprudência, tendo em atenção, designadamente, os regimes jurídicos subsequentes à referida Lei n.º 1952.

Na verdade, e já em face do regime constante da LCT, é possível detectar uma tendência geral para o reconhecimento e autonomização de um dever de actuação, comum a ambos os contraentes, no sentido de permitir a apreciação subjacente à actuação do instituto. Assim, nomeadamente, na análise ao regime decorrente deste diploma, PUPO CORREIA começava por colocar a questão no quadro da apreciação sobre a identidade do objecto do contrato durante e após o período experimental, interrogando-se justamente sobre a possibilidade de reconhecimento de um objecto ou conteúdo específico da tal fase contratual, constituído pela experiência ou *experimentação* mútua dos contraentes durante aquele período[156]. O Autor concluía no sentido da identidade do objecto contratual, alertando para a possível confusão entre objecto do contrato e o escopo da experiência. Abria-se, assim, caminho, na perspectiva deste Autor, à consideração da existência de uma obrigação, comum a ambas as partes, de realizar efectivamente a experiência[157].

A elaboração doutrinária posterior, e face aos regimes jurídicos que se seguiram, parece orientar-se maioritariamente no sentido do reconhe-

---

[154] Idem, pp. 267-268.

[155] Ibidem, p. 268, concluindo que "(...) mesmo quando sejam admitidos estes últimos danos, a verdade é que eles respeitam sempre ao facto de não ter sido prestado o trabalho e não ao facto de não ter sido realizada a experiência. [...]; quer dizer o trabalhador não sofre danos juridicamente indemnizáveis por a prova não ter dado um resultado favorável, invocável perante terceiros, (...) e não sofre danos relativamente ao patrão, porque, enquanto a prova não se realizar, este não pode usar a presunção de justa causa prevista no § único do artigo 12.º da Lei n.º 1952". Cfr. *supra*, as indicações aduzidas a propósito do sistema traçado neste diploma – Tít. I, n.º 4.

[156] Assim, *ob. cit.*, pp. 210 ss., em especial, pp. 214-215.

[157] Idem, p. 210. Quanto às consequências jurídicas da consideração de um dever autónomo de realização da experiência, *vd.* pp. 222 ss.

Parte II – Relação de Trabalho e Período Experimental

cimento de um dever autónomo de realização da experiência, dever que impende sobre empregador e trabalhador, e que não deixa de se relacionar com a ideia de que a especial faculdade extintiva da relação laboral durante esta fase contratual não é uma faculdade arbitrária ou de *arbitrium merum*. Dito de outro modo, a cessação da relação jurídica em causa há-de assentar num juízo negativo sobre a adequação dos termos concretos de desenvolvimento da tal relação de trabalho face às expectativas e interesses pretendidos com a celebração de tal contrato. Desta consideração resultaria, justamente, um dever de realização da experiência – dever cuja fundamentação se apresenta todavia variável e que redunda, em termos práticos, numa execução das prestações contratuais inerentes à posição jurídica de cada contraente.

Mas se assim é, se o reconhecimento de um dever de realização da experiência acaba por se traduzir no ênfase da afirmação de que o escopo da experiência só se atinge pela apreciação *sobre o terreno* ou em concreto da relação jurídica em causa, onde se encontra a nota de autonomia que permite destacar e diferenciar tal dever face ao princípio geral de cumprimento pontual das prestações dos contraentes? Qual, então, a *utilidade* da consideração autónoma de um tal dever de realização da experiência? Nesta interrogação, e no sentido das afirmações precedentes se resume a posição daqueles que vêm refutando a autonomização de um tal dever.

Na verdade, a questão da admissibilidade ou oposição ao reconhecimento de um dever autónomo de levar a cabo a experiência encontra-se intimamente conexionada com o modo de perspectivação das faculdades de cessação do contrato de trabalho durante tal período. De facto, o reconhecimento e autonomização de um tal dever veio em geral a assentar na consideração de que a decisão de pôr termo ao contrato de trabalho ao abrigo do especial regime de cessação que se encontra determinado para tal fase contratual deverá ser determinado pelo resultado negativo de uma efectiva avaliação e valoração dos termos em que se desenvolve a relação de trabalho. Noutros termos, o reconhecimento de um dever de realização da experiência vem sendo orientado por uma preocupação de garantia de que o exercício de tais faculdades extintivas assenta numa efectiva e correcta actuação do instituto e não numa possibilidade arbitrária de fazer cessar tal relação de trabalho.

A verdade, porém, é que não é apenas nessa vertente que se analisam as consequências jurídicas do reconhecimento de um tal dever de realização da experiência. Na verdade, a sua autonomização vem colocar um

94 *Do Período Experimental no Contrato de Trabalho*

outro tipo de problema, em geral menos desenvolvido a propósito da referência a esta questão e que se traduz, justamente, na averiguação das consequências jurídicas do reconhecimento de um tal dever, em especial nas que decorrem do regime jurídico aplicável na hipótese do seu incumprimento[158].

Ao contrário do que sucede em outros sistemas jurídicos, *maxime* em Espanha e na Itália, os sucessivos regimes jurídicos do período experimental que entre nós foram vigorando até à actualidade, não faziam qualquer referência expressa a um dever de realização da experiência. Tal não impediu, contudo, como se viu, o reconhecimento doutrinário e jurisprudencial de um tal dever, procurando-se em regra extraí-lo do sentido geral da disciplina estabelecida pelos sucessivos diplomas que vieram regulando o instituto até à actualidade.

Outra, porém, é a perspectiva adoptada pelo Código do Trabalho que vem estabelecer, pela primeira entre nós, um preceito especificamente respeitante a esta questão. Referimo-nos ao n.º 2 do artigo 104.º do Código, segundo o qual se determina que a*s partes devem, no decurso do período experimental, agir de modo a permitir que se possa apreciar o interesse na manutenção do contrato de trabalho*[159].

Parece, assim, que o legislador procurou, indo de encontro às posições já referenciadas da doutrina e jurisprudência anteriores, afirmar claramente a existência de um certo dever de actuação dos contraentes durante esta fase contratual. A ser assim, contudo, importa determinar exactamente qual o sentido de tal reconhecimento e, em particular, indagar das consequências que se deverão extrair, do ponto de vista do regime jurídico deste instituto, da prescrição de tal dever de actuação. Por aí seguirá a análise subsequente.

---

[158] Trata-se de facto, de uma questão que, a par de uma rigorosa delimitação do conteúdo de um tal dever, se acha menos desenvolvida, o que não significa que seja ignorada. Na verdade, já RAUL VENTURA – que, como se viu, recusa a existência de um tal dever com carácter autónomo – se referia à hipótese de, considerando a existência de um tal dever, se colocar a questão das consequências jurídicas da sua violação e PUPO CORREIA, *ob. cit.*, pp. 222 ss., não deixa de reconhecer que a admissibilidade de um tal dever implica que, em certas hipóteses, o seu incumprimento se constitua como fonte de responsabilidade. Adiante voltaremos ao ponto.

[159] Preceito cuja redacção resulta, aliás, do Anteprojecto do Código, de onde transitou, incólume – ao contrário do que, como veremos, se verificou com outras disposições – para a respectiva proposta de lei.

Parte II – Relação de Trabalho e Período Experimental

1.2. Conteúdo do dever de realização da experiência

Como se referiu, do novo regime jurídico do período experimental constante do Código do Trabalho, mais precisamente do n.º 2 do seu artigo 104.º parece agora decorrer a imposição aos contraentes de certo dever de actuação durante este período. Importa, por isso, determinar qual o sentido desta referência e, por outro lado, em que medida se relacionará tal alusão com a posição a adoptar a propósito do problema da admissibilidade de um específico dever de realização da experiência.

Ora, a propósito desta última questão, houve já oportunidade de referir que, contrariamente ao que se verificava noutros sistemas jurídicos, o regime jurídico português, nos sucessivos diplomas que foram regulando o instituto, nunca estabeleceu, ao menos de modo expresso, um dever de actuação das partes no sentido da realização da experiência, muito embora desde sempre a doutrina e a jurisprudência tenham extraído tal conclusão da análise e interpretação dos respectivos preceitos[160]. Assim, e não obstante a ausência de uma expressa referência legal a tal dever, a opinião maioritária não deixava de sublinhar que, achando-se a actuação do instituto dependente da execução do contrato de trabalho, tal significava, se não o reconhecimento de um específico dever de actuação do período experimental, ao menos a necessidade de que a avaliação pressuposta pela actuação do instituto se baseasse na execução das prestações típicas ou inerentes à posição jurídica de cada contraente – isto é, que ao trabalhador fosse dada a possibilidade de desempenhar a actividade para que havia sido contratado e ao empregador a oportunidade de avaliar tal desempenho no quadro em que normalmente se desenvolveria tal actividade, obrigando-se, correspondentemente, à retribuição dos serviços prestados bem como ao cumprimento dos demais deveres inerentes à sua posição jurídica na relação de trabalho[161].

---

[160] Neste sentido, e como se referiu, é paradigmático o exemplo encontrado na interpretação do próprio regime do n.º 1 do artigo 28.º do Decreto-Lei n.º 372-A/75, de 16 de Julho – que, desacertadamente, se referia a *vigência* e não à *execução* do contrato de trabalho. Cfr. *supra*..

[161] Note-se, contudo, e como se procurou salientar, que tal asserção não implicava – como hoje, e como veremos, face ao actual regime jurídico também não implica – uma absoluta e exacta correspondência entre aquele que é o conteúdo típico da relação laboral

Por outro lado, e como se procurou já indiciar, o propósito subjacente à autonomização ou reconhecimento de um dever de realização da experiência relacionou-se desde sempre com uma preocupação de delimitação dos limites de actuação das faculdades extintivas da cessação do contrato, em particular por iniciativa do empregador, a par do reconhecimento de que a utilização abusiva ou fraudulenta de tais faculdades deveria determinar a responsabilização do empregador pelos prejuízos que daí resultassem para o trabalhador[162].

Ora, atendendo ao que se referiu a propósito da actuação do instituto, importa determinar com exactidão o sentido do novo regime traçado pelo n.º 2 do artigo 104.º do Código. Assim, a questão fundamental colocada pela introdução desta disposição resume-se nos seguintes termos:

O novo preceito determina agora expressamente um dever de realização da experiência? E, em caso afirmativo, em que se traduz concretamente tal dever, qual o seu conteúdo e respectivos limites? Por outro lado ainda, quais as consequências jurídicas que deverão associar-se à violação do preceituado nessa disposição?

---

durante a sua fase inicial e aquele que, em virtude do desenvolvimento dessa relação, vem a ser o que poderá designar-se como a *maturação* do conteúdo de tal relação.

De facto, a necessidade de execução da relação laboral em termos tão aproximados quanto possível daquele que será o seu conteúdo subsequente não implica naturalmente uma exacta identidade ou simetria de conteúdos durante a fase de experiência e após tal fase inicial. Na verdade, fazendo parte da própria natureza deste tipo de relação a modificação ou, se se preferir, a concentração e concretização do seu conteúdo ao longo do tempo, a afirmação da necessidade de execução da relação laboral como condição da realização da experiência pretende tão só salientar a ideia, reiteradamente sublinhada na exposição, de que a valoração pressuposta na actuação do instituto apenas é passível de ser levada a cabo pela execução, ao menos nos seus termos essenciais, das prestações inerentes à posição jurídica dos contraentes. Cfr. *supra*.

[162] Responsabilização que a generalidade dos autores que se referem a tal ponto reconhece que, embora teoricamente admissível, será de difícil concretização, quer em razão das dificuldades práticas de prova dos pressupostos de actuação do regime da responsabilidade civil, quer ainda em razão do argumento do carácter diminuto dos danos eventualmente causados – argumento frequentemente utilizado, designadamente por quem estabelece, como limite indemnizatório, os montantes a que o trabalhador teria direito se houvesse sido executado o contrato até ao fim do período experiência.

Deixando por ora de lado esta última questão, procuremos determinar o sentido e conteúdo da imposição às partes de um dever de, durante o período experimental – nos termos da parte final da disposição – *agir de modo a permitir que se possa apreciar o interesse na manutenção do contrato de trabalho.*

Uma primeira leitura do preceito parece indiciar que o dever de actuação aí imposto aos contraentes constitui mera explicitação ou concretização do princípio geral da boa fé no cumprimento dos contratos que, decorrendo desde logo do artigo 762.º do Código Civil, se encontra hoje consagrado, de modo expresso e especificamente reportado ao contrato individual de trabalho, no artigo 119.º do Código[163]. A entender-se assim, todavia, não será de considerar que tal indicação decorre já, ao menos implicitamente, do preceituado no n.º 1 do artigo 104.º do Código? De facto, a formulação utilizada nesse preceito – enunciando que o período experimental *corresponde ao tempo inicial de execução do contrato*, e achando-nos assim, de pleno, no domínio do cumprimento do vínculo – parece implicar naturalmente a aplicação do princípio geral da boa fé. Mas a ser assim, impõe-se a necessidade de descortinar o sentido da referência específica do n.º 2 daquela disposição, que ancorado naquele princípio geral, parece todavia pretender prosseguir para lá do mero reconhecimento e explicitação desse princípio. Haverá, assim, que determinar até que ponto tal referência aponta já para um sentido distinto do reconhecimento da aplicabilidade do princípio geral da boa fé no cumprimento das obrigações, porventura impondo, por essa via, um específico dever de actuação dos contraentes durante esta fase contratual. E, de facto, parece ser esse o sentido a atribuir a tal disposição. De outro modo, a referência contida no n.º 2 do artigo 104.º emergiria como aparentemente tautológica face ao regime que decorre já do n.º 1 daquela disposição.

Assim, e em suma, parece resultar deste preceito a expressa imposição às partes de certo dever específico de actuação – um dever de actuação que, referido ao modo de cumprimento das prestações inerentes à sua posição jurídica, lhes determina uma particular responsabilização

---

[163] Disposição que, a abrir a Secção relativa aos "Direitos, Deveres e Garantias das Partes", determina, no seu n.º 1, que *o empregador e o trabalhador, no cumprimento das respectivas obrigações, assim como no exercício dos correspondentes direitos, devem proceder de boa fé.*

98 *Do Período Experimental no Contrato de Trabalho*

pelo sentido do seu procedimento durante esta fase contratual, impondo um desempenho orientado a certo propósito específico. No fundo, trata-se de reconhecer agora explicitamente o que, face aos regimes jurídicos anteriores, se apontava como um cumprimento das prestações que constituem objecto do contrato orientado ao escopo da experiência, específico desta fase contratual. Significa isto que o legislador pretendeu reconhecer nesta fase inicial de execução do contrato de trabalho um objecto ou conteúdo autónomo, isto é, *diferenciado*, face àquele que é o conteúdo da relação de trabalho após tal período? Que sentido atribuir, afinal ao preceituado no n.º 2 do artigo 104.º do Código do Trabalho?

A nosso ver, e atendendo à fundamental identidade de conteúdos que concluímos existir entre as duas fases contratuais em análise, o sentido a atribuir à afirmação contida naquele preceito terá de se relacionar não com o conteúdo das prestações que compõem o objecto do vínculo, mas sim com o reconhecimento de um especial dever de actuação dos contraentes durante esta fase contratual, dever esse que se concretiza na imposição às partes de uma execução das prestações devidas em termos tais que permitam uma efectiva avaliação e valoração do desenvolvimento concreto de tal vínculo face às expectativas e interesses prosseguidos pelas partes com a sua celebra-ção. Neste sentido, a disciplina constante do n.º 2 do artigo 104.º mais não faz do que explicitar aquela que, já face aos regimes anteriores, era a preocupa-ção recorrentemente apontada pela doutrina e jurisprudência maioritárias – ou seja, o intuito de garantir que esta fase contratual cumprisse efectivamente o seu propósito, de permitir a valoração da adequação da relação laboral aos interesses prosseguidos pelas partes, excluindo-se a sua utilização como mero período de possibilidade de cessação da relação laboral por *arbitrium merum*.

Dito de outro modo, e em síntese, a inclusão de tal prescrição num sistema como o nosso – em que, como se viu, o período experimental é reconhecido e enquadrado como elemento comum ou natural do contrato individual de trabalho – mostra que as especiais faculdades extintivas da relação laboral que consequentemente se atribuem aos contraentes visam garantir que, durante tal período e muito embora sem necessidade de alegação ou fundamentação do juízo subjacente à decisão de pôr termo a tal relação de trabalho, tal exercício se acha determinado pelo efectivo fim a que é reconhecido ou ordenado. Trata-se, numa palavra, de reconhecer que tratando-se embora de uma faculdade de pôr termo à relação sem *necessidade de invocação de justa causa* – como salienta o n.º 1 do ar-tigo 105.º do Código – não se trata de uma denúncia arbitrária ou imotivada

Parte II – Relação de Trabalho e Período Experimental

mas sim ordenada por um fundamento que, embora não tenha de ser alegado, porque pressuposto[164], se acha na base de tal decisão.

Note-se todavia que a interpretação da disciplina contida no preceito que vimos analisando toma um sentido específico em função das próprias características do regime jurídico português do período experimental. Diverso seria, porventura, o entendimento a dar a um tal enunciado num sistema que assentasse a possibilidade de actuação do instituto na expressa convenção das partes nesse sentido. Repare-se, por exemplo, no que se verifica no sistema espanhol ou no ordenamento jurídico italiano – sistemas em que, como se viu, a possibilidade de realização da experiência no quadro de uma relação de trabalho depende, desde logo, da vontade das partes, que convencionam a sujeição do vínculo contratual que celebram à actuação deste instituto. Aí, numa leitura aprofundada, poder-se-á porventura concluir que a determinação de um dever de realização da experiência – frequentemente enunciado em preceitos de teor literal muito próximo do vertido agora no nosso n.º 2 do artigo 104.º CT – visa um propósito em certo sentido diverso daquele que é o visado por tal referência no quadro do nosso regime jurídico. Ali, mais do que entre nós, tal enunciação procura de certo modo delimitar o próprio conteúdo da convenção celebrada pelas partes.

Na verdade, enquanto que o nosso sistema[165] se acha limitado em razão, desde logo, do carácter imperativo do regime jurídico que se

---

[164] Ou, no dizer de MONTEIRO FERNANDES, *ob. cit.*, p. 325:
"(...) – a lei presume, *em absoluto*, que a cessação do contrato é determinada por inadaptação do trabalhador ou por inconveniência das condições de trabalho oferecidas pela empresa".

A referência à ideia de presunção deve ser considerada *cum grano salis*. Parece evidente, na verdade, que o Autor pretende referir-se ao sentido comum ou corrente da expressão e não ao seu sentido técnico-jurídico. Daí que, como se referiu, se prefira a expressão, menos *comprometida*, de que o legislador pressupõe ou subentende que, na base da decisão de pôr termo ao contrato de trabalho durante este período se encontra uma valoração negativa da adequação dos termos concretos do desenvolvimento de tal relação aos interesses e expectativas subjacentes à sua celebração pelo contraente que actua tal faculdade.

[165] Assente na consideração do período experimental como fase comum da relação laboral, cuja exclusão é permitida em razão de um particular ou concreto interesse dos contraentes. Nesse sentido, aliás, parece enquadrar-se a própria limitação da possibilidade de exclusão do período experimental, admissível apenas por acordo escrito das partes no contrato individual de trabalho, e não já por via de instrumento de regulamentação colectiva de trabalho, conforme resulta do n.º 2 do artigo 110.º CT.

100 *Do Período Experimental no Contrato de Trabalho*

estabelece para o funcionamento do instituto, constituindo a sua disciplina legal como que um *regime mínimo* do período experimental, nos sistemas que fazem depender a actuação do instituto da convenção das partes nesse sentido, poderia colocar-se validamente a interrogação sobre a admissibilidade da estipulação, pelos contraentes, do próprio conteúdo da experiência que se visa realizar. Nesse sentido, a obrigação de realização de experiência imposta aos contraentes, caso seja convencionada, parece assumir um sentido de certo modo distinto daquele que assume num sistema como o nosso. Em tais sistemas, a imposição de um dever de realização da experiência parece acabar por visar uma delimitação do próprio conteúdo da convenção das partes, determinando os limites gerais do acordo quanto ao sentido da sujeição do contrato de trabalho à realização de uma experiência.

Finalmente, e em razão do exposto, parece poder concluir-se que a enunciação de um específico dever de actuação, tal como resulta preceituado no quadro da configuração actual do nosso sistema, se traduz numa mera explicitação daquele que é o sentido geral do regime jurídico do instituto. Contudo, o seu reconhecimento e explicitação não deixa de colocar novos desafios do ponto de vista da valoração do seu incumprimento. Antes, porém, de entrar na análise das consequências jurídicas da violação de tal dever, importa apreciar em maior detalhe o critério fornecido pelo legislador como parâmetro de apreciação deste dever de actuação da experiência.

1.3. *A apreciação do* interesse na manutenção do contrato de trabalho *como fundamento de um especial dever de actuação durante o período experimental*

Temos vindo a fazer referência ao novo regime do n.º 2 do artigo 104.º do Código, procurando uma compreensão do sentido de tal disciplina, designadamente em razão da discutida questão em torno da admissibilidade, com carácter autónomo, de um dever de realização da experiência. Nesse sentido, e como se procurou anotar, a determinação de certo dever de actuação dos contraentes no decurso do período experimental pareceria não ir muito além de uma concretização do dever geral de boa fé no cumprimento das obrigações contratuais das partes. Porém, é a própria disposição em análise que vem imprimir determi-

Parte II – Relação de Trabalho e Período Experimental 101

nado sentido interpretativo a tal dever de actuação dos contraentes, ao estabelecer que as partes devem actuar *de modo a permitir que se possa apreciar o interesse na manutenção do contrato de trabalho*.

O legislador parece, assim, ter procurado estabelecer um critério de apreciação da actuação dos contraentes, critério esse que, no fundo, faz corresponder ao próprio escopo ou função geral do instituto. O preceito em análise procura assim explicitar a ideia de que a consideração ou actuação da experiência no domínio das relações laborais se orienta, em geral, à apreciação e valoração de um conjunto de elementos relativos ao desenvolvimento concreto da relação em causa[166] face aos interesses e expectativas dos contraentes na celebração de tal relação jurídica. Daqui decorre, então, e em primeira linha, uma explicitação do escopo ou função geral do instituto[167]. Mas decorre, ou parece poder decorrer, algo mais.

Na verdade, e não obstante tal preocupação de delimitação do sentido da actuação dos contraentes durante esta fase contratual, do regime jurídico traçado pelas disposições do Código parece não se extrair, ao menos directamente, qualquer consequência jurídica da estatuição de um tal dever, mormente nas hipóteses em que se verifique a sua violação[168].

---

[166] Elementos que, como resultará certamente já de modo evidente neste momento, apenas são passíveis de avaliação do quadro da execução ou desenvolvimento do vínculo contrato. Qual o âmbito ou limites da valoração pressuposta na actuação do instituto é algo que decorrerá da análise do objecto do período experimental ou, dito de outro modo, da delimitação da realidade que é objecto da experiência. Cfr. *infra*, número seguinte deste capítulo.

[167] Não se trata, porém, e como houve oportunidade de referir *supra*, da única função do período experimental. A propósito da análise do fundamento e funções do instituto, houve oportunidade de salientar que o período experimental cumpre, para além dessa função geral de facultar a apreciação do que o legislador agora menciona expressamente como *interesse na manutenção do contrato de trabalho*, certas funções acessórias ou secundárias ou, segundo outro modelo de classificação, funções *latentes*, para lá dessa função manifesta ou principal. Cfr. *supra*.

[168] Sempre se poderá dizer que, face a uma situação de incumprimento dos deveres contratuais de um dos contraentes, achando-nos no domínio do incumprimento contratual, sempre teria a contraparte a possibilidade de actuar contra tal incumprimento por via do regime geral do incumprimento, *maxime* e no limite por via do despedimento com justa causa ou, sendo tal incumprimento imputável ao empregador, por via da resolução do contrato por iniciativa do trabalhador. A verdade, porém, é que, face à susceptibilidade de aplicação de tais regimes jurídicos, as dificuldades práticas e o próprio formalismo imposto como condição da sua actuação, conduz, face a um sistema que permite uma

102   *Do Período Experimental no Contrato de Trabalho*

Mas se assim é, qual o sentido útil, perguntar-se-á de novo, da referência a este dever específico de actuação dos contraentes durante o período de experiência? Se a actuação do instituto resulta da execução do contrato e se esta se avalia justamente numa perspectiva de cumprimento contratual, o pretenso dever de realização da experiência mais não será do que um dever de cumprimento do contrato, enquadrável num plano geral e cuja referenciação explícita neste preceito nada acrescenta ao conteúdo desta fase contratual.

Na verdade, porém, parece poder ao menos colocar-se a questão de saber se da determinação de um dever de actuação das partes durante esta fase contratual – de acordo com certo critério que o próprio legislador enuncia – resulta um sentido específico ou certa consequência jurídica própria da violação de um tal dever. E a resposta a esta questão, julga-se, parece ser afirmativa.

De facto, o legislador não se limitou a referenciar a circunstância de se achar a actuação do instituto dependente da execução do vínculo contratual acordado. Procurou ir mais além, salientando que as partes, atendendo ao propósito a que é orientada tal fase contratual, devem actuar em certo sentido, sentido esse que possibilite uma efectiva verificação da função do instituto, ou seja, que permita uma efectiva avaliação do interesse na manutenção do contrato de trabalho. O que significa desde logo que, indo mais além do que o que resultaria do princípio geral do cumprimento, procurou-se impor certo sentido à actuação das partes durante este período, o que poderá determinar que, sem descaracterização daquele que é o conteúdo essencial do vínculo acordado, o desenvolvimento da experiência durante esta fase contratual possa determinar específicos deveres de conduta e actuação recíproca dos contraentes[169].

---

desvinculação simplificada, *sem aviso prévio nem necessidade de invocação de justa causa*, a que, na prática, a via da denúncia ao abrigo do regime do período experimental seja a escolhida para pôr termo ao contrato nestas hipóteses.

[169] Neste sentido, veja-se, aliás, o que resulta do regime do n.º 1 do artigo 106.º, relativo à contagem do período experimental. Aí se estabelece que, principiando com o *início da execução da prestação do trabalhador* – adiante teremos oportunidade de analisar esta referência em maior detalhe – compreendem-se, para efeitos de contagem do período experimental, as acções de formação frequentadas pelo trabalhador durante esta fase inicial, desde que, como se salienta, não excedam metade daquele período. Ora, por aqui se vê que, muito embora tome como quadro fundamental para o desenvolvimento da experiência uma *normal* execução das prestações inerentes ao contrato de trabalho em

Em suma, do n.º 2 do artigo 104.º do Código parece decorrer a imposição aos contraentes de um dever recíproco de actuação num sentido específico. Tal dever corresponde, a traço largo, numa directriz de actuação dirigida aos contraentes, impondo-lhes uma conduta norteada por um princípio ou parâmetro de observância da função típica desta fase contratual – ou seja, uma actuação que, para lá de uma execução ou cumprimento formal daquilo que consubstancia a execução do contrato, possibilite e permita uma recíproca avaliação do interesse na manutenção – ou, dito de outro modo, na prossecução – da relação laboral.

Como se compreenderá, a questão da existência ou não de um dever autónomo de realização da experiência deixa de se situar no plano do cumprimento das prestações inerentes à execução do contrato – uma vez que tal execução é tomada como condição ou pressuposto da própria operatividade do instituto – para se perspectivar segundo outro parâmetro – justamente o da responsabilização dos contraentes pela actuação que lhes é exigível, face a certo vínculo concreto, no sentido de permitir ou possibilitar o efectivo cumprimento da função do instituto[170]. A possibilidade de responsabilização dos contraentes pela violação de um tal dever não é expressamente solucionada pelo legislador mas a resposta a tal interrogação parece poder retirar-se do sentido geral do regime delineado no Código.

Antes de fechar a análise desta questão, cumpre referir os termos em que se fundamenta tal dever específico de actuação dos contraentes. Na verdade, o seu reconhecimento não deixa de se configurar como uma manifestação particular da boa fé contratual. Ou, dito de outro modo, o sentido interpretativo da conduta das partes durante esta fase contratual acha-se orientado – e deve, por isso, ser valorado à luz de um

---

causa, o legislador não ignora, e bem, a função de adaptação – e por vezes mesmo de concretização do conteúdo contratual – em que se analise este período. O que significa, por outras palavras, que não se desconhece que o modo como o contrato de trabalho é posto em execução e a actuação dos contraentes durante esta fase é determinante na própria possibilidade de uma efectiva realização da experiência, objecto e fundamento do particular regime jurídico a que se sujeita este período contratual.

[170] Dito de outro modo, a questão do dever autónomo de realização da experiência passa a relacionar-se não já apenas com uma execução formalmente adequada do objecto contratual, mas com a imposição de um especial dever ou exigência material de actuação durante este período. O que levará, naturalmente, a colocar a questão da responsabilização dos contraentes face a uma violação de tal dever de actuação.

104   *Do Período Experimental no Contrato de Trabalho*

regime particularmente exigente no que concerne à lisura ou correcção do comportamento das partes durante este período. Note-se que a conformação deste especial dever de boa fé não contraria o sentido da exposição precedente, em particular no que se referiu a propósito da relação entre o preceituado nos números 1 e 2 do artigo 104.º do Código. Na verdade, ambos se reportam à boa fé imposta às partes enquanto regra de conduta. Mas enquanto que do n.º 1 decorre uma explicitação daquele que é o regime geral contido no artigo 119.º CT, o n.º 2 do artigo 104.º poderá entender-se como mais exigente, no sentido em que procura imprimir à fase experimental do contrato um sentido específico da actuação dos contraentes, em razão, justamente, do regime particular a que se sujeita esta fase inicial da relação de trabalho. Em suma, trata-se de submeter as partes a uma especial exigência de correcção na sua actuação, justificada justamente pela particular função deste período, daí não decorrendo, contudo, como se compreende, qualquer alteração daquela que é a *fisionomia* geral da relação jurídica em causa. Da exigência de uma especial probidade – e que no fundo corresponde à ideia, presente na doutrina e jurisprudência anteriores ao Código, de um dever de realização da experiência – decorre uma especial respon-sabilidade dos contraentes pelas condutas que venham a adoptar durante este período[171].

1.4. *A violação do dever de realização da experiência*

Do excurso pelo regime constante dos dois primeiros números do artigo 104.º parece ter-se avançado já no sentido de se poder concluir que, por um lado, o legislador toma naturalmente a execução do contrato de trabalho como pressuposto da realização da experiência e que, por outro

---

[171] Questão que não deixa certamente de se achar relacionada com a própria delimitação do objecto da experiência ou, por outras palavras, daquilo que pode ser objecto de apreciação pelos contraentes por meio da actua deste instituto. De facto, e como salienta, em síntese, LUÍS MIGUEL MONTEIRO em anotação a esta disposição – *in Código do Trabalho Anotado, cit.*, p. 240, "(...), esta regra determinará a ilicitude da denúncia do contrato durante o período experimental se até então o empregador não tiver tido possibilidade de apreciar a aptidão do trabalhador ou este as condições de trabalho disponibilizadas pelo primeiro". Sobre o objecto da experiência, cfr. *infra*, desenvolvida-mente, n.º 4.

Parte II – Relação de Trabalho e Período Experimental   105

lado, a realização de uma tal experiência supõe ou encontra na sua base uma identidade de conteúdos entre as duas fases contratuais – ou seja, durante e após o período experimental. Tal não significa, contudo – e nesse sentido apontaram as considerações anteriores – que, em ordem à realização ou efectivação daquela que é verdadeira função e utilidade do instituto, o legislador não determine às partes um dever de actuação específico deste período contratual. Tal dever relaciona-se directamente com o reconhecimento de que esta fase inicial de execução do contrato se cumpre frequentemente, para lá de fase de adaptação e conhecimento mútuo, por vezes mesmo como fase de concretização dos próprios termos do vínculo contratual. Daí que, como se procurou salientar, o legislador procure uma responsabilização efectiva dos contraentes pela sua conduta durante este período contratual. Trata-se, no fundo, de garantir que o regime específico facultado aos contraentes durante este período cumpre a sua função, não permitindo a sua transfiguração – particularmente gravosa para o trabalhador e porventura especialmente apelativa para o empregador[172] – num período de cessação absolutamente arbitrária do contrato de trabalho.

O legislador não avançou, contudo, ao menos explicitamente, na determinação das consequências da violação de tal dever de actuação por parte dos contraentes. Na verdade, ao que julgamos, não era absolutamente necessário que o fizesse uma vez que a violação de tal dever de actuação se consubstancia, em termos técnicos, numa utilização abusiva do instituto.

De facto, e como já no quadro da legislação anterior vinha sendo salientado, a circunstância de nos acharmos perante um regime em que a denúncia do contrato de trabalho não depende de aviso prévio nem necessidade de invocação de justa causa, não significa que tal denúncia seja imotivada. Por outro lado, e como também se refere no n.º 1 do artigo 106.º CT, a previsão de que tal denúncia não determina em princípio um direito a indemnização[173], reporta-se evidentemente à hipótese aí prevista e não à exclusão da responsabilização da parte que abusivamente

---

[172] Uma vez que é relativamente a este, ou melhor, às faculdades de cessação do contrato por sua iniciativa nos momentos subsequentes ao período experimental que o princípio da estabilidade no emprego vem determinar especiais limitações.

[173] Em princípio porque, como resulta dessa disposição, admite-se o acordo em contrário quanto aos termos em que opera tal regime de cessação do contrato. Adiante voltaremos ao ponto.

recorrer ao regime facultado pela actuação do instituto. Daí que, tal como valida-mente se poderia concluir da interpretação do regime anterior – e tais conclusões parecem surgir reforçadas em face do novo regime do Código – não esteja excluída a responsabilização pela utilização abusiva das faculdades de denúncia assim conferidas, onde se incluem também, sem margem para dúvidas, as hipóteses de denúncia feita antes do início da execução do contrato de trabalho.

Deixando por ora de lado a concretização do regime da denúncia abusiva, tarefa que se procurará cumprir adiante, importa contudo anotar, ainda que sumariamente, as consequências jurídicas da violação do dever de realização da experiência. Para tais hipóteses, parece valer claramente uma regra da responsabilização do contraente que incumpriu em tal dever pelos danos que daí resultem para a contraparte no contrato. Não nos referimos agora aos danos que eventualmente se venham a apurar na hipótese de uma denúncia abusiva ou fundada em motivos inadmissíveis (*v.g.*, hipóteses de denúncia determinada por discriminação do traba-lhador). A interrogação que se procura colocar neste momento respeita às eventuais consequências jurídicas da violação do dever imposto pelo n.º 2 do artigo 105.º do Código. E, na verdade, muito embora pareçam surgir quase como hipóteses académicas, a verdade é que, ao menos teoricamente, o regime instituído pelo referido preceito abre espaço à responsabilização pelos danos causados pela violação do dever aí imposto – violação que, regra geral, se traduzirá no recurso ao regime da denúncia antes do início da execução do contrato ou em hipóteses em que tal denún-cia opera num período desrazoável face às necessidades de avaliação pressupostas na realização da experiência. Por isso se começou por afirmar que tais hipóteses resultariam *absorvidas* pelo regime da denúncia abusiva[174]/[175]. Para lá destes, parece difícil uma autonomização, para efeitos de actuação de um regime de responsabilidade, de outros casos de violação do dever prescrito pelo preceito citado.

---

[174] O regime de responsabilização pela denúncia abusiva do contrato durante o período experimental encontra sérias dificuldades do ponto de vista operativo, o que levou já alguma doutrina a salientar a relativa facilidade com que na prática, resulta *seriamente comprometida a possibilidade de questionar* tais comportamentos – PEDRO FURTADO MARTINS, *Cessação do contrato de trabalho, cit.*, p. 202.

[175] Sobre o ponto, referindo-se aos critérios de determinação de tal responsa-bilidade, PUPO CORREIA, «Da experiência...», *cit.*, pp. 223 ss. Cfr. *infra*.

Parte II – Relação de Trabalho e Período Experimental	107

Quanto à determinação dos termos concretos da aplicação de tal regime, deixaremos tal análise para momento posterior, inserindo-a a propósito do estudo do regime da cessação do contrato de trabalho durante o período experimental[176].

2. O objecto da experiência.

A delimitação do objecto da experiência ou, mais rigorosamente, a circunscrição do âmbito das faculdades de avaliação subjacentes à experiência de certa relação de trabalho, tem também concitado a atenção dos estudos em torno deste instituto[177/178]. Tal circunstância não deverá surpreender, atendendo desde logo à especial relevância que assume tal tarefa.

A delimitação do âmbito da valoração dos termos concretos da relação jurídica objecto de experiência pelos contraentes, assumindo grande importância prática, alcança um relevo suplementar na medida em que permite balizar, simultânea e consequentemente, os próprios limites do exercício das faculdades extintivas do vínculo contratual em causa. Por aí se compreende a importância de estabelecer com precisão os contornos daquele que é o conjunto de elementos susceptíveis de avaliação e valoração no quadro da experiência de certa relação laboral. No desenvolvimento dessa análise, afigura-se desde logo necessária a averiguação, face ao actual regime jurídico do instituto, das eventuais indicações aí presentes no que concerne a esta questão.

---

[176] Cfr. *infra*, Capítulo V.

[177] JÚLIO GOMES, «Do uso...», *cit.*, p. 42, salienta que se trata de "(...) questão controversa – ou que, pelo menos, o foi no passado – a que respeita às qualidades do trabalhador que podem ser objecto de avaliação pela entidade patronal durante o período de experiência", muito embora hoje se tenha por consolidada uma doutrina dominante sobre o ponto, sustentando-se a possibilidade de valoração, por este meio, não apenas da competência técnica do trabalhador mas também de outros aspectos, designadamente "(...) as suas faculdades de adaptação ao seu novo ambiente de trabalho, a forma como interage com os seus colegas e outros aspectos da sua personalidade". Cfr. *infra*.

[178] Trata-se, de facto, e como se compreende de questão também recorrentemente abordada, ainda que não de modo unívoco, pela doutrina estrangeira. Assim, por exemplo, em Espanha, MARTIN VALVERDE, *ob. cit.*, pp. 217 ss. e VAL TENA, *Pacto de prueba y contrato de trabajo*, *cit.*, p. 28 e pp. 145 ss.; em Itália, BRIGNONE/RENDINA, *ob. cit.*, pp. 25 ss.

108 *Do Período Experimental no Contrato de Trabalho*

Ora, como se referiu já, o Código do Trabalho procura estabelecer – no seu artigo 104.º, n.ºs 1 e 2 – uma delimitação geral do âmbito de actuação do instituto. Nessa delimitação, e ainda que não se refira, ao menos de modo específico, o objecto da experiência, encontra-se implícito determinado entendimento daquilo que constitui tal objecto. De facto, da leitura conjugada dos preceitos referidos decorre que o objecto da experiência haverá de ser constituído pelos elementos que, do desenvolvimento concreto do vínculo contratual, permitam avaliar e valorar a existência de um interesse na prossecução de tal relação, interesse que se traduz justamente no reconhecimento de que o vínculo contratual assumido se adequa aos interesses e expectativas das partes na sua celebração[179].

A asserção precedente consente ainda, todavia, uma larga margem de indefinição ou, melhor, de certa imprecisão na delimitação do objecto da experiência. Trata-se de um problema que não é recente. Já em face dos regimes anteriores se salientavam as dificuldades de concretização de tal objecto. Aliás, e de certo modo, o debate doutrinário em torno do instituto não pode deixar de se orientar para a fixação de critérios de delimitação e circunscrição do âmbito das faculdades de avaliação deferidas aos contraentes – o que se compreende e justifica, atendendo à particular importância que assume a fixação das fronteiras de tal possibilidade de avaliação, em especial por parte do empregador. Discute-se, assim, o âmbito de avaliação, mormente se ela se encontrará limitada a uma valoração estrita do desempenho das tarefas cometidas ao trabalhador durante esse período ou se, pelo contrário, tal valoração não poderá deixar de levar em conta outros elementos relevantes no quadro do desenvolvimento da relação laboral. Ora, parece ter sido justamente esta compreensão ampla do objecto da experiência que vingou entre nós, mesmo no período anterior à introdução do Código do Trabalho[180].

Assim, referindo-se já ao regime constante deste diploma – mas em sentido fundamentalmente idêntico ao que propugnava no âmbito do

---

[179] No fundo, e por outras palavras, procura-se agora averiguar dos limites da faculdade, permitida pela actuação do instituto, de valoração do interesse dos contraentes na prossecução da relação laboral – ou, na expressão legal, *do interesse na manutenção do contrato de trabalho* – durante a sua fase inicial de execução.

[180] Cfr. *supra*, a referência de JÚLIO GOMES, «Do uso...», *cit.*, p. 42 a esta questão.

Parte II – Relação de Trabalho e Período Experimental 109

regime anterior[181] – MONTEIRO FERNANDES parece considerar, como objecto da experiência do trabalhador pelo empregador, não só a verificação da *diligência* do trabalhador na execução da prestação mas também, e sobretudo, a sua *capacidade mental, técnica e/ou física para as tarefas ajustadas*. Nestes termos – sintetiza – uma vez que a *imperícia*, releva apenas em sede de erro sobre as qualidades do outro contraente, "(...) a função do período experimental traduz-se, justamente, a nosso ver na neutralização da relevância que tal erro assumiria nos termos gerais (artigo 251.º CCiv.), pois faz cristalizar a presunção de que, muito embora as características do trabalhador não fossem exactamente conhecidas pelo empregador no momento da celebração do contrato, o decurso de certo tempo de execução deste permite avaliá-las suficientemente, em condições normais"[182/183].

Na mesma linha parece seguir PEDRO ROMANO MARTINEZ, que, relacionando o período experimental com o carácter duradouro e o *intuitus personae* da relação laboral[184], refere que "(...) importa que o empregador avalie se o trabalhador possui as qualidades necessárias para execução do

---

[181] *Direito do Trabalho*, 12.ª ed., *cit.*, pp. 327-328. De facto, a posição do Autor parece manter-se, no essencial, face às edições anteriores do Manual – cfr., designadamente, a 11.ª ed., *cit.*, de 2002 e, ainda no regime anterior à LCCT, do mesmo Autor, *Noções Fundamentais de Direito do Trabalho*, *cit.*, pp. 210-211.

[182] *Idem*, p. 328. O Autor acrescenta, contudo, que "as situações de *frustração da experiência* (...)" – traduzidas em hipóteses em que esta não é esclarecedora nem concludente – "(...) relacionam-se, na maioria dos casos, *com a diligência*, não com a aptidão mental, técnica ou física para a função".

[183] No mesmo sentido, no quadro do ordenamento jurídico espanhol, ALONSO OLEA/CASAS BAAMONDE, *Derecho del Trabajo*, *cit.*, p. 227, concluindo: "El período de prueba, por tanto, purga el error en cuanto a la aptitud, como en general purga, según se dijo, el error en cuanto a las calidades personales del trabajador; más dudoso es que purgue la maquinación fraudulenta. Efecto indirecto también puede ser que refuerce la presunción de culpa *in eligendo* del empresário frente a terceros por actos del trabajador."

[184] Os apontados fundamentos do instituto, em particular o que procura basear o período experimental num *intuitus personae* característico da relação laboral, são, todavia, objecto de sérias críticas por parte de alguma doutrina. Nesse sentido, *vd.* por todos, desenvolvidamente, MARTIN VALVERDE, *ob. cit.*, pp. 114 ss., considerando insuficiente e errada a perspectivação do instituto com base num pretenso *intuitus personae* da relação de trabalho. JÚLIO GOMES, *cit.*, p. 43, sintetizando a posição de MARTIN VALVERDE, parece aderir a esta posição, ao menos nas suas premissas fundamentais.

110   *Do Período Experimental no Contrato de Trabalho*

trabalho e, da mesma forma, é relevante para o trabalhador verificar se confia no empregador, mormente no que respeita a um tratamento condigno e ao pagamento atempado da retribuição"[185]/[186].

Importa também referir o entendimento de PUPO CORREIA, que procura caracterizar o âmbito da experiência pela referência à *capacidade específica do trabalhador*[187]. Segundo este Autor, ao contrário da *aptidão genérica para o trabalho* – que será conhecida ou admitida aquando da celebração do contrato – a verificação da *capacidade específica do trabalhador*, reportando-se "(...) a determinada actividade a desenvolver por ele, ou a determinada categoria profissional pela qual ele aspire a ser admitido estavelmente", "(...) constitui a experiência propriamente dita, (...)"[188]. Nesses termos, "(...) é fundamental o interesse em verificar se o trabalhador tem as *qualidades morais, físicas e técnicas* necessárias para realizar a prestação de trabalho sobre a qual incide a prova"[189].

Por seu turno, e em análise ao já remoto regime da Lei n.º 1952[190], RAUL VENTURA considerava que este diploma "(...) focou a experiência sob um ângulo muito fechado: na inaptidão incluem-se a incompetência profissional e as qualidades pessoais que, influindo na relação de trabalho, não revelem vícios ou mau procedimento (...)"[191]. Segundo o Autor, a referência à *inaptidão para o serviço* e a interpretação deste conceito no quadro do sistema traçado pela Lei n.º 1952, determinavam a adopção de um entendimento restrito do conteúdo da experiência na medida em que,

---

[185]   *Direito do Trabalho, cit.*, p. 410.

[186]   Também BERNARDO XAVIER, *Curso, cit.*, p. 419, como se salientou já anteriormente, aponta, como razão de ser do instituto, "(...) a necessidade de dar a conhecer *vividamente* às partes (...) as aptidões do trabalhador e as condições de trabalho".

[187]   «Da experiência no contrato de trabalho», *cit.*, pp. 175-176. Escrevendo à luz do regime da LCT, o entendimento do Autor sobre o ponto não deixa de se relacionar também com o preceituado no artigo 18.º daquele diploma, respeitante ao princípio de colaboração entre os contraentes. De facto, e se bem entendemos o seu pensamento, a perspectivação do objecto da experiência num sentido amplo justifica-se, em última análise, no reconhecimento da presença de um tal princípio de actuação dos contraentes no desenvolvimento da relação laboral – cfr., designadamente, pp. 158-159.

[188]   *Idem*, p. 176.

[189]   *Ibidem*. Sublinhados nossos.

[190]   Que, como se referiu, traçava um enquadramento legal do instituto em moldes muito diversos daqueles que viriam a ser os considerados nos regimes jurídicos posteriores. Cfr. *supra*, Tít. I n.º 4.

[191]   «O período de experiência no contrato de trabalho», *cit.*, p. 269.

Parte II – Relação de Trabalho e Período Experimental   111

ao contrário do que se poderia supor, tal inaptidão não abrangeria, "(...)
todos os aspectos pelos quais pode razoavelmente entender-se que o
trabalhador não convém à empresa, e que excedem a simples competência profissional"[192].

Ora, o breve excurso pelas referências doutrinárias à delimitação do
objecto da experiência, evidencia desde logo o facto de tal questão surgir
perspectivada sobretudo na óptica do empregador – aquela que, sem dúvida, assume maior melindre e simultaneamente maior relevo prático[193].
Procura-se, assim, uma primeira linha de delimitação das faculdades de
avaliação concedidas ao empregador, salientando-se que da respectiva
apreciação apenas parecem resultar excluídas as características pessoais
do trabalhador que não relevem para o desempenho das funções contratadas, bem como os demais aspectos do seu comportamento que não
se reportem ou reflictam directamente sobre o modo de prestação ou
desenvolvimento da actividade. Nesse sentido, resulta claramente inadmissível uma apreciação e valoração do *interesse na manutenção do
contrato de trabalho* que se reporte a características, preferências ou
gostos pessoais do trabalhador não relacionados com o seu desempenho
profissional, bem como todos os aspectos que possam derivar numa
apreciação discriminatória desse trabalhador.

---

[192] *Idem*, p. 268. O objecto da experiência achava-se assim delimitado pelo próprio
conceito de *inaptidão* que, segundo o Autor, assumia um sentido bem mais restrito do
que aquele que constituiria o potencial campo de avaliação subjacente à realização da
experiência.

[193] A afirmação em texto não infirma, naturalmente, o reconhecimento de que a
experiência desenvolvida pelo trabalhador assume também relevância e carece igualmente
de uma delimitação cuidadosa. A verdade, contudo, é que a preponderância prática da
experiência desenvolvida pelo empregador e a fragilidade da posição do trabalhador
durante este período reclamam especiais cautelas na delimitação daquilo que pode ser
objecto da valoração levada a cabo pelo empregador ao abrigo do regime do período
experimental. Observou-se já, aliás, que certa hiperbolização deste modo de colocação do
problema determinou a orientação de alguma doutrina em torno do fundamento e funções do instituto, chegando mesmo a afirmar-se a irrelevância ou *inutilidade* do período
experimental na perspectiva do trabalhador, na medida em que o seu objecto seria constituído pela verificação de um conjunto de elementos e circunstâncias que poderiam ser
conhecidas por este contraente previamente à execução do contrato de trabalho e, portanto,
sem necessidade de recurso à realização da experiência. Já se referiram, contudo, as razões
que nos levam a afastar tal enquadramento do instituto – cfr. *supra*, Tít. I, 2.2., o que se
referiu a propósito do pretenso carácter unilateral do período experimental.

112 *Do Período Experimental no Contrato de Trabalho*

Deste primeiro modo de colocação do problema – que resulta de uma evidente e indiscutível preocupação de prevenção das eventuais utilizações abusivas das faculdades extintivas da relação consentidas pela actuação do instituto – não tardou muito a patentear-se que tal proposição deixa ainda uma larga margem de incerteza no que respeita à determinação concreta dos limites do objecto da experiência.

Nesse sentido, aliás, compreende-se o desenvolvimento de certa corrente doutrinária que, defendendo uma circunscrição daquela valoração a uma verificação estrita da aptidão ou competência técnica do trabalhador, procurava reduzir tal margem de incerteza e respectivas dificuldades de actuação prática do instituto[194].

A verdade, porém, é que uma tal concepção restrita do objecto da experiência – configurando-o como valoração circunscrita à competência técnica do trabalhador – se, por um lado, parece não traduzir uma resposta eficaz à necessidade de excluir ou, ao menos, atenuar as apontadas dificuldades, por outro lado, acaba por padecer de certo artificialismo, ao desconsiderar certos aspectos que, não se restringindo a uma mera verificação de certa aptidão técnica, não podem deixar de relevar no âmbito da valoração permitida pela experiência.

De facto, a delimitação do objecto da experiência em razão de uma verificação restrita a certa aptidão técnica para a execução das funções acordadas desconsidera a circunstância de que, desenvolvendo-se no seio da empresa, o desempenho do trabalhador envolve também naturalmente a avaliação da sua integração e conjugação da sua prestação no quadro da organização empresarial. Ou, dito de outro modo, que na apreciação do desempenho das funções cometidas ao trabalhador, não poderá relevar apenas o sentido técnico ou formalmente correcto do cumprimento de tais funções mas também a necessidade de uma integração satisfatória desse desempenho no quadro da estrutura organizacional em que se desenvolve.

---

[194] Assim, designadamente, MARTIN VALVERDE, *El Período de Prueba en el Contrato de Trabalho, cit.*, pp. 149 ss., em especial, p. 150. A posição deste Autor, como salienta também JÚLIO GOMES , «Do uso e abuso...», *cit.*, p. 42, é todavia mais esbatida nos seus escritos mais recentes sobre o tema – designadamente na sua anot. ao art. 14.º do ET, *in* AA. VV., *Comentario al Estatuto de los Trabajadores, ob. cit.*, pp. 236 ss. – parecendo assim aproximar-se daquela concepção mais ampla do objecto da experiência que vimos referindo em texto.

Parte II – Relação de Trabalho e Período Experimental   113

Em bom rigor, contudo, pouco mais parece poder avançar-se nesta delimitação. Na verdade, uma delimitação mais aprofundada do objecto da experiência não poderá deixar de tomar em linha de conta a configuração concreta do contrato cuja execução se sujeita a uma tal experiência. O que não invalida, por outro lado, que os critérios gerais apontados não acudam já eficazmente a tal delimitação. A sua concretização é que dependerá necessariamente de uma verificação concreta e casuística, em razão, designadamente, do próprio objecto do contrato.

Depois do que fica dito, não deixa de permanecer certa nota de apreensão, decorrente do reconhecimento das dificuldades práticas de averiguação e observância dos apontados critérios de apreciação e valoração do desempenho, em especial quando, como se sabe, o fundamento da decisão de pôr termo ao contrato não carece de explicitação. Daí não resulta, porém, e como se compreende, que tal fundamento não tenha de se verificar. A sua apreciação, colocando enormes dificuldades do ponto de vista prático, não poderá, contudo, deixar de estar presente na análise do caso concreto. E é aqui, justamente, que se colocam as maiores dificuldades – e também os maiores desafios – na análise do instituto: o seu regime jurídico vive, desde sempre e justamente, da tensão entre a necessidade de uma delimitação rigorosa dos limites da sua actuação e, simultaneamente, da exigência (que não exactamente da necessidade) de promoção de um regime que propicie um equilíbrio e justifique a maior rigidez e exigência do sistema de cessação da relação laboral por iniciativa do empregador no período subsequente à experiência. Adiante, a propósito do regime da cessação do contrato de trabalho durante o período experimental, voltaremos ao ponto de modo mais detido.

Para já, e em suma, acentue-se a ideia de que o objecto da experiência se acha delimitado pela actuação de um critério geral que, apontando para que a valoração pressuposta na actuação do instituto se reporte aos termos fundamentais do modo de prestação da actividade, não desconsidera a circunstância de que tal referência abrange todo o conjunto ou complexo de circunstâncias *envolvente* à prestação dessa actividade, designadamente no que respeita à integração e conjugação do desenvolvimento dessa relação laboral no seio da organização empresarial.

114 *Do Período Experimental no Contrato de Trabalho*

3. Breves notas sobre o período experimental no contrato de trabalho em regime de comissão de serviço. O novo regime do artigo 109.º do Código do Trabalho

O regime da comissão de serviço – que encontra hoje a sua sede legal nos artigos 244.º e seguintes do Código – constitui, como se sabe, um modelo específico de prestação de trabalho subordinado que, na expressão de MARIA IRENE GOMES, se traduz "(...) numa *cláusula acessória aposta a um contrato de trabalho pela qual o exercício de um tipo específico de funções pode cessar, a todo o tempo, por manifestação da vontade de qualquer uma das partes*"[195]/[196].

No âmbito do regime da comissão de serviço, e como resulta da análise da disciplina constante dos preceitos aludidos, é possível identificar duas modalidades, cuja destrinça se estabelece com apelo às

---

[195] MARIA IRENE GOMES, «A Comissão de Serviço» in *A Reforma do Código do Trabalho*, *cit.*, p. 366. Também já em análise ao novo regime do Código do Trabalho, *vd.*, da mesma Autora, «Principais aspectos do regime jurídico do trabalho exercido em comissão de serviço», *Estudos de Homenagem ao Professor Manuel Alonso Olea*, Almedina, Coimbra, 2004, pp. 251 ss.. Em geral, sobre o contrato de trabalho em regime de comissão de serviço *vd.*, designadamente e para além do artigo citado, MARIA IRENE GOMES, *A Comissão de Serviço no Direito do trabalho*, Coimbra, 2000, (dissertação de mestrado ainda não publicada), bem como as anotações de LUÍS MIGUEL MONTEIRO aos arts. 244.º e ss. *in Código do Trabalho Anotado*, *cit.*, pp. 436 e ss. e bibliografia aí citada. Cfr. ainda, no quadro do direito anterior, ROMANO MARTINEZ, *Direito do Trabalho*, *ob. cit.*, pp. 640 ss.

[196] Referimo-nos já incidentalmente a tal regime jurídico quando se procurou sublinhar, designadamente por via da análise de uma das duas modalidades em que a prestação de uma actividade em regime de comissão de serviço é admitida (comissão de serviço *interna* ou *em sentido técnico*), aquela que, em nosso entender, deve ser a distinção a operar entre o fenómeno, verdadeiro e próprio, de experiência de uma relação jurídica laboral e as hipóteses em que, no âmbito de uma modificação do objecto de certo vínculo contratual, designadamente no que concerne às funções desempenhadas pelo trabalhador, se permite que tal alteração ocorra apenas mediante a prévia verificação do desempenho das novas funções pelo trabalhador. A estas hipóteses – que designámos como de *períodos probatórios em funções* – se reconheceu a susceptibilidade de assumirem diversa configuração e nomenclatura. Ora, um dos possíveis exemplos de *provimentos provisórios* foi encontrado, justamente, na referência à hipótese de acordo quanto a uma comissão de serviço *enxertada* numa relação jurídica laboral preexistente, hipótese cuja análise relegámos para momento posterior, que agora é chegado, a propósito das inovações introduzidas pelo CT na regulamentação da relação entre o período experimental e o regime jurídico da comissão de serviço. Cfr. *supra*, Parte I, 3.2. e bibliografia aí indicada.

Parte II – Relação de Trabalho e Período Experimental   115

designações de comissão de serviço *interna* ou *em sentido técnico* – que se reporta ou inscreve no âmbito de uma relação jurídico-laboral anterior – e comissão de serviço *externa* ou *em sentido amplo* – traduzida no vínculo laboral sujeito *ab initio* a tal regime jurídico específico.

Questionar-se-á porventura, e atendendo designadamente à especificidade de tal regime, da razão pela qual se procura atentar neste ponto. A resposta a tal questão resultará clara se se atentar na circunstância de que o legislador, no âmbito da regulamentação geral do instituto que nos ocupa, entendeu conveniente introduzir uma disposição relativa à actuação do período experimental nos contratos de trabalho em regime de comissão de serviço[197]. Merece assim especial atenção a disciplina introduzida pelo artigo 109.º do Código do Trabalho, que vem agora regular expressamente a admissibilidade de actuação do instituto do período experimental no âmbito da comissão de serviço.

Estabelece, de facto, o n.º 1 daquele preceito que, *nos contratos em comissão de serviço, a existência de período experimental depende de estipulação expressa no respectivo acordo*, acrescentando-se, no n.º 2, que *o período experimental não pode, nestes casos, exceder cento e oitenta dias*. O legislador parece assim ter pretendido esclarecer as dúvidas que, face ao silêncio do anterior regime jurídico da comissão de serviço, se colocavam quanto à admissibilidade da existência de um período experimental em tais hipóteses[198]. Do preceito citado resulta indubitavelmente a admissibilidade da actuação do período experimental no âmbito da comissão de serviço, conclusão que se retira da consagração de uma solução de base convencional e da prescrição de um *tecto máximo* quanto à duração da experiência[199/200].

---

[197] Por outro lado, e como se salientou de início, optou-se, quanto à metodologia da exposição, por limitar as referências aos regimes laborais especiais à estrita medida em que permitam esclarecer o sentido atribuído ao desenho geral do instituto, o que, como se verá em seguida, julgamos acontecer nesta referência.

[198] Referindo-se expressamente a esta questão, JÚLIO GOMES, «Do uso e abuso...», *cit.*, p. 250, em sentido que, se bem entendemos o pensamento do Autor, corresponde já à orientação que, a nosso ver, deve resultar da interpretação da disposição vigente.

[199] Questão que, face ao regime anterior, admitindo-se a aplicabilidade do regime da experiência no âmbito da comissão de serviço, seria certamente objecto de dúvida, mormente quanto à duração do período experimental nas hipóteses em que as funções exercidas em regime de comissão de serviço fossem susceptíveis de enquadramento na referência ao *pessoal de direcção e quadros superiores*, prevista no artigo 55.º da

Muito embora seja de aplaudir o esforço no sentido da clarificação desta questão, os termos em que esta se acha ajustada parecem suscitar novas e sérias dúvidas no que concerne à sua articulação, quer do ponto de vista conceitual, quer do ponto de vista prático, com o próprio regime da comissão de serviço – previsto nos já referidos arts. 244.º e seguintes do Código – *maxime* no que concerne à modalidade de comissão de serviço dita *interna ou em sentido técnico*.

De facto, se parece indubitável a admissibilidade do acordo quanto à existência de um período experimental nas hipóteses em que é o contrato é originariamente celebrado com sujeição ao regime da comissão de serviço, já não se afigura tão clara ou indiscutível a aplicação de um tal regime jurídico às referidas comissões de serviço internas. Ali, ao contrário do que se verifica nestas últimas, trata-se de uma hipótese de constituição de uma relação jurídica laboral, em que a circunstância da sua sujeição a este regime particular em nada contraria ou dificulta a admissibilidade do acordo dos contraentes quanto à existência de um período de experiência de tal relação, aplicando-se-lhe, como decorre da solução adoptada no artigo 109.º, o regime jurídico geral do instituto.

Diversamente, na hipótese da comissão de serviço interna ou em sentido técnico, achamo-nos perante uma situação em que a experiência *hoc sensu*, se destina a uma verificação de âmbito manifestamente mais restrito do que aquele que resulta abrangido pelo âmbito de actuação do instituto. Na verdade, não é possível, em nosso entender, desconsiderar a circunstância de que em tais hipóteses nos achamos perante uma relação laboral preexistente, na qual a comissão de serviço se *enxerta*[201],

---

LCCT. O legislador dissipa agora qualquer dúvida a este propósito, ao estabelecer o mencionado limite máximo de duração do período experimental acordado no quadro deste regime em cento e oitenta dias, aproximando, ao que parece, a referência às *funções de confiança* contida na al. b) do artigo 107.º CT ao conceito de *especial relação de confiança*, pressuposto característico das funções susceptíveis de exercício ao abrigo do regime da comissão de serviço, nos termos do artigo 244.º CT.

[200] Note-se, contudo, que, muito embora o conteúdo essencial do artigo 109.º CT resulte já do Anteprojecto do Código, a aludida duração máxima permitida pelo n.º 2 da correspondente disposição (artigo 108.º do Anteprojecto) era de noventa dias e não, como viria a resultar da respectiva proposta de lei e como prescreve a disposição actualmente em vigor, de cento e oitenta dias.

[201] A referência, não sendo rigorosa, será contudo sugestiva para ilustrar aquela que é a realidade subjacente a tal modalidade de comissão de serviço.

Parte II – Relação de Trabalho e Período Experimental 117

verificando-se os pressupostos e requisitos de que a lei faz depender a aplicação de tal regime. Neste sentido, e justamente porque a relação jurídica de base e o conhecimento que resulta do seu desenvolvimento assumem relevância não despicienda, se compreende, em caso de cessação da comissão de serviço, a garantia da manutenção da *posição jurídica* propiciada pela relação laboral primitiva ou, na expressão do actual artigo 247.º n.º 1 al. a), o direito do trabalhador a, cessando a comissão de serviço, *exercer a actividade desempenhada antes da comissão de serviço ou as funções correspondentes à categoria a que entretanto tenha sido promovido.*

Assim, e em bom rigor, não parece poder falar-se de período experimental a propósito de tais hipóteses de comissão de serviço *supervenientes* (e na dependência de uma relação laboral anterior). Por um lado, o objecto de tal *experiência* não coincide com aquele que, a nosso ver, é o âmbito de actuação do instituto do período experimental – que, não tendo havido acordo em contrário, terá já tido lugar aquando da execução inicial da relação laboral *de base*. Por outro, e da análise do preceito, não parece poder afirmar-se, ao menos sem hesitações, que a intenção do legislador tenha sido a de estender sem mais o regime do período experimental à comissão de serviço. Nesse sentido, parece, a necessária adaptação do regime do período experimental à comissão de serviço interna, não deixaria de fazer notar a *descaracterização* da fisionomia do instituto que daí resultaria.

Assim, e em síntese, afiguram-se-nos válidas as considerações que, a propósito da delimitação do instituto que nos ocupa e do seu confronto com figuras próximas, procurámos explanar em torno da distinção entre o período experimental *de uma relação jurídica laboral* e o que designámos por *períodos probatórios em funções* ou *provimentos provisórios* no quadro de uma modificação da prestação que, a par da retribuição, constitui o objecto do contrato de trabalho.

CAPÍTULO III

DURAÇÃO E DECURSO DO PERÍODO EXPERIMENTAL

1. Duração do período experimental

Logo nas considerações preliminares, a propósito da caracterização do instituto, salientou-se a circunstância de o período experimental encontrar numa necessária delimitação temporal um dos seus traços fundamentais[202]. Referiu-se também que da acentuação da dimensão temporal do período experimental se retiravam uma série de outras ilações quanto ao traçado típico do instituto[203].

Pois bem. Não perdendo de vista tudo quanto se procurou acentuar nessas considerações iniciais, é chegado o momento de concentrar a atenção na análise das questões que se colocam no que respeita ao regime jurídico da duração do período experimental[204].

Assim, e uma vez fixados os termos fundamentais em que se analisa esse regime jurídico, haverá oportunidade de introduzir também uma referência , ainda que sumária, à questão da admissibilidade de alteração convencional ao regime legal de duração da experiência, bem como aos

---

[202] Delimitação temporal que, como se referiu, se analisa em duas vertentes distintas. Por um lado, na relevância de certo momento temporal específico na realização da experiência; por outro, no carácter transitório ou temporário da actuação do instituto, determinado pelo próprio objecto do período experimental – Cfr. *supra*, Título I, 2.1. É sobretudo nesta segunda vertente que se analisam as questões relativas à duração do período experimental e que se procurarão analisar ao longo deste número.

[203] Cfr. *supra*, Título I, 2.1.

[204] Análise que assume importância acrescida, atendendo às sensíveis alterações que, como se verá, o Código do Trabalho veio introduzir no tratamento das questões relativas à duração do período experimental.

120 *Do Período Experimental no Contrato de Trabalho*

critérios de determinação dos prazos e respectivo cômputo, terminando com uma alusão à necessária articulação entre o decurso do período experimental e as actividades de formação enquadradas na fase inicial de execução do contrato de trabalho – matéria em que o Código veio também introduzir inovações.

Assim explanada a sequência da exposição, seguimos de imediato para uma referência ao enquadramento legal desta relevantíssima vertente da análise do instituto.

1.1. *Regime legal de duração do período experimental*

I. Como é sabido, o Código do Trabalho, na esteira da legislação anterior, não estabelece um prazo único e uniforme de duração do período experimental, antes determinando a sua diferenciação consoante vários critérios que procura explicitar, *maxime* nos artigos 107.º e 108.º, respectivamente no que concerne ao contrato de trabalho por tempo indeterminado e à contratação a termo[205/206]. Nesse sentido, importa começar por apurar que critérios presidem a tal diferenciação e, por conseguinte, que razões poderão justificar a sua adopção.

Assim, e desde logo, o primeiro critério de diferenciação dos prazos de duração do período experimental relaciona-se com a respectiva duração do contrato de trabalho em causa. De facto, os preceitos citados começam por introduzir uma distinção baseada na circunstância de se tratar de um contrato de trabalho por tempo indeterminado ou, pelo contrário, de um contrato de trabalho a termo. Na primeira hipótese, regerá o regime constante do apontado artigo 107.º; diversamente, no caso de um contrato a termo, aplicar-se-á o disposto no artigo 108.º do Código do Trabalho. Acentue-se, porém, que a afirmação de um tal critério de delimitação, nas suas aparentes evidência e simplicidade, não é todavia incontestada e, ao abrigo do regime anterior, chegou inclusivamente a ser objecto de certa

---

[205] Aliás, é este, como veremos já de seguida, o primeiro grande critério de diferenciação no que se refere à determinação da duração do período experimental.

[206] Complementados pelo disposto no n.º 2 do artigo 109.º sobre duração do período experimental nos contratos de trabalho em regime de comissão de serviço, matéria de que nos ocuparemos aquando da referência específica que se fará ao regime jurídico do período experimental nesse domínio. Cfr. *infra*.

Parte II – Relação de Trabalho e Período Experimental 121

controvérsia[207]. A verdade, porém, é que face à redacção actual dos referidos preceitos parece não haver margem para dúvidas quanto à intenção do legislador em estabelecer uma diferenciação quanto à duração da experiência em razão da própria durabilidade do contrato de trabalho em causa[208].

II. Por outro lado, para lá dessa primeira linha de diferenciação e já no âmbito de cada um dos distintos domínios referenciados, estabelecem-se também diversos critérios de diferenciação da duração do período experimental.

Fixemo-nos, para já, na disciplina traçada pelo artigo 107.º para os contratos de trabalho por tempo indeterminado – onde se afiguram mais sensíveis as modificações introduzidas pelo Código em relação ao regime legal anterior – começando por salientar os traços principais desse regime.

---

[207] Neste sentido, *vd.* ALBINO MENDES BAPTISTA, «A Duração do Período Experimental nos Contratos a Termo», *Prontuário de Direito do Trabalho*, n.º 55, Centro de Estudos Judiciários, Lisboa, 1998, pp. 57 ss. Escrevendo ao tempo da vigência da LCCT, sustentava este Autor que a expressão «salvo acordo em contrário», utilizada no artigo 43.º daquele diploma, abrangeria a hipótese de um acordo de alargamento dos prazos de duração aí fixados para o período experimental nos contratos a termo. O Autor reitera este entendimento em anotação ao Acórdão da Relação de Lisboa de 20 de Março de 1996, *in Jurisprudência do Trabalho Anotada*, 3.ª ed. (reimpressão), Quid Juris Edit., Lisboa, 2000, pp. 350 e ss. Sem prejuízo de ulteriores desenvolvimentos, acentue-se desde já que, a nosso ver, tal entendimento não parece poder ser acolhido face ao regime vigente, tal como, aliás, já no quadro do anterior regime.

[208] De facto, ultrapassando qualquer dúvida que a redacção das respectivas disposições do regime da LCCT pudessem porventura suscitar – ainda que, como se salientou, não parece que mesmo face à redacção, sob muitos aspectos criticável, dos preceitos daquele diploma, fosse defensável que o legislador não tivesse pretendido introduzir tal critério de diferenciação dos prazos de duração da experiência – vêm agora os artigos 107.º e 108.º do Código do Trabalho assinalar – respectivamente sob as epígrafes *contratos por tempo indeterminado* e *contratos a termo* – que a circunstância de nos acharmos perante uma ou outra hipótese determina, quanto à duração do período experimental, um regime jurídico diverso, assente também internamente em critérios distintivos próprios. Assim, e como se verá, enquanto na contratação por tempo indeterminado, a diferenciação de prazos resulta sobretudo de um critério *qualitativo* – atinente às funções desempenhadas – diversamente, na contratação a termo, a distinta duração da experiência assenta directamente na própria duração do vínculo.

O preceito em análise começa por estabelecer – na sua alínea a) – que o período experimental tem a duração de *noventa dias para a generalidade dos trabalhadores*.

Esta indicação comporta, no confronto com o regime anterior[209], uma dupla novidade. Por um lado, elimina-se a anterior diferenciação do prazo mínimo legal de duração do período experimental assente na dimensão da empresa[210]; por outro, toma-se o prazo estabelecido anteriormente para as *empresas de 20 ou menos trabalhadores*, elevando-o agora a prazo mínimo legal único[211]. Temos assim, portanto, que a duração mínima legal do período experimental é agora de noventa dias, independentemente da dimensão da empresa. Poderá contudo questionar-

---

[209] Que constava, correspondentemente, do artigo 55.º, n.º 2 alínea a) da LCCT.

[210] Dispunha a referida alínea a) do n.º 2 do artigo 55.º da LCCT que o período experimental teria a duração de *60 dias para a generalidade dos trabalhadores ou, se a empresa tiver 20 ou menos trabalhadores, 90 dias*.

Este critério *quantitativo* de delimitação do prazo de duração da experiência, que não constava da redacção inicial da disposição, foi introduzido por via do já citado artigo 1.º do Decreto-Lei n.º 403/91, de 16 de Outubro.

Tratava-se de um critério que suscitou, à época da sua introdução, séria contestação, tendo sido, neste aspecto particular, objecto de apreciação pelo Tribunal Constitucional – Ac. TC n.º 64/91, de 4 de Abril. Este tribunal viria a pronunciar-se pela constitucionalidade de tal solução, com uma argumentação que não deixa, contudo, de colocar dúvidas. Nesse sentido, é interessante a leitura das declarações de voto publicadas em conjunto com o texto do aresto.

Aliás, a diferenciação dos prazos de duração do período experimental em função da dimensão da empresa não é questão discutida apenas em Portugal. Veja-se, por exemplo, o que se verifica na vizinha Espanha, a propósito de um alargamento do prazo – de dois para três meses – estabelecido na parte final do primeiro parágrafo do n.º 1 do artigo 14.º do ET, para *técnicos no titulados* nas empresas com menos de vinte e cinco trabalhadores. Sobre o ponto, *vd.*, por todos, MONTOYA MELGAR/GALIANA MORENO/SEMPERE NAVARRO/RÍOS SALMERÓN, *Comentarios al Estatuto de los Trabajadores, ob. cit.*, onde se pode ler, p. 108:

«Uma regra adicional estabelece (...) um [prazo] máximo de três meses, não de dois, para os trabalhadores que não sejam *tecnicos titulados*, sempre que trabalhem em empresas pequenas, circunstância esta que leva o legislador à decisão de ampliar o período de experiência, pensando seguramente – ainda que não se veja muito bem o fundamento – que a 'experimentação' em que consiste a experiência requer mais tempo na empresa pequena que na grande.» (Tradução nossa.)

[211] Não esquecendo, evidentemente, que o n.º 1 do artigo 110.º admite a redução do prazo de duração do período experimental por instrumento de regulamentação colectiva de trabalho ou convenção das partes.

Parte II – Relação de Trabalho e Período Experimental 123

se do motivo que terá justificado o alargamento de tal prazo mínimo legal dos anteriores sessenta dias (salvo tratando-se de empresa com menos de 20 trabalhadores) para os actuais 90 dias[212]/[213]. De todo o modo, sempre poderá haver lugar a uma diminuição do referido prazo legal, quer, como se sabe, por via de instrumento de regulamentação colectiva de trabalho, quer por convenção das partes nesse sentido[214].

Estabelecida aquela que é a duração mínima legal do período experimental, segue o artigo 107.º, nas suas alíneas b) e c), introduzindo uma nova linha de diferenciação da duração da experiência. Trata-se aqui de um verdadeiro critério *qualitativo* de determinação do prazo aplicável, assente no tipo de funções exercidas pelo trabalhador.

Assim, e de acordo com a alínea b) do artigo 107.º, terá uma duração de cento e oitenta dias o período experimental que respeite a *trabalhadores que exerçam cargos de complexidade técnica, elevado grau de responsabilidade ou que pressuponham uma especial qualificação, bem como para os que desempenhem funções de confiança.* Por seu turno, a alínea c) da mesma disposição estende a duzentos e quarenta dias a duração do período experimental de *pessoal de direcção e quadros superiores.*

As novidades nesta área, designadamente no confronto com o anterior regime legal, não se prendem agora com a duração do período experimental – que se mantém inalterada em relação aos correspondentes

---

[212] Na Exposição de Motivos do diploma que procede à aprovação do Código apenas se referencia, no ponto 3.4. – IV alínea d), a par de outras alterações, a *supressão da diferente duração do período experimental em função do número de trabalhadores da empresa*, nada se acrescentando quanto aos motivos que determinaram a opção pelo prazo de noventa dias.

[213] Parece confirmar-se aqui a ideia de JÚLIO GOMES, «Do uso e abuso do período experimental», *cit.*, p. 49, que, escrevendo sobre a evolução histórica do instituto, a descrevia em geral como «(...) um movimento de constante expansão do período experimental».

Tal *movimento de expansão*, não obstante, parece respeitar sobretudo aos *generosos* prazos de duração do período experimental no nosso sistema. Já no que concerne, em geral, à tutela da posição do trabalhador durante a realização da experiência, a evolução legal – e também doutrinária e jurisprudencial – no tratamento desta questão parece vir evoluindo no sentido da consolidação de um enquadramento tutelar da situação de *fragilidade* (ou, se se preferir, de precariedade) em que frequentemente, e do ponto de vista prático, se encontra tal contraente. Cfr. *infra*, Tít. III.

[214] Cit. artigo 110.º - n.º 1.

124 *Do Período Experimental no Contrato de Trabalho*

preceitos do diploma anterior[215] – mas sim com a própria definição ou caracterização das funções abrangidas na duração estabelecida pela aludida alínea b) do artigo 107.º do Código.

De facto, e de acordo com o preceituado no regime da LCCT, encontravam-se sujeitos a um período experimental de cento e oitenta dias os trabalhadores que exercessem *cargos de complexidade técnica, elevado grau de responsabilidade ou funções de confiança*. Ora, no confronto com a correspondente disposição do regime vigente resulta evidente o propósito de clarificação do sentido do preceito quanto ao tipo de actividade que se procura delimitar[216]. A questão, já suscitada no âmbito do anterior preceito, prende-se com a integração, face aos casos concretos, dos conceitos aí empregues; ou, dito de outro modo, resultam evidentes as dificuldades de determinação em concreto de critérios que apelam, como se vê, para o preenchimento de conceitos relativamente indeterminados, como é o caso da *complexidade técnica*, do *elevado grau de responsabilidade*. Menos problemáticas, por seu turno, embora também não isentas de dúvida, parecem ser as referências à *especial qualificação* e às *funções de confiança*. Em suma, a que realidades concretas se procurou ater o legislador na fixação de uma tal duração da experiência?

Independentemente das hesitações apontadas – e que, em geral, apenas poderão resolver-se na análise e verificação casuística do preenchimento de tais conceitos – um dado parece, todavia, indiscutível. A alteração de redacção do preceito em relação ao regime precedente procurou, face às dúvidas que se foram colocando, estabelecer uma delimitação mais clara e precisa das realidades susceptíveis de enquadramento naquela disposição.

Face à delimitação operada pela alínea b) do artigo 107.º resulta relativamente facilitada a análise do regime traçado pela alínea c) daquele preceito.

---

[215] Respectivamente, as alíneas b) e c) do n.º 2 do artigo 55.º da LCCT.

[216] Muitas foram, na verdade, as dúvidas suscitadas na determinação das hipóteses abrangidas na delimitação legal. Vejam-se, a título de exemplo, os seguintes arestos: Ac. RL de 12 de Janeiro de 1981, *BMJ*, n.º 309, p. 394, Ac. RL de 1 de Junho de 1981, *BMJ*, n.º 313, p. 353, Ac. RL 14 de Janeiro de 1984, *CJ*, 1984, T. V, p. 203, Ac. STJ de 25 de Fevereiro de 1987, *AcD*, n.º 310, p. 1341, Ac. RL 15 de Junho de 1994, *CJ*, 1994, T. III, p. 177, Ac. RE de 14 de Maio de 1996, BMJ, n.º 457, p. 464, Ac. RP de 24 de Fevereiro de 1997, *CJ*, 1997, T. 1, p. 278 e, mais recentemente, Ac. RP de 15 de Abril de 2002, *CJ*, 2002, T. II, p. 254.

Parte II – Relação de Trabalho e Período Experimental

Aí se determina que, *para pessoal de direcção e quadros superiores*, o período experimental poderá ter uma duração de (ou até) duzentos e quarenta dias, sendo este o limite máximo – bastante amplo, note-se[217] – de duração do período experimental no ordenamento jurídico português.

Estarão assim abrangidos pela referida duração máxima os trabalhadores contratados para o exercício de funções de direcção – conceito que, evidentemente, toma um sentido diverso daquele em que surge referido noutras áreas do ordenamento[218]. Assim se compreende também a referência aos chamados *quadros superiores*.

---

[217] Trata-se, na realidade, de um prazo máximo muito amplo, em especial no confronto com os limites máximos traçados pela generalidade dos ordenamentos jurídicos que nos são mais ou menos próximos, não obstante as radicais diferenças na técnica de regulamentação do instituto e dos modos concretos de fixação da duração do período experimental, em particular dos seus limites máximos. A título de exemplo, refira-se o tratamento da questão no ordenamento jurídico italiano, onde, embora não se encontre uma limitação legal da duração máxima do período experimental, a doutrina vem salientando que a fixação – discute-se se apenas por meio de estipulação no contrato individual de trabalho ou também por via da contratação colectiva – de um período de prova com duração superior a seis meses não é possível ou, caso se admita, não terá interesse prático uma vez que, de acordo com o artigo 10.º da Lei n.º 604 de 15 de Julho de 1966 (regime jurídico do despedimento), o regime desse diploma – impondo a necessidade de motivação do despedimento – se aplica à generalidade dos trabalhadores (assalariados, empregados e quadros) «(...) no momento em que admissão se torna definitiva e, *em qualquer caso, quando tenham decorrido seis meses do início da relação de trabalho*» (sublinhados e tradução nossas). Neste sentido, entre outros, MASSIMO ROCCELLA, *Manuale di Diritto del Lavoro, ob. cit.*, p. 115, RENATO SCOGNAMILIO, *Manuale di Diritto del Lavoro, ob. cit.*, p. 142, ANTONIO VALLEBONA, *Istituzioni di Diritto del Lavoro – II – Il Rapporto di Lavoro, cit.*, p. 81 e BRIGNONE/RENDINA, *ob. cit.*, p. 32.

Solução similar encontra-se na Alemanha, decorrido o que na doutrina se qualifica de *período de espera*, durante o qual não se aplica o regime resultante da *KSchG* (artigo 1.º).

[218] *Maxime*, no sentido estrito com que se acha referido no âmbito do modelo *monista* de estruturação da administração das sociedades anónimas, previsto e regulado no Código das Sociedades Comerciais. Aliás, a titularidade de funções em órgãos societários é entendida em geral como incompatível com uma titulação assente num contrato individual de trabalho, isto é, com o exercício subordinado de funções.

De facto, a referência a funções de direcção não corresponde ao sentido restrito de exercício de funções no âmbito do órgão social assim designado, no quadro das sociedades anónimas, reportando-se antes a um sentido mais genérico (e mais próximo do sentido comum do termo) de desempenho de funções que envolvem o exercício de poderes *decisórios* no quadro da organização empresarial.

126 *Do Período Experimental no Contrato de Trabalho*

III. A terminar o excurso pelo regime legal de duração do período experimental, importa atentar na disciplina estabelecida pelo já mencionado artigo 108.º do Código, que contempla especificamente a actuação do instituto no âmbito da contratação a termo[219]. Antes, porém, de referir os termos fundamentais em que se analisa o regime vigente, importa começar por salientar que a admissibilidade do recurso ao período experimental no quadro da contratação a termo não é questão incontroversa[220]. A polémica em torno desta questão surge, em especial, do reconhecimento em alguma doutrina de certo nexo entre a relevância jurídica do fenómeno da experiência e o carácter duradouro das relações jurídicas, onde, justamente, o reconhecimento e tutela jurídica de um tal fenómeno lograriam particular justificação. Ora, no que especificamente concerne à experiência juslaboral, é também frequente o apelo a uma argumentação de sentido fundamentalmente idêntico, muito embora, como se viu a propósito da análise do fundamento e funções do instituto, o reconhecimento do período experimental se encontre assente em fundamentos diversos – e bem mais profundos – do que os que resultam do mero apelo à durabilidade do vínculo. Ora, para além do mais que se acentuou, viu-se que o período experimental se esteia num modelo de contrato individual de trabalho caracterizado também pela sua duração indeterminada. Daí não resulta, contudo, que o recurso à experiência resulte justificado no carácter duradouro do vínculo contratual em causa. De facto, o escopo geral da experiência – de verificação e valoração da compatibilidade entre o desenvolvimento de certo programa contratual acordado e os interesses e expectativas dos contraentes na sua celebração – não se ampara na maior ou menor duração do vínculo contratual em causa mas sim na sua adequação ao fim pretendido pelos contraentes com a sua celebração. O interesse na averiguação de uma tal relação de adequação não se relaciona assim, como se compreende, com o carácter duradouro ou não do contrato em causa[221/222].

---

[219] Matéria que, como houve oportunidade de referir, se acha especificamente regulada nos arts 127.º ss. do Código do Trabalho.

[220] Aliás, segundo certos regimes legais anteriores – cfr. *supra*, PARTE I, n.º 4, a experiência era inadmissível quanto aos trabalhadores *adventícios*.

[221] O que não significa, evidentemente, que a actuação do período experimental adquira particular acuidade e interesse num contrato de trabalho por tempo indeterminado, onde o carácter previsivelmente duradouro da relação laboral que aí se estabelece – e, em

Parte II – Relação de Trabalho e Período Experimental   127

A conclusão precedente não invalida, contudo, que no que concerne ao sistema adoptado na legislação portuguesa – quer anterior, quer do que decorre agora do Código do Trabalho – não sejam ponderosas as objecções que se podem dirigir à consagração da vigência de um período experimental *ope legis*, genericamente aplicável à contratação a termo, certo ou incerto, salvo convenção das partes no sentido da sua exclusão.

De facto, e como se deixou já indiciado a propósito da delimitação do modelo de regulação do instituto adoptado no nosso ordenamento jurídico, a aplicação do modelo de período experimental *ex lege*, se ainda poderá encontrar alguma justificação no que respeita ao regime geral do contrato individual de trabalho[223]/[224], parece todavia dificilmente

---

especial, o regime limitativo da cessação do contrato por iniciativa do empregador após o decurso da experiência – torna particularmente apelativo e proeminente o recurso às faculdades permitidas pela actuação do instituto. Nesse sentido, parece seguir a sugestiva expressão utilizada no Ac. RL de 15 de Junho de 1994, *CJ*, 1994, T. III, p. 177, caracterizando este instituto como um período de *quarentena contratual*.

[222] Trata-se, aliás, de questão também tratada pela doutrina estrangeira, muito embora em termos um tanto ou quanto diversos daqueles em que o problema se coloca entre nós. Assim, e em termos gerais, tratando-se de sistemas cuja actuação do instituto assenta em convenção individual ou na sua previsão em instrumento de regulamentação colectiva (com ou sem necessidade de expressa convenção individual), a possibilidade de actuação do período experimental no âmbito da contratação a termo é analisada fundamentalmente na perspectiva da admissibilidade da convenção quanto à sua existência. A doutrina maioritária tende a admitir o período experimental na contratação a termo, muito embora numa postura crítica e assumindo tais hipóteses como residuais e de certo modo, dir-se-á, como que *anómalas* face ao campo ou âmbito *natural* de aplicação. Assim, em Espanha e em Itália. Já na Alemanha, e como se salientou, a experiência constitui em si mesmo fundamento legal para a celebração de um contrato a termo certo, nos termos do § 14 da recente Lei do Trabalho a tempo Parcial e da Contratação a Termo, o que constitui hipótese diversa da que vimos analisando. A generalidade da doutrina alemã desconsidera, em razão das especificidades próprias do respectivo regime jurídico, a hipótese do período experimental na contratação a termo fora dos casos em que a experiência constitui, como se viu, fundamento para a celebração de um contrato a termo certo (*befristete Arbeitsverhältnisses*). As referências ao período experimental enquanto fase contratual (*Probezeit*) reportam-se à sua actuação no âmbito de um contrato de trabalho por tempo indeterminado (*unbefristete Arbeitsverhältnisses*). Nesse sentido, *vd.*, por exemplo, ainda antes da entrada em vigor da TeilzeitG, FREITAG, *ob. cit.*, pp. 16 ss. Mais recentes – posteriores à entrada em vigor daquele diploma e da reforma do BGB – PREIS/KLIEMT/ULRICH, *ob. cit.*, pp. 78 ss., DÜTZ, *ob. cit.*, p. 65 e SCHAUB, *ob. cit.*, pp. 325 ss.

[223] Pretende-se salientar, como é decerto sabido e se subentende do texto, que o legislador português toma, como paradigma da relação de trabalho subordinado, o modelo

compreensível quando referida à contratação a termo[225]. E menos compreensível ainda se torna quando, no que respeita ao contrato de trabalho em regime de comissão de serviço, o legislador estabeleceu um sistema em que a existência de um período experimental dependerá de expressa convenção das partes nesse sentido. Ora, o argumento – frágil, é certo, mas eventualmente susceptível de ser aduzido – de que assim se lograria um sistema unitário e uniforme de regulamentação do período experimental, parece ficar agora – se é que não ficava já anteriormente – seriamente comprometido. E nem a circunstância de no âmbito da comissão de serviço nos acharmos perante um regime especial, parece auxiliar à defesa de um sistema fundamentado nessa pretensa unidade de regulamentação. Se se atentar no regime da contratação a termo – e, em particular, nos moldes traçados pelos arts. 128.º e ss. do Código – não parece haver margem para dúvidas quanto à preferência do legislador pelo modelo da contratação por tempo indeterminado, configurando o regime da contratação a termo como forma excepcional de prestação de uma actividade por conta de outrem.

Ora, se assim é, não se compreende porque motivo não se aproveitou a oportunidade propiciada pela introdução de um novo regime jurídico para afinar este concreto ponto da regulamentação, adoptando uma solução de base convencional para as hipóteses de período experimental na contratação a termo. Poderá, porventura, alegar-se – ainda que tal

---

do contrato por tempo indeterminado, configurando a contratação a termo como regime excepcional, dependente da verificação de certo condicionalismo substancial – que se traduz, em síntese, na verificação, como condição da validade do recurso a este modelo de contratação, de uma situação de *satisfação de necessidades temporárias da empresa e pelo período estritamente necessário à satisfação dessas necessidades*, conforme se preceitua no n.º 1 do artigo 129.º CT – a par da observância de um conjunto de requisitos formais, necessários à válida aposição do termo e entre os quais avulta, como se sabe, a sujeição a forma escrita, para além de um conjunto de outras menções, exigidas pelo artigo 131.º, sob a epígrafe *formalidades*.

[224] Cfr. o que se referiu *supra*, neste Título, Cap. I.

[225] No mesmo sentido, refere Monteiro Fernandes, *Direito do Trabalho*, *cit.*, p. 324:

"(...) afigura-se difícil entender a posição do legislador enquanto *generalizada* aos contratos a termo, independentemente da extensão deste: alguns desses vínculos podem até durar menos de quinze dias, outros terão vigência tão curta que a existência daquele período de prova será, na prática, claramente aberrante".

Parte II – Relação de Trabalho e Período Experimental 129

argumento se afigure discutível[226] – que o carácter diminuto dos prazos de duração do período experimental nestas hipóteses não traz prejuízos de maior e poderá até contribuir para expurgar vínculos manifestamente desadequados ao circunstancialismo de tal contratação. A verdade, porém, é que – atendendo para mais ao regime particularmente exigente no que concerne ao formalismo da contratação a termo – não se compreende nem se consegue, em nosso entender, observar qualquer vantagem na manutenção da solução de generalização do período experimental na contratação a termo quando uma solução de natureza convencional parece afigurar-se bem mais adequada a estas hipóteses. *De iure condendo*, o sistema relativo à actuação do instituto em sede de contratação a termo deveria passar, a nosso ver, pela adopção de uma solução de base convencional. Não foi essa, porém, *de iure condito*, a solução abraçada pelo legislador, pelo que importa referenciar os termos em que se acha estabelecido o regime de duração do período experimental no âmbito da contratação a termo e que, como se referiu, decorre do artigo 108.º do Código do Trabalho.

Ora, sem prejuízo das indicações gerais já referenciadas no que respeita ao modelo de regulamentação adoptado, deve começar por salientar-se o esforço do legislador no sentido da clarificação de um regime que, face à deficiente redacção do correspondente preceito anterior[227], gerou interpretações divergentes e sérias reservas quanto aos termos práticos da sua aplicação. Vejamos.

O artigo 108.º do Código, à semelhança da disposição que o antecedeu, assenta num critério *quantitativo*, isto é, a diferenciação que estabelece toma em consideração, para efeitos de determinação dos prazos de duração da experiência na contratação a termo, a duração do próprio contrato.

---

[226] Cfr. nota anterior e o que se dirá *infra*, a propósito da análise da duração do período experimental nos contratos a termo com duração inferior a seis meses.

[227] Dispunha o já aludido artigo 43.º da LCCT:

1. Salvo acordo em contrário, durante os primeiros trinta dias de execução do contrato a termo qualquer das partes o pode rescindir, sem aviso prévio nem invocação de justa causa, não havendo lugar a qualquer indemnização.

2. O prazo previsto no número anterior é reduzido a quinze dias no caso de contrato com prazo não superior a seis meses e no caso de contratos a termo incerto cuja duração se preveja não vir a ser superior àquele limite.

130   *Do Período Experimental no Contrato de Trabalho*

Assim, e nos termos da al. a) daquela disposição, tratando-se de contrato a termo[228] de duração igual ou superior a seis meses, o período experimental será de trinta dias. Diversamente, tratando-se de contrato a termo certo de duração inferior a seis meses ou de contrato a termo incerto *cuja duração se preveja não vir a ser superior àquele limite*, o período experimental será, nos termos da al. b) do mesmo artigo, de quinze dias.

Deve aplaudir-se desde logo a correcção do modo de redacção do preceito, resultando agora esclarecidas as dúvidas que o teor do preceito anterior suscitava a propósito da determinação do período experimental nos contratos de trabalho a termo certo com seis meses de duração[229].

Por outro lado, parece resultar claramente excluída a hipótese – aventada no âmbito do anterior artigo 43.º da LCCT – segundo a qual a expressão "salvo acordo em contrário", utilizada no n.º 1 daquela disposição, poderia ser interpretada no sentido de permitir a estipulação de um período experimental de duração superior à aí prevista, tendo por base, designadamente, o critério *qualitativo* de diferenciação do período experimental[230]. Nesta linha, seria admissível, por exemplo, que as partes acordassem, num contrato de trabalho a termo certo com a duração de um ano, um período experimental superior aos trinta dias ali estabelecidos – *v.g.*, de sessenta, noventa, cento e oitenta ou mesmo de duzentos e quarenta dias – em função do tipo de actividade a desempenhar pelo traba-lhador ao abrigo de tal contrato. Esta interpretação resulta agora claramente excluída, quer pela clara delimitação dos campos de actuação, respectivamente, dos apontados critérios qualitativo e quantitativo aos contratos de trabalho por tempo indeterminado e à contratação a termo, quer, por outro lado, pelo próprio teor do actual artigo 110.º do Código que determina a exclusão da possibilidade de ampliação da duração do período experimental, reportando-se quer às hipóteses previstas no artigo 107.º, quer àquelas a que se refere o artigo 108.º do diploma[231].

---

[228] O preceito não o referencia explicitamente mas da sua leitura conjugada com o disposto na al. b) resulta que se encontram aqui abrangidos quer os contratos a termo certo, quer os contratos a termo incerto cuja duração se preveja igual ou superior a seis meses.

[229] Sobre o ponto, PEDRO FURTADO MARTINS, *Cessação do Contrato de Trabalho*, *cit.*, p. 205, nota (20).

[230] Neste sentido, ALBINO MENDES BAPTISTA, *cit*, pp. 57-65.

[231] Aliás, em bom rigor, mesmo em face do regime constante da LCCT, tal interpretação suscitava, a nosso ver, sérias reservas.

1.2. Autonomia contratual e regulamentação colectiva no regime de duração do período experimental

Referimo-nos já, ainda que incidentalmente, à questão da admissibilidade da alteração do regime legal de duração do período experimental, quer por via de acordo individual, quer por via de instrumento de regulamentação colectiva de trabalho. Rege fundamentalmente, quanto a este aspecto, a disciplina traçada pelo artigo 110.º do Código, em termos que procuram esclarecer de modo mais claro e preciso, a autonomia consentida em tal modificação do regime legal.

Assim, e desde logo, parece evidente que os prazos legais de duração do período experimental actuam como prazos máximos admissíveis, insusceptíveis, portanto, de ampliação, quer por via de acordo entre os contraentes, quer no âmbito da regulamentação colectiva[232].

Já não assim, porém, no que respeita à admissibilidade de redução, por acordo individual ou por via de norma resultante de instrumento de regulamentação colectiva de trabalho, da duração do período experimental estabelecida nas disposições citadas.

1.3. Determinação do prazo aplicável. Antecipação do termo do período experimental, prorrogação da experiência e período experimental como duração mínima do contrato de trabalho

I. Da exposição anterior resultará já certa percepção quanto ao modo como se há-de determinar, face a certa situação jurídica concreta, o prazo de duração do período experimental.

De facto, e consoante esteja em causa um contrato de trabalho por tempo indeterminado ou uma hipótese de contratação a termo, o critério

---

[232] Trata-se, assim, de uma das hipóteses abrangidas pela parte final do n.º 1 do artigo 4.º CT, ao estabelecer que as normas do Código *podem, sem prejuízo do número seguinte, ser afastadas por instrumento de regulamentação colectiva de trabalho, salvo quando delas resultar o contrário*. Do número 2 desta disposição consta a indicação de, em qualquer caso, as normas do Código *não podem ser afastadas por regulamento de condições mínimas*. Trata-se, sem dúvida, de uma das disposições mais complexas e contestadas no diploma, fruto das alterações que introduziu no sistema das fontes de Direito do trabalho, face ao anterior regime do artigo 13.º, n.º 1 da LCT – também ele, é certo, não isento de críticas.

aplicável na determinação da duração da experiência orientar-se-á, respectivamente, em razão das funções a desempenhar pelo trabalhador ao abrigo de tal contrato ou, diversamente, da delimitação temporal do respectivo vínculo. A determinação da duração do período experimental opera, pois, e no primeiro caso, em obediência a um já apontado critério qualitativo, que resulta particularmente justificado e compreensível em face da própria função jurídico-prática do instituto. Será, assim, em função do objecto contratual delineado pelos contraentes no momento da celebração do contrato que resultará o respectivo enquadramento temporal da *experiência* do vínculo contratual cuja actuação prática se pretende avaliar.

Não já assim no que concerne à contratação a termo, onde a eleição de um critério de natureza quantitativa na delimitação temporal da experiência parece evidenciar as próprias dificuldades do legislador na concretização do sistema que entendeu estabelecer como quadro geral de actuação do período experimental nestas hipóteses. Na verdade, ao consagrar um sistema de período experimental *legal* ou de aplicação genérica à contratação a termo, depara-se o legislador com dificuldades de compatibilização entre a função do instituto do período experimental e o carácter marcadamente transitório e excepcional que se procura imprimir ao regime da contratação a termo. Assentando o reconhecimento e tutela de *interesses experimentais* da relação jurídica laboral numa especial relação com certo paradigma de contratação laboral assumido pelo legislador na sua regulação[233] – paradigma em que assume evidência indiscutível um parâmetro de estabilidade da relação laboral[234] – a aplicabilidade de um sistema experimental *genérico* ou legal (no sentido apontado) à contratação a termo conflitua de modo evidente com o próprio fundamento de tal modelo específico de contratação, onde a nota da precariedade do vínculo se assume como seu traço mais

---

[233] Como se procurou já indiciar e como adiante se tentará explicitar de modo mais detido.

[234] Estabilidade que, como se verá, não se confunde com a *durabilidade* do vínculo, embora a compreenda como um dos seus elementos ou dimanações. De facto, a ideia de estabilidade – subjacente, como adiante se verá em maior detalhe – ao modelo de contratação reconhecido e tutelado pelo legislador português enquanto modelo básico de regulação laboral, assume um sentido bem mais amplo do que o subjacente à vertente da durabilidade do vínculo contratual. Cfr. *infra*.

carregado – precariedade, como se sabe, assente e justificada na necessidade transitória que tal contratação laboral visa satisfazer e assumindo, por isso mesmo, um âmbito de actuação rigorosamente delimitado face àquele que se assume como modelo geral de contratação laboral. Ora, é justamente e a nosso ver, do reconhecimento implícito – ou pelo menos pressentido – desta conflitualidade ou incongruência que resulta o apelo, no âmbito da contratação a termo para um critério quantitativo ou formal de delimitação da duração da experiência de tal relação juslaboral. Do recurso a tal critério resultam – e pese embora o esforço apontado, aquando da análise do respectivo preceito, no sentido da sua clarificação – dificuldades e hesitações evidentes, em especial no que concerne à contratação a termo incerto. Daí que, como se procurou, salientar, *de iure condendo*, a regulamentação do período experimental em tais hipóteses, mesmo com a subsistência de um critério quantitativo de determinação dos prazos aplicáveis, devesse assentar numa solução de base *convencional*, isto é, em que a actuação do instituto se achasse dependente da convenção das partes nesse sentido, facultando-se assim uma averiguação mais precisa e rigorosa – e, consequentemente, particularmente justificada – da actuação do período experimental no quadro da contratação a termo.

De todo o modo – e esta é a nota mais evidente a sublinhar no que concerne a esta questão – qualquer que seja o critério que se encontre em causa, a tarefa da concreta determinação da duração do período experimental achar-se-á em função do *programa contratual* definido pelos contraentes no momento da celebração do contrato de trabalho.

II. Uma questão que desde sempre mereceu certa atenção nos estudos sobre o instituto, e cuja análise resultará certamente facilitada em razão da análise já desenvolvida sobre o regime da duração do período experimental, respeita, em termos gerais, à possibilidade de alteração da duração de uma experiência já em curso. Trata-se, no fundo, de averiguar da admissibilidade do acordo das partes no sentido de, no decurso do período experimental – e considerando os avaliação até aí realizada – considerarem suficiente tal apreciação, assumindo a contratação como definitiva ou, diversamente, entenderem que a apreciação possibilitada pelo desenrolar da experiência se afigura insuficiente para a valoração e decisão sobre a prossecução ou não da relação laboral em causa, pretendo, por isso, prorrogar a sua duração. A questão assume, como se compre-

134   *Do Período Experimental no Contrato de Trabalho*

enderá, um relevo acrescido nos sistemas em que a actuação do instituto se encontra dependente da convenção das partes[235]. Haverá, contudo, que ponderar como se analisam tais hipóteses em face do nosso ordenamento jurídico – que, como se viu, assentando em pressupostos diversos, se assume como particularmente exigente no que respeita ao regime da duração do período experimental. Haverá, por conseguinte, que começar por distinguir as hipóteses referenciadas.

Assim, no que concerne às hipóteses, menos frequentes mas certamente mais problemáticas, de antecipação do termo do período experimental, pareceria não surgir à primeira vista qualquer dúvida quanto à sua admissibilidade[236]. A hesitação quanto a tal solução poderá surgir, contudo, se se tomar em consideração a circunstância de, conforme se viu, a parte final do n.º 1 do artigo 110.º sujeitar o acordo das partes quanto à redução da duração do período experimental a um requisito de forma. Poderá assim colocar-se a questão de saber se os contraentes, no decurso do período experimental, considerando suficiente e positiva a apreciação desenvolvida até determinado momento, poderão considerar *cumprido*

---

[235] Assim, e como vimos referindo, em Espanha e em Itália, respectivamente, arts. 14.º – 1 do ET e 2096.º do *Codice Civile*. Na Alemanha, como se referiu, a actuação do instituto acha-se também na dependência da expressa convenção das partes nesse sentido. Cfr. *supra*.

[236] Menos frequentes, de facto, na medida em que a apreciação positiva dos contraentes quanto ao desenvolvimento da relação de trabalho em causa determinará, tipicamente e na esmagadora maioria dos casos, a pura e simples prossecução de tal relação, não se exigindo em princípio aos contraentes, qualquer manifestação nesse sentido. A manutenção e desenvolvimento do vínculo contratual durante e após o decurso do período experimental patenteará a valoração das partes quanto ao êxito da experiência realizada. Podem, porém, surgir hipóteses – especialmente quando se trate de relações de trabalho em que haja lugar à aplicação, em face das regras expostas, dos prazos mais longos de duração da experiência – em que os contraentes, face ao êxito da experiência realizada, pretendam desde logo assegurar a manutenção de tal relação, asseverando à contraparte o seu interesse em tal manutenção. Serão porventura casos pouco frequentes, em especial em momentos de crise económica, mas perfeitamente concebíveis em hipóteses em que as funções desempenhadas apresentem elevada complexidade técnica ou se traduzam em mercados restritos de *know-how* ou de aptidões *raras*. Pense-se assim, e por exemplo, na hipótese de certo empregador que, agradado com o desempenho do trabalhador admitido, pretender, ainda durante o decurso do período experimental, assegurar a manutenção de tal trabalhador ao serviço da empresa, considerando designadamente que tal propósito poderá funcionar como factor suplementar de estímulo ou motivação do trabalhador para o desempenho da sua actividade.

Parte II – Relação de Trabalho e Período Experimental

o período experimental, assumindo desde logo tal contratação como *definitiva*. Mais ainda, e admitindo tal possibilidade, colocar-se-á a questão de saber se tal acordo se acha sujeito ao referido regime da parte final do n.º 1 do artigo 110.º do Código. Vejamos.

Em princípio, nada parece obstar ao acordo dos contraentes quanto à antecipação do termo do prazo de duração do período experimental. Mas, tratando-se, como se trata de facto, de um acordo quanto à redução da duração do período experimental, parece razoável – e a disposição aludida claramente aponta nesse sentido – exigir-se também aqui a observância, como condição de validade de tal acordo, da forma escrita. A ser assim, porém, uma declaração do empregador, no decurso do período experimental, no sentido da suficiência da experiência realizada ou da sua satisfação com o desempenho do trabalhador, parece não assumir qualquer relevo jurídico, mantendo-se intacta, até ao termo da duração da experiência, a possibilidade de recurso ao regime de cessação do contrato previsto no artigo 105.º do Código. Esta solução, parecendo ser aquela que decorre logicamente do regime legal do instituto, não deixa, contudo, de se afigurar de certo modo chocante face ao dever geral de boa fé e, em particular, face àquele que é modelo de conduta dos contraentes durante este período contratual – particularmente exigente, como vimos – tido em conta pelo legislador. Nesse sentido, uma declaração de tal sentido poderá levantar sérios problemas na hipótese de, posteriormente, e ainda no decurso daquele que é o prazo de duração da experiência concretamente aplicável, o empregador denunciar o contrato de trabalho ao abrigo do regime do artigo 105.º do Código. Muito embora, do ponto de vista formal, a declaração precedente pareça não poder sustentar-se, do ponto de vista da sua validade, no regime decorrente da parte final do n.º 1 do artigo 110.º, a verdade é que tal actuação do empregador e a tutela das correspondentes expectativas (*hoc sensu*) geradas ao trabalhador não parecem poder reputar-se juridicamente irrelevantes. Poderá assim considerar-se que tal actuação do empregador constituirá um *venire contra factum proprium*, susceptível de valoração, designadamente em sede de responsabilização por eventuais danos causados ao trabalhador, podendo eventualmente configurar-se como uma hipótese de denúncia abusiva por parte do empregador. Tratar-se-á, contudo, de uma solução controvertida, que depara certamente com enormes dificuldades do ponto de vista da sua verificação prática, designadamente no que concerne à alegação e prova – cujo ónus impende sobre o trabalhador – dos factos que poderão sustentar tal hipótese[237]. De todo o modo, e se atentarmos no próprio regime legal da denúncia – em especial no que decorre do novo regime de aviso prévio previsto no n.º 2 do citado artigo 105.º do Código – parece poder concluir--se que o legislador demonstra certa preocupação na tutela das expec-tativas que o próprio decurso do período experimental gera, quanto ao tra-balhador, no sentido de ver consolidada a sua posição jurídica no âmbito de tal relação contratual. Adiante, ao analisarmos o regime da denúncia – e, em particular, este novo regime de aviso prévio – procurar-se-á expli-citar de modo mais detido aquela que, a nosso ver, será a *ratio* deste preceito. De todo o modo, e não obstante a validade do acordo das partes quanto à redução do período experimental se achar submetida a um requisito de forma[238], não parecem poder ser desconsideradas, nos termos expostos, certas consequências juridicamente relevantes, decorrentes de hipóteses como a que vimos analisando.

III. Por seu turno, a hipótese de prorrogação da duração do período experimental parece resultar claramente de rejeitar no quadro do nosso sistema. Se a ampliação da duração do período experimental se encontra, como se referiu, *ab initio* excluída (quer por acordo individual, quer mesmo por via de instrumento de regulamentação colectiva de trabalho), por maioria de razão resultará inadmissível em tais casos[239].

IV. Ainda no que concerne ao regime da duração do período experimental, importa considerar uma última hipótese, também objecto de alusão frequente nos estudos sobre o instituto, referente à possibilidade de

---

[237] Trata-se, aliás, de um problema que transcende a hipótese referida em texto e que se reflecte em geral, como se verá, sobre todas as hipóteses configuráveis como denúncia abusiva da relação de trabalho durante o período experimental. Cfr. *infra*.

[238] Solução que, aliás, era já objecto de crítica por parte de alguma doutrina, no âmbito do regime constante da LCCT. Nesse sentido, *vd*. JÚLIO GOMES, «Do uso e abuso do período experimental», *cit*., pp. 41-42.

[239] Solução que não é, porém, absolutamente líquida noutros sistemas, designadamente na Alemanha, onde alguma doutrina discute a possibilidade de acordo das partes quanto à prorrogação de uma situação de experiência, em particular quando a duração inicialmente convencionada seja inferior à permitida pela regulamentação colectiva aplicável. Em tais hipóteses, coloca-se a questão de saber de será admissível o acordo das partes que prorrogue a duração da experiência inicialmente acordada até ao prazo máximo de duração previsto na respectiva regulamentação colectiva.

Parte II – Relação de Trabalho e Período Experimental

acordo no sentido da configuração da experiência como período de duração mínima do contrato. Reportamo-nos agora à admissibilidade da convenção das partes no sentido de que o período experimental funcione como período de vigência mínima do contrato ou, em alternativa, que a decisão sobre a prossecução da relação de trabalho – e, consequentemente, o exercício das faculdades de denúncia inerentes à realização de tal experiência – apenas deva ter lugar após o decurso de certo período de execução do vínculo contratual[240]. Estas hipóteses, já admitidas pela generalidade da doutrina anterior ao Código, parecem agora também claramente abrangidas pela previsão de acordo quanto à modificação do regime da denúncia, nos termos da parte final do n.º 1 do artigo 105.º do Código.

1.4. *Cômputo dos prazos de duração do período experimental*

A análise do regime de duração do período experimental não ficaria completa sem uma referência, ainda que sumária, ao regime do cômputo dos respectivos prazos, limitando por ora as referências nesta sede aos termos fundamentais do regime da contagem dos prazos de duração da experiência, remetendo para momento posterior as necessárias referências ao regime da suspensão do período experimental.

Assim, e sob a epígrafe *contagem do período experimental*, o artigo 106.º do Código começa por estabelecer, na primeira parte do n.º 1 daquela disposição, que *o período experimental começa a contar-se a partir do início da execução da prestação do trabalhador*[241], seguindo-se, na

---

[240] E poderá pensar-se ainda num outro caso, um pouco diverso mas que parece achar-se também agora abrangido pela possibilidade de acordo individual – ao abrigo da possibilidade de *acordo escrito em contrário* prevista na parte final do n.º 1 do artigo 105.º CT – que consiste na possibilidade de se estabelecer, como condição de exercício da denúncia do contrato de trabalho durante o período experimental, certo prazo de aviso prévio, para lá da hipótese prevista no n.º 2 do referido artigo 105.º CT.

[241] Mais correcto, e porventura mais coerente com a própria delimitação do instituto levada a cabo nos dois primeiros números do artigo 104.º, seria a indicação do início *da execução do contrato* como termo inicial do cômputo do período experimental. Por aqui se vê que o legislador, neste como noutros aspectos do regime jurídico que vimos analisando, perspectivou a actuação do instituto sobretudo numa óptica de experiência do trabalhador pelo empregador, aquela que, como se sabe, assume maior relevo prá-

138   *Do Período Experimental no Contrato de Trabalho*

segunda parte do preceito e no n.º 2 desta disposição, uma delimitação, respectivamente, do que se considera ou não abrangido na execução do contrato de trabalho[242]. Nestes termos, o cômputo do período experimental, cujo decurso se acha balizado segundo um critério de *dias* de duração[243], inicia-se com o início da execução do contrato. Importa, contudo, fixar o critério aplicável para a respectiva contagem do prazo, que, na ausência de referência expressa nesta sede, deverá seguir o regime geral fixado pelo CCiv., no seu artigo 279.º. Esta referência afigura-se particularmente relevante dado que se trata de questão que, ao menos anteriormente, não conheceu uma solução unívoca por parte da jurisprudência[244/245].

No n.º 2 do artigo 106.º, e numa formulação diversa da que constava da respectiva disposição do Anteprojecto do Código – que se referia somente a dias de trabalho efectivo – vem explicitar-se que não se compreendem, para efeitos de contagem do período experimental, as *interrupções* da prestação de trabalho que não se achem abrangidas pelo regime normal do cumprimento da prestação.

---

tico. A verdade, porém, é que não obstante a frequente regulamentação de aspectos da actuação do instituto relacionados com a óptica apontada, é o próprio legislador que recorrentemente salienta a circunstância de nos acharmos perante um instituto cuja actuação visa a tutela de interesses de ambos os contraentes, designadamente nas referências feitas a propósito da sua delimitação (nos dois primeiros números do artigo 104.º) e no que concerne à possibilidade de denúncia do contrato de trabalho durante esta fase inicial da sua execução (cfr. artigo 105.º n.º 1).

[242] Cfr. *infra*.

[243] De noventa dias, para a generalidade dos trabalhadores e cento e oitenta ou duzentos e quarenta dias, nas hipóteses previstas nas als. b) e c) do artigo 107.º CT, para os contratos por tempo indeterminado; para a contratação a termo, de acordo com o artigo 108.º CT, 15 ou 30 dias, consoante se trate, respectivamente, de *contrato de duração igual ou superior a seis meses* – al. a) – ou de *contratos a termo certo de duração inferior a seis meses e nos contratos a termo incerto cuja duração se preveja não vir a ser superior àquele limite*. No que respeita à análise do regime constante desta última disposição, cfr. *infra*.

[244] Veja-se, em sentido divergente, os arestos citados por PEDRO ROMANO MARTINEZ, *Direito do Trabalho*, ob. cit., p. 409, nota (2).

[245] Na nossa doutrina, a questão não tem merecido a atenção que o relevo prático do tema reclamaria, excepção feita à referência de PEDRO ROMANO MARTINEZ, *ob. cit.*, p. 409.

1.5. Período experimental e acções de formação

Uma outra novidade no que se refere à nova disciplina jurídica do período experimental respeita à introdução de uma disposição que procura resolver as dificuldades de articulação entre a actuação do instituto e os períodos de formação que podem surgir – e surgem frequentemente – integrados na fase inicial de execução do contrato de trabalho[246]. De facto, e face ao silêncio do regime traçado na LCCT quanto a tais hipóteses, era legítima a dúvida sobre o modo como se articularia tal formação com o decurso do período experimental. Em bom rigor, a dúvida encontrava-se a montante da resposta à pergunta pela articulação de tais hipóteses. Tratava-se, na verdade, de determinar se tal formação deveria ou não ser considerada como momento de execução do contrato, computando-se o lapso de tempo dispendido em actividades de formação como *tempo de execução* do contrato de trabalho ou, pelo contrário, a referência à execução de tal contrato – verdadeira *pedra de toque* na determinação do decurso da experiência – haveria de ser entendida em sentido restrito, isto é, apenas na medida em que correspondesse a um efectivo desempenho de funções inerentes ao tipo de actividade contratada. Se, por um lado, sempre se poderia alegar que apenas neste momento o empregador poderia levar a cabo uma efectiva avaliação do desempenho do trabalhador, por outro, não deixa de impressionar a circunstância de tal formação, ministrada pelo empregador ou por sua determinação, corresponder em regra à satisfação de interesse do empregador no que concerne à familiarização e integração do trabalhador com a actividade a desenvolver e com o próprio modelo da organização empresarial, cumprindo-se deste modo um propósito de adaptação que não deixa de ser comum com o desenvolvimento da experiência da relação laboral em causa. Neste sentido, a rejeição pura e simples do enquadramento de tais actividades de formação já no âmbito da execução do vínculo contratual poderia criar situações de prorrogação *hoc sensu* inadmissível da situação de

---

[246] Referem-se agora, concretamente, a actividades de formação desenvolvidas no âmbito de uma fase inicial de adaptação do trabalhador às funções contratadas e/ou aos métodos e modos de organização do trabalho na empresa e não às hipóteses – referenciadas a propósito da delimitação e caracterização do instituto (cfr. *supra*) – em que a relação jurídica se acha assente ou tem como causa a aquisição ou desenvolvimento da formação específica (*v.g.*, contrato de aprendizagem, contrato de estágio, etc.).

experiência – em especial tratando-se, como sucede frequentemente, de formação enquadrada ou complementar ao desenvolvimento da actividade do trabalhador na empresa.

Ponderando as circunstâncias apontadas, entendeu o legislador introduzir uma referência a tais situações, procurando uma justa composição e salvaguarda dos interesses dos contraentes. Nesse sentido dispõe agora a segunda parte do n.º 1 do art. 106.º do Código que o período experimental compreende *as acções de formação ministradas pelo empregador ou frequentadas por determinação deste, desde que não excedam metade do período experimental*[247].

A solução, ponderados os argumentos aduzidos num sentido e noutro, afigura-se compreensível mas poderá – em particular no que decorre da limitação contida na parte final do preceito – suscitar algumas dificuldades aplicativas, na medida em que, estando em causa um período de formação que exceda metade da duração prevista do período experimental, parece surgir aqui certa *descontinuidade* temporal no que respeita ao decurso da experiência[248]. Descontinuidade que é, porém,

---

[247] Acentue-se que a solução contida no Anteprojecto do Código não compreendia a limitação contida na parte final do preceito, que surge apenas na respectiva proposta de lei apresentada à Assembleia da República. Ter-se-á porventura ponderado, no sentido salientado no texto, que o decurso do período experimental poderia, no limite, achar-se *consumido* na formação inicial – em especial quando esta se afigure especialmente longa – salvaguardando a possibilidade de uma efectiva verificação, por parte do empregador, do desempenho do trabalhador no exercício efectivo das funções contratadas.

[248] Pense-se, por exemplo – e cientes de que, apesar de tudo, nos achamos a considerar casos *limite* ou *de fronteira* – numa hipótese em que, havendo lugar à aplicação de um período experimental de cento e oitenta dias, o período correspondente aos cento e vinte dias iniciais corresponda a formação na empresa. Parece que, para efeitos de decurso do período experimental, apenas se considerarão os noventa dias – respectivamente, metade da duração prevista do período experimental – achando-se o prazo de decurso da experiência como que *suspenso* após esse período e até ao termo da formação, momento em que se retomará a contagem de tal prazo. Ora, a solução encontrada parece padecer de certa dose de *artificialismo*, na medida em que, como se compreenderá, a correspondente avaliação e valoração do desempenho do trabalhador persiste, apesar da contagem do prazo destinado à sua realização se achar suspenso. Em termos práticos, a experiência resulta alargada. Não deixa, porém, de impressionar a circunstância de, a ser de outro modo, poder consumir-se toda a duração do período experimental sem que tenha havido uma oportunidade de efectiva apreciação do desempenho do trabalhador no exercício das suas funções.

Parte II – Relação de Trabalho e Período Experimental

apenas formal[249], uma vez que, do ponto de vista prático, o facto do respectivo prazo se achar suspenso não coíbe uma prossecução da avaliação pressuposta na experiência. Compreende-se, todavia, a solução do legislador que parece ter procurado estabelecer uma solução de equilíbrio no que respeita a esta questão[250].

A terminar, acentue-se a necessidade de precisar o sentido da referência à formação. Não permitindo a economia da exposição deixar mais do que uma brevíssima nota a esta questão, deverá ater-se, para efeitos de interpretação daquela expressão, aos princípios constantes das disposições do Código relativas à formação profissional – arts. 123.º a 126.º – e respectivas normas regulamentares[251]/[252].

1.6. O novo regime do artigo 105.º n.º 2 – Necessidade de aviso prévio – Remissão

Referimo-nos já, ainda que incidentalmente, a uma das principais novidades introduzidas pelo Código na regulamentação do período experimental e que se encontra prevista no n.º 2 do artigo 105.º daquele diploma. De facto, estabelece-se aí que *tendo o período experimental durado mais de sessenta dias, para denunciar o contrato nos termos previstos no número anterior, o empregador tem de dar um aviso prévio de sete dias*. Trata-se, de facto, de uma inovação no regime jurídico do instituto, cujo objectivo parece residir na tutela de certa expectativa de subsistência do vínculo, gerada ao trabalhador à medida que decorre o período experimental e em razão do seu seguimento[253]. Procura-se assim

---

[249] Contrariamente ao que se verifica, como se verá, nas hipóteses abrangidas sob o regime da suspensão do decurso do período experimental onde, justamente, a suspensão opera em razão de uma impossibilidade material ou de facto de executar o contrato e, consequentemente, de realizar a experiência. Cfr. *infra*.

[250] E isto porque – importa também tomar em linha de conta – o próprio início de uma actividade de formação pode não corresponder – porque anterior ou posterior – ao início da execução do contrato.

[251] Respectivamente, arts. 160.º e ss. RCT.

[252] Sobre o ponto, *vd.* anotações de PEDRO ROMANO MARTINEZ *in* ROMANO MARTINEZ / LUÍS MONTEIRO / JOANA VASCONCELOS / MADEIRA DE BRITO / GUILHERME DRAY / GONÇALVES DA SILVA, *Código do Trabalho Anotado, cit.*, pp. 264 ss.

[253] Acha-se aqui, e como houve já oportunidade de salientar a propósito da análise de outros pontos deste regime jurídico, mais um exemplo da circunstância de, não obstante

142   *Do Período Experimental no Contrato de Trabalho*

evitar as chamadas *decisões 'surpresa'*[254] por parte do empregador. A verdade, porém, é que a citada disposição, levanta questões cuja solução não se afigura fácil, *maxime* no que concerne às consequências jurídicas da violação de tal dever, ponto sobre o qual o legislador manteve silêncio.

Uma vez que se trata de matéria relacionada com o tema da cessação do contrato durante o período experimental, remetemos para esse momento uma análise mais detida das principais dificuldades que porventura se acharão na aplicação prática deste regime. Por ora, saliente--se a novidade da solução bem como o seu carácter imperativo – característica que parece afigurar-se indubitável, em particular se se atentar na disciplina estabelecida no n.º 1 da mesma disposição[255]. Adiante voltaremos ao ponto.

2. Suspensão do período experimental

Examinado o regime de duração do período experimental, é tempo de concentrar a análise sobre um outro aspecto da disciplina jurídica do instituto que, estreitamente relacionado com a disciplina jurídica examinada no número precedente, se distingue desta, contudo, na medida em que, conforme se refere em epígrafe, respeita às hipóteses em que, no decurso da experiência, ocorrem eventos que, afectando a regular execução do vínculo, podem determinar, consequentemente, uma descontinuidade no seu desenvolvimento.

---

tratar-se de um instituto ligado à experiência da relação contratual por parte, quer do trabalhador, quer do empregador, ser justamente na óptica deste último – e em razão da posição particularmente fragilizada que daí decorre para o trabalhador – que se acham pensadas e solucionadas muitas das questões resolvidas pelo respectivo regime jurídico.

[254] Assim, LUIS MIGUEL MONTEIRO, em anotação ao artigo 105.º, *in* ROMANO MARTINEZ / LUÍS MONTEIRO / JOANA VASCONCELOS / MADEIRA DE BRITO / GUILHERME DRAY / GONÇALVES DA SILVA, *Código do Trabalho Anotado*, *cit.*, p. 241.

[255] Onde, estabelecendo-se o regime legal da denúncia do contrato de trabalho durante o período experimental, se admite a convenção das partes quanto à sua modificação. Não já assim no n.º 2 do artigo 105.º, de onde deriva, em razão do apontado propósito de tutela da posição do trabalhador e na ausência de expressa menção nesse sentido, a exclusão da possibilidade de afastamento do regime aí traçado, quer por convenção das partes, quer mesmo por instrumento de regulamentação colectiva de trabalho. Quanto a este último ponto, cfr. o que se referiu *supra*, a propósito da delimitação da margem de actuação da autonomia colectiva na modificação do regime legal do período experimental.

Parte II – Relação de Trabalho e Período Experimental

Principiemos, contudo, pelo enquadramento geral da questão, procurando, nomeadamente, uma explicitação dos fundamentos da solução adoptada no nosso ordenamento jurídico. Assim, saliente-se desde logo a circunstância de nos atermos agora à consideração de um problema que não decorre especificamente da actuação do instituto mas cuja consideração avulta, como se sabe, em sede geral. De facto, o regime jurídico do contrato individual de trabalho contempla em geral hipóteses em que, verificando-se uma situação de impossibilidade superveniente e temporária da execução do contrato de trabalho[256] e, como resulta do disposto no n.º 1 do art. 330.º do Código, resultando tal impossibilidade de facto respeitante ao trabalhador[257] ou ao empregador[258] ou ainda, em certos casos, do acordo das partes, se permite como que uma *paralisação* ou *congelamento* dos principais efeitos, conservando-se, contudo, o vínculo

---

[256] Impossibilidade *superveniente* ao início da execução do contrato e não, *originária*, hipótese em que será aplicável o regime decorrente do artigo 411.º do CCiv. Trata-se também, e por outro lado, de uma impossibilidade *temporária*, isto é, que se verifica pontual ou transitoriamente, não *definitiva* e, consequentemente, não impeditiva do reatamento da execução do vínculo – caso contrário, o contrato cessará, por caducidade, conforme se prevê na al. b) do art. 387.º CT, que se refere *à impossibilidade superveniente, absoluta e definitiva de o trabalhador prestar o seu trabalho ou de o empregador o receber*. Sobre o ponto *vd.*, já no âmbito do regime do CT, MONTEIRO FERNANDES, *Direito do Trabalho, cit.*, pp. 483 ss. e as anotações aos arts. 387.º ss. de PEDRO ROMANO MARTINEZ *in Código do Trabalho Anotado, cit.*, pp. 634 ss. Cfr. ainda, BERNARDO XAVIER, *Curso..., ob. cit.*, pp. 437 ss., MENEZES CORDEIRO, *Manual..., cit.*, pp. 765 ss. e PEDRO ROMANO MARTINEZ, *Direito do Trabalho, cit.*, pp. 673 ss.

[257] *Respeitante* mas não *imputável* ao trabalhador, como refere expressamente o n.º 1 do artigo 333.º CT. Sobre o ponto, cfr. as anotações de JOANA VASCONCELOS àquela disposição *in* ROMANO MARTINEZ / LUÍS MONTEIRO / JOANA VASCONCELOS / MADEIRA DE BRITO / GUILHERME DRAY / GONÇALVES DA SILVA, *Código do Trabalho Anotado, cit.*, pp. 563 ss. e bibliografia aí citada.

[258] Quanto aos *motivos respeitantes ao empregador* – e que abrangem tanto hipóteses em que a suspensão do vínculo laboral de destina a fazer face a uma *situação de crise empresarial* como os casos de *encerramento temporário do estabelecimento*, nos termos respectivamente das epígrafes das Divisões I e II da Subsecção III (arts. 355.º ss.), onde se regula, a par da redução temporária do período normal de trabalho, a *suspensão do contrato por facto respeitante ao empregador* – cfr. anotações aos arts. 330.º ss. CT de JOANA VASCONCELOS *in* ROMANO MARTINEZ / LUÍS MONTEIRO / JOANA VASCONCELOS / / MADEIRA DE BRITO / GUILHERME DRAY / GONÇALVES DA SILVA, *ob. cit.*, pp. 563 ss. e bibliografia aí indicada.

contratual[259]. O instituto da suspensão do contrato de trabalho visa assim, na síntese de MONTEIRO FERNANDES, "(...) reduzir as consequências *jurídicas* da impossibilidade da prestação de trabalho à dimensão dos efeitos *práticos* que ela comporta"[260].

Não permitindo a economia da exposição uma análise aprofundada do regime jurídico da suspensão do contrato de trabalho[261], deverá a análise orientar-se para a articulação entre o regime jurídico deste instituto e o decurso do período experimental, acentuando as especificidades que aí se detectem. Nesse intuito, atente-se no preceituado no já citado n.º 2 do artigo 106.º do Código, onde se determina, na sua parte final, que não deverão ser tidos em conta, para efeitos de contagem do período experimental, *os dias de suspensão do contrato*. Daí se retira que, havendo lugar à aplicação do regime da suspensão do contrato – aparentemente, quer por facto respeitante ao trabalhador, quer por facto respeitante ao empregador, nos termos sumariamente apontados – e não estando, consequentemente, a ser executado o vínculo contratual, suspende-se, pelo período correspondente, a contagem do período experimental.

3. O decurso do período experimental e seus efeitos quanto à posição jurídica dos contraentes

A terminar o exame da disciplina jurídica do período experimental consagrada pelo actual Código do Trabalho, destaca-se a necessidade de, complementando o que atrás se referiu a propósito da influência da actuação do instituto no programa contratual em causa, introduzir uma brevíssima referência ao modo como o legislador procura traduzir a premissa funda-

---

[259] Em geral, sobre o regime da suspensão do contrato de trabalho, *vd.*, referindo-se já ao regime constante do CT, MONTEIRO FERNANDES, *ob. cit.*, pp. 483 ss. e as anotações de JOANA VASCONCELOS aos arts. 330.º ss., *in* ROMANO MARTINEZ / LUÍS MONTEIRO / / JOANA VASCONCELOS / MADEIRA DE BRITO / GUILHERME DRAY / GONÇALVES DA SILVA, *ob. cit.*, pp. 560 ss. e bibliografia aí citada quanto ao direito anterior.

[260] *Ob. cit.*, p. 483, salientando-se que o instituto se orienta por isso à defesa da *estabilidade do emprego*. Referindo-se já também à suspensão do contrato de trabalho enquanto vertente da prossecução da estabilidade do emprego, *vd.* BERNARDO XAVIER, «A Estabilidade no Direito do Trabalho Português», Sep. ESC, Ano VIII, n.º 31 (Julho--Setembro/1970), Lisboa, 1970, pp. 12 ss.

[261] Remete-se por isso, em geral, para a bibliografia citada nas notas anteriores.

Parte II – Relação de Trabalho e Período Experimental 145

mental apontada quanto a esta questão e que, como se fez notar, se reconduz à ideia de que a actuação do instituto se compatibiliza e, em certa medida pressupõe, um desenvolvimento do vínculo em termos tão próximos quanto possível daqueles que se prefiguram como os termos concretos de desenvolvimento da relação laboral após o decurso de tal período experimental.

Nestes termos, esclarece o n.º 3 do artigo 104.º do Código do Trabalho[262], que:

A antiguidade do trabalhador conta-se desde o início do período experimental.

Com este preceito procura o legislador colocar em evidência a circunstância da actuação do instituto se achar associada e determinada pela execução de um vínculo laboral já existente e em execução.

Neste sentido, e de forma liminar, a formulação utilizada pela legislação portuguesa cumpre plenamente e sem margem para grandes dúvidas, o que em outros ordenamentos, designadamente no n.º 3 do artigo 14.º do *Estatuto dos trabalhadores* espanhol, se determina de modo bem mais complexo e arrevesado[263].

Bem andou, por isso, o legislador português, ao clarificar, de modo congruente com o preceituado nos números anteriores desta disposição e sem margem para dúvidas, que a correspondência entre a actuação do período experimental e a fase inicial de execução do contrato de trabalho, comporta em geral os efeitos que de tal execução decorrem para a posição jurídica dos contraentes – explicitando, no que respeita à posição jurídica do trabalhador, que se produzem todos os efeitos que em geral se poderão associar ao reconhecimento da sua antiguidade.

---

[262] Disposição que corresponde ao preceituado já no n.º 4 do artigo 44.º da LCT, e que cujo teor, muito embora não tivesse sido objecto de expressa regulação no âmbito da LCCT, era em geral reconhecido pela doutrina, que retirava essa conclusão da referência à correspondência entre o período experimental e a fase inicial de execução do contrato de trabalho estabelecida pelo n.º 1 do artigo 55.º deste diploma.

[263] Determina o preceito citado:

"Transcurrido el período de prueba sin que se haya producido el desistimiento, el contrato producirá plenos efctos, computando el tiempo de los servicios prestados en la antigüedad del trabajador en la empresa."

Este preceito, a par da formulação também ambígua da 1.ª parte do n.º 2 daquela disposição – ao estabelecer que "durante el período de prueba, el trabajador tendrá los derechos y obligaciones corrispondientes al puesto de trabajo que desempeñe *como si fuera de plantilla,* (...)" (sublinhados nossos) – tem gerado não poucas dúvidas e divergências, sobretudo doutrinárias mas também jurisprudenciais, quanto à sua interpretação.

CAPÍTULO IV

CESSAÇÃO DA RELAÇÃO DE TRABALHO
DURANTE O PERÍODO EXPERIMENTAL

1. As especiais faculdades extintivas do contrato de trabalho durante o período experimental. Razão de ordem. Enquadramento

Na delimitação preliminar dos traços característicos do instituto que nos vem ocupando, houve oportunidade de anotar a frequente referência às especiais faculdades extintivas do contrato de trabalho como traço característico do período experimental[264]. Note-se, aliás, como se procurou então salientar, que tal nota distintiva não se afigura privativa da experiência juslaboral mas antes traduz uma manifestação da relevância jurídica do fenómeno experimental. Assim, o reconhecimento jurídico de tal fenómeno, achando-se associado à susceptibilidade da valoração permitida pela experiência, determina que tal relevância jurídica se traduza na possibilidade de influir sobre os destinos da própria relação jurídica *experimentada*, *summo rigore*, sobre a possibilidade da sua manutenção ou prossecução.

Nesse sentido, e já no domínio específico da caracterização da experiência juslaboral, referiu-se que a faculdade, reconhecida aos contraentes, de pôr termo ao contrato de trabalho durante o período correspondente à actuação do instituto, traduz a consequência jurídica do

---

[264] Utiliza-se por ora uma expressão intencionalmente *neutra*, procurando não adiantar, ainda sem o necessário enquadramento, a análise em torno da qualificação jurídica desta modalidade de cessação do contrato de trabalho, questão que, aliás, conheceu na doutrina anterior ao Código soluções divergentes. Remetemos assim para momento posterior, em particular aquando da análise da orientação do CT nesta matéria, um esclarecimento mais completo e fundamentado da questão. Cfr. *infra*.

148   *Do Período Experimental no Contrato de Trabalho*

insucesso ou fracasso da avaliação e valoração da relação jurídica realizada nesse período. De facto, a possibilidade – juridicamente reconhecida e tutelada pelo instituto do período experimental – de, durante o período correspondente ao início da execução do vínculo contratual acordado, trabalhador e empregador avaliarem da correspondência entre os seus interesses e expectativas na celebração do contrato e o modo concreto do desenvolvimento da relação de trabalho que daí deriva, haverá de manifestar-se, do ponto de vista jurídico, em certa consequência ou efeito sobre os destinos do vínculo. A consequência ou efeito jurídico associado a tal avaliação seguirá o sentido da valoração que daí resulte, ou seja, a permissão para o exercício de uma faculdade extintiva da relação de trabalho assenta e justifica-se no próprio fundamento e funções do instituto, que reclamam, em geral, a concessão de efeitos juridicamente relevantes à valoração negativa que se possa extrair da realização da experiência[265].

As faculdades extintivas do vínculo assumem-se assim como um dos possíveis efeitos jurídicos da actuação do instituto, eventual e, em certo sentido, *anómalo* ou *excepcional* no quadro do desenvolvimento da relação de trabalho – em princípio orientada ao seu desenvolvimento para lá do período de duração da experiência.

Ora, é justamente desta *ordenação ao futuro* da relação laboral – característica do paradigma de contratação laboral subjacente ao nosso ordenamento jurídico – que resulta, simultânea e consequentemente, a aceitação da conveniência ou vantagem no reconhecimento e tutela da experiência juslaboral, traduzida na consagração do instituto do período experimental[266].

Porque razão, perguntar-se-á então, se acentua a vertente ou feição *negativa* do instituto – traduzida precisamente nas hipóteses de insucesso ou fracasso do desenvolvimento concreto do vínculo laboral face às expectativas e interesses dos contraentes na sua celebração? A resposta

---

[265] Por conseguinte, o juízo de *contentamento* ou, pelo contrário, de inadequação que resultará de tal avaliação manifestar-se-á juridicamente por via da prossecução da relação laboral ou, diversamente, da sua extinção ou cessação.

[266] De facto, no domínio juslaboral, a justificação específica ou singular de tais faculdades extintivas parece não poder deixar de se relacionar com o próprio paradigma de relação laboral adoptado pelo legislador português, paradigma em que sobressai, como se procurou já evidenciar, a vertente da estabilidade do emprego e a consequente limitação das faculdades de cessação do contrato de trabalho por iniciativa do empregador.

Parte II – Relação de Trabalho e Período Experimental   149

será já neste momento porventura intuitiva. Na realidade, é justamente a propósito dessa vertente da actuação do instituto que se colocam as maiores dificuldades, quer na análise técnico-jurídica, quer também, do ponto de vista prático. É, de facto, a propósito dos efeitos jurídicos associados à valoração negativa da experiência da relação de trabalho que se colocam questões de particular melindre – e, em especial, quando tal valoração se reporta à experiência do trabalhador pelo empregador.

Daí que se compreenda a preocupação do legislador de, na forja da disciplina jurídica do instituto, acautelar as potenciais manifestações *patológicas* da sua actuação – sem, contudo, conduzir a uma descaracterização dos seus traços funcionais e, nomeadamente, sem obstar ao necessário reconhecimento da proeminência jurídica da frustração da experiência da relação de trabalho. Tal preocupação é também desde sempre salientada pela doutrina e jurisprudência, manifestando-se designadamente no alerta para a necessidade de dotar o modelo de actuação do instituto dos meios jurídicos necessários à prevenção da sua utilização *disfuncional*.

Por tudo isto, e pelo mais que se procurará evidenciar na análise subsequente, a investigação em torno do instituto reclama um exame detido e aprofundado do regime jurídico da cessação do contrato individual de trabalho durante o período experimental. Por aí seguimos, de imediato.

2. A cessação do contrato de trabalho durante o período experimental face ao regime laboral *geral* de cessação do contrato de trabalho.

No ensejo de desenvolver uma análise dos termos fundamentais do actual regime de cessação da relação de trabalho durante o período experimental, afigura-se particularmente conveniente que a aproximação a esta temática se inicie pelo exame ao modo como tal regime jurídico se relaciona com a disciplina jurídica da cessação do contrato de trabalho, estabelecida actualmente, em termos gerais, pelo Cap. IX do Código do Trabalho[267/268].

---

[267] Respectivamente, arts. 382.º ss. CT.

[268] De entre a vasta bibliografia sobre o tema da cessação do contrato individual de trabalho, permitimo-nos destacar, no que concerne ao regime jurídico instituído pelo CT, PEDRO ROMANO MARTINEZ, *Apontamentos sobre a Cessação do Contrato de Trabalho à*

150 *Do Período Experimental no Contrato de Trabalho*

De facto, e antes de mais, importará determinar se, e em que medida, o exercício das faculdades extintivas do contrato de trabalho durante o período experimental se configura como uma modalidade específica de cessação face ao regime geral da cessação do contrato e, em caso afirmativo, em que medida se autonomiza e como se relaciona com tal regime geral[269].

---

luz do Código do Trabalho, AAFDL, Lisboa, 2004, MONTEIRO FERNANDES, *Direito do Trabalho, cit.*, pp. 519 ss., DOMINGOS JOSÉ MORAIS, «A cessação do contrato de trabalho por iniciativa do empregador», *A Reforma do Código do Trabalho, cit.*, pp. 503 ss., JOÃO FERNANDO FERREIRA PINTO, «Código do Trabalho. Cessação do contrato de trabalho por iniciativa do empregador», *A Reforma do Código do Trabalho, cit.*, pp. 513 ss., ALBINO MENDES BAPTISTA, «Notas sobre a Cessação do Contrato de Trabalho por iniciativa do trabalhador», *A Reforma do Código do Trabalho, cit.*, pp. 537 ss., JOSÉ EUSÉBIO ALMEIDA, «A Cessação do contrato de trabalho por iniciativa do trabalhador. Notas e dúvidas ao novo regime», *A Reforma do Código do Trabalho, cit.*, pp. 551 ss.

Para o direito anterior, entre outros, realce-se a monografia já referida de PEDRO FURTADO MARTINS, *Cessação do contrato de trabalho, ob. cit.*, pp. 201 ss. e, na manualística, BERNARDO XAVIER, *Curso..., ob. cit.*, pp. 447 ss., ROMANO MARTINEZ, *ob. cit.*, pp. 797 ss. e, numa perspectiva de Direito Comparado, MESSIAS DE CARVALHO/VICTOR NUNES DE ALMEIDA, *Direito do trabalho e Nulidade do Despedimento*, Almedina, Coimbra, 1984.

[269] Analisando o regime decorrente da LCCT – numa reflexão que, contudo, se julga manter a sua actualidade face ao actual regime do Código – FURTADO MARTINS, *Cessação do contrato de trabalho, ob. cit.*, pp. 16 ss., acentuava, como notas características do direito português nesta matéria, a *uniformidade* e a *inderrogabilidade* da disciplina jurídica da cessação do contrato de trabalho. De facto, e à semelhança do que se verifica no quadro do regime anterior, também a disciplina jurídica da cessação do contrato de trabalho traçada pelos aludidos arts. 382.º ss. do Código surge como regime em princípio "(...) aplicável à generalidade das relações individuais de trabalho, excepcionando-se apenas os contratos especiais de trabalho (...)" (p. 17), objecto de regulamentação autónoma. Por outro lado, mantém-se também o carácter *absolutamente imperativo* (*ob. cit.*, p. 21) do regime legal da cessação, decorrendo agora do art. 383.º CT, sob a epígrafe "Natureza Imperativa" – correspondendo, com pequenas alterações, a uma *fusão* do regime constante dos anteriores arts. 2.º e 59.º da LCCT – que:

1. *O regime fixado no presente Capítulo não pode ser afastado ou modificado por instrumento de regulamentação colectiva de trabalho ou por contrato de trabalho, salvo o disposto nos números seguintes ou em outra disposição legal.*

2. *Os critérios de definição de indemnizações, os prazos de procedimento e de aviso prévio consagrados neste Capítulo podem ser regulados por instrumento de regulamentação colectiva de trabalho.*

3. *Os valores de indemnizações podem, dentro dos limites fixados neste Código, ser regulados por instrumento de regulamentação colectiva de trabalho.*

Quanto às alterações do regime constante deste preceito – em particular nos seus n.ºs 2 e 3 – em confronto com o preceituado no anterior n.º 1 do artigo 59.º da LCCT,

Parte II – Relação de Trabalho e Período Experimental

Ora, numa primeira aproximação a esta questão, não deixa de sobressair desde logo a diversa inserção sistemática do regime da cessação do contrato de trabalho durante o período experimental face ao regime jurídico constante do aludido Capítulo IX do Código do Trabalho. Tal circunstância não deverá, contudo, impressionar, atentas as considerações tecidas a propósito do enquadramento das faculdades extintivas do vínculo laboral face ao instituto do período experimental. Nesse sentido, aliás, parece compreender-se sem grande dificuldade a opção do legislador quanto à inserção sistemática do tratamento jurídico desta questão[270].

Questão mais delicada – e a ela procuramos aludir agora – respeita ao relacionamento entre tal disciplina jurídica e o referido regime geral de cessação do contrato individual de trabalho. Trata-se justamente de esclarecer em que medida tal regime de extinção do contrato de trabalho durante o período experimental poderá ser ainda reconduzido aos quadros de uma das modalidades de cessação do contrato de trabalho previstas no aludido Capítulo IX do Código ou, diversamente, concluindo-se pela insusceptibilidade do seu enquadramento nos termos referidos, em que medida ou de que modo se relaciona com as demais causas de cessação. A dúvida parece surgir agora, de modo particularmente reforçado, em razão

---

vd. ROMANO MARTINEZ, *Apontamentos sobre a cessação do contrato de trabalho...*, *ob. cit.*, pp. 13 ss. e, do mesmo autor, a anot. ao art. 383.º *in Código do Trabalho Anotado*, *ob. cit.*, pp. 629-631.

[270] Como se procurou apontar, a atribuição dessa faculdade de cessação do vínculo laboral durante o período experimental encontra-se, sem prejuízo da sua indiscutível relevância teórica e prática, *funcionalizada* ao escopo geral do instituto, surgindo como consequência ou desfecho eventual da situação, juridicamente reconhecida e tutelada, da realização da experiência. Trata-se, aliás, de um ponto já salientado pelo doutrina anterior – que não deixava de acentuar a circunstância de o período experimental se relacionar com o início da execução do contrato, sendo justamente nesse domínio que deveria ser enquadrada a problematização do instituto, não deixando contudo de reconhecer que a especial cadência das questões relativas ao período experimental se situa, em termos práticos, fundamentalmente a propósito das hipóteses de cessação do contrato durante este período. Neste sentido, expressamente, ROMANO MARTINEZ, *Direito do trabalho*, *ob. cit.*, p. 408 e FURTADO MARTINS, *Cessação do contrato de trabalho*, *ob. cit.*, p. 201. Enquadrando o tratamento da questão nos termos apontados, *v.g.*, BERNARDO XAVIER, *Curso...*, *ob. cit.*, p. 419, MENEZES CORDEIRO, *Manual...*, *cit.*, pp. 577 ss. e 633, MONTEIRO FERNANDES, *ob. cit.*, pp. 323 ss. No mesmo sentido, na doutrina estrangeira, *vd.*, por todos, ALONSO OLEA/CASAS BAAMONDE, *Derecho del Trabajo*, *ob. cit.*, p. 227, SCHAUB *ob. cit.*, p. 323.

das próprias alterações ao regime geral da cessação do contrato de trabalho[271]. De facto, do regime jurídico da cessação do contrato de trabalho constante do Capítulo IX do Código – e para lá de muitas outras alterações que a economia da exposição não permite desenvolver neste momento – não deixam de avultar as sensíveis alterações terminológicas introduzidas nesta matéria, em particular no seu confronto com o anterior regime da LCCT[272]. Alterações terminológicas que surgem desde logo no artigo 384.º do Código – disposição que, sucedendo ao já referido artigo 3.º n.º 2 da LCCT[273], vem enumerar, conforme se lê na respectiva epígrafe, as *modalidades de cessação do contrato de trabalho*, a saber: a caducidade, a revogação, a resolução e a denúncia[274]/[275]. Por seu turno,

---

[271] Na verdade, e em termos necessariamente resumidos, acentue-se a circunstância de, no âmbito da LCCT, a cessação do contrato de trabalho durante o período experimental surgir claramente como uma modalidade ou causa autónoma de extinção do vínculo. Nesse sentido, aliás, apontava expressamente o n.º 2 do artigo 3.º da LCCT, ao estabelecer, na sua al. e), a *rescisão por qualquer das partes durante o período experimental*, como *forma* (na expressão legal) autónoma de cessação do contrato.

[272] Objecto de justas e certeiras críticas quanto a certa imprecisão – e, por vezes mesmo, incorrecção – dos termos utilizados. A título de exemplo, também referido por FURTADO MARTINS, *Cessação do contrato de trabalho*, *ob. cit.*, p. 201, texto e nota (2), aponte-se, no âmbito da regulamentação do período experimental, o preceituado no artigo 55.º daquele diploma onde o corpo da disposição, designadamente o seu n.º 1, se referia a *rescisão*, referindo-se a epígrafe do artigo a *revogação unilateral* (?!). Quanto à questão – que o CT procurou resolver – de saber se nos acharíamos perante uma hipótese de denúncia – como defendia FURTADO MARTINS – ou, diversamente, perante um caso de rescisão – solução propugnada por JÚLIO GOMES, «Do uso e abuso do período experimental», *cit.*, p. 259. Cfr. *infra*.

[273] Em anotação a esta disposição, ROMANO MARTINEZ *in Código do Trabalho Anotado, cit.*, p. 631, salienta que "a correspondência [com o artigo 3.º n.º 2 da LCCT] é, contudo, aparente, pois neste artigo enuncia-se uma das alterações terminológicas (com consequências de ordem sistemática) mais relevante."

[274] Procura-se assim claramente, e como vem sendo salientado, uma aproximação aos conceitos civilísticos dos termos. Em geral, na caracterização e confronto daqueles conceitos, *vd.*, entre outros, GALVÃO TELLES, *Manual dos contratos em geral*, 4.ª ed., Almedina, Coimbra, 2002, pp. 380 ss., MOTA PINTO, *Teoria Geral do Direito Civil*, *cit.*, pp. 618 ss., CARVALHO FERNANDES, *Teoria Geral do Direito Civil*, *cit.*, pp. 450 ss.

Em defesa das alterações terminológicas introduzidas pelo CT nesta matéria, *vd.*, ROMANO MARTINEZ, *Apontamentos sobre a cessação do contrato de trabalho...*, *cit.*, pp. 18 ss. e anot. III ao art. 384.º *in Código do Trabalho Anotado*, *ob. cit.*, p. 632.

Numa apreciação crítica a tais alterações, cfr., designadamente, PAULO MORGADO

Parte II – Relação de Trabalho e Período Experimental   153

no âmbito do regime do período experimental, a referência à cessação do contrato de trabalho passa a ser também designada por *denúncia* – expressão que compõe a epígrafe do já referido artigo 105.º CT[276].

Ora, face aos dados apontados, poderá questionar-se do nexo eventualmente existente entre os regimes apontados ou ao menos, negando-se a existência de uma tal conexão, da necessária articulação entre tais regimes jurídicos.

Ora, quanto a uma possível conexão entre o regime da denúncia durante o período experimental e o regime geral de cessação do contrato de trabalho, parece poder concluir-se no sentido de que o legislador não terá pretendido reconduzir ou enquadrar o regime de cessação do contrato durante o período experimental em qualquer das modalidades em que se analisa o sistema geral traçado pelo já aludido Cap. IX do Código. Ou, dito de outro modo, o regime constante do artigo 105.º do CT mantém a sua autonomia e especificidade face às demais modalidades de cessação do vínculo laboral e, nesse sentido, aliás, se compreende a própria inserção sistemática dessa disposição.

Dir-se-á, assim, que a cessação do contrato de trabalho durante o período experimental prevista pelo artigo 105.º do CT configura uma modalidade específica de cessação do contrato de trabalho, concedida e alicerçada em função da actuação de um instituto que a pressupõe como consequência jurídica eventual da sua actuação[277].

DE CARVALHO, «Percurso pela Cessação do contrato de trabalho», *Sub Judice*, n.º 27, 2004, pp. 11 ss., em especial, pp. 15-16.

[275] Como se compreenderá, um exame aprofundado das implicações decorrentes desta e das demais alterações ao regime legal da cessação do contrato de trabalho extravasaria manifestamente as fronteiras do presente estudo. No seu desenvolvimento, remetemos para a bibliografia citada nas notas anteriores, cingindo-se a presente análise à aludida necessidade de circunscrição da disciplina constante do artigo 105.º face ao sistema geral traçado pelo Cap. IX do CT, em especial no que concerne à eventual intersecção ou cruzamento de tais regimes jurídicos.

[276] Cfr. *infra* as referências relativas à polémica, anterior ao CT, em torno da qualificação da cessação do contrato de trabalho durante o período experimental como denúncia ou como rescisão.

[277] Salienta-se, no fundo, a ideia que se vem procurando imprimir na exposição precedente. Não pretendendo para já analisar do acerto da expressão encontrada para designar esta modalidade específica de cessação do vínculo laboral, poderá dizer-se que a denúncia do contrato de trabalho durante o período experimental constitui, a par das restantes modalidades enunciadas no já citado artigo 384.º CT, um regime ou modelo específico de extinção do vínculo laboral, cuja autonomização se fundamenta

154   *Do Período Experimental no Contrato de Trabalho*

Reconhecendo-se a especificidade de uma tal modalidade de cessação do vínculo laboral, permanece contudo a necessidade de apuramento do tipo de relação que intercede entre tal regime jurídico e as demais modalidades de cessação do contrato individual de trabalho, ou seja, importará apurar se a possibilidade de actuação de uma tal modalidade específica de cessação do contrato durante o período de experiência da relação de trabalho implica uma exclusão da aplicação do apontado regime geral ou se, pelo contrário, tal possibilidade se compagina e/ou articula com este regime jurídico e, neste caso, em que termos. A resposta, que poderá parecer relativamente evidente no quadro do nosso ordena-mento, suscita todavia dificuldades não negligenciáveis, sobretudo do ponto de vista prático[278].

De facto, se em princípio se afigura juridicamente admissível a actuação de outras causas de extinção durante o período experimental[279] – o que decorre, nomeadamente, dos diversos âmbitos de aplicação dos regimes jurídicos de cessação em causa – a verdade é que, do ponto de vista prático, o recurso às demais modalidades de cessação não será frequente porquanto o próprio regime específico de cessação deste período, não carecendo de alegação do motivo que determina a decisão de pôr termo ao contrato, surgirá como particularmente apelativo face às demais modalidades de cessação previstas pelo Código. Tal não significa, contudo, que surja uma verdadeira concorrência de regimes jurídicos

---

na circunstância da sua actuação se achar delimitada ou *funcionalizada* à actuação de um período experimental de certa relação laboral.

[278] Para além disso, e colocada a mesma questão no quadro de outros sistemas jurídicos, a resposta obtida não é unívoca.

[279] De facto, achando-nos em pleno no domínio da execução de um contrato de trabalho, o decurso do período experimental apenas determinará a inaplicabilidade dos segmentos normativos que resultem inconciliáveis com a actuação do instituto. Neste sentido se referiram determinados pontos específicos do regime jurídico aplicável ao contrato individual de trabalho durante o período experimental, *v.g.*, no que concerne à retribuição, aos parâmetros do lugar e tempo de trabalho, bem como às hipóteses de *jus variandi*. Assim, acentuou-se que, contrariamente ao que se poderia eventualmente supor, a actuação jurídica da experiência laboral toma, como condição da sua eficiência, um desenvolvimento da relação laboral tão próximo quanto possível dos termos em que tal relação se deverá desenvolver após tal período inicial de execução.

Quanto ao relacionamento entre o regime do período experimental e o despedimento colectivo, *vd.* BERNARDO XAVIER, *O Despedimento Colectivo no Dimensionamento da Empresa*, Verbo, Lisboa, 2000, pp. 392-394.

Parte II – Relação de Trabalho e Período Experimental   155

potencialmente aplicáveis à mesma situação de facto. Os distintos âmbitos de actuação dos regimes jurídicos em causa – que, como se compreenderá, não poderão ser aprofundados nesta sede – excluem uma tal hipótese de concorrência em sentido estrito ou técnico. Haverá, contudo, que reconhecer que a disciplina jurídica da extinção do contrato durante o período experimental propicia e potencia a sua aplicabilidade nesse domínio, em prejuízo das demais causas de cessação do contrato de trabalho.

Ainda a propósito do enquadramento das faculdades extintivas da relação de trabalho durante o período experimental face ao regime geral legal de cessação do vínculo laboral, afigura-se necessária a introdução de uma breve nota, agora relativa às eventuais repercussões do decurso do período experimental sobre a actuação de certas modalidades específicas de cessação do contrato individual de trabalho.

Procuramos assim referir-nos concretamente à *convivência* de tal regime com a disciplina jurídica estabelecida a propósito do chamado *despedimento por inadaptação* do trabalhador[280], sabendo que nos achamos, em qualquer das hipóteses, no domínio da apreciação e concretização do conceito de aptidão do trabalhador[281].

A questão surge, de facto, com particular acuidade no que respeita ao modo como se articulam os respectivos regimes jurídicos, mormente na apreciação da questão de saber se a superação do período experimental influenciará ou condicionará de algum modo o recurso ao regime do despedimento por inadaptação do trabalhador[282]. Na verdade, os campos de actuação dos conceitos de aptidão subjacentes à actuação do período experimental e do regime do despedimento por inadaptação não se confundem. Neste último caso achamo-nos face a uma inadaptação superveniente, recortada em função de uma alteração daquilo a que a lei se refere, numa perspectiva ampla, como *posto de trabalho*, modificação que se relaciona com o modo de realização da prestação – ou, nos termos do artigo 406.º do Código, que se traduz na situação que, *reportada ao modo*

---

[280] Hoje regulado pelos arts 405.º ss. CT.

[281] Ainda que – achando-se tais hipóteses de certo modo *confundidas* ou *amalgamadas* no quadro do sistema traçado, como se viu, pela Lei n.º 1952 – é hoje indubitável o distinto âmbito de aplicação dos institutos referidos. Assim também, e como se verá já de seguida, o recurso ao conceito de *aptidão*, enquanto pressuposto da actuação dos distintos regimes jurídicos.

[282] Neste sentido, MONTEIRO FERNANDES, *Direito do Trabalho*, *ob. cit.*, p. 327.

156 *Do Período Experimental no Contrato de Trabalho*

de exercício das funções do trabalhador, nomeadamente nas hipóteses previstas no n.º 2 daquela disposição, *tornem praticamente impossível a subsistência da relação de trabalho* – e que se recorta ainda face aos demais requisitos de que depende a verificação de uma situação de inaptidão. Achamo-nos, por isso, claramente, perante uma concretização do conceito de aptidão substancialmente distinta da pressuposta no âmbito de actuação do período experimental.

MONTEIRO FERNANDES refere a este propósito que, no despedimento por inadaptação "não se trata, pois, de inaptidão *originária* – ou seja, daquela que o período de experiência se destina a apurar"[283]. Permitimo--nos ainda acrescentar: trata-se, além do mais, de uma *inaptidão* verificada e verificável face a um modo de realização da prestação que, justamente, se diferencia e distancia já daquele que foi o parâmetro de avaliação empregue no âmbito da reali-zação da experiência[284].

3. A qualificação da cessação do contrato de trabalho durante o período experimental como denúncia

3.1. *A questão da qualificação da cessação do contrato de trabalho durante o período experimental no regime da LCCT*

Questão polémica no âmbito do anterior regime jurídico do período experimental respeitava à qualificação desta modalidade específica de cessação do contrato de trabalho. De facto, e como se referiu já inciden-talmente, no âmbito da LCCT, a redacção dos preceitos que se referiam ao período experimental achava-se particularmente descuidada no que se referia à qualificação e enquadramento da faculdade de cessação do contrato de trabalho durante esse período. O problema haveria de surgir tratado na doutrina, não sendo, porém, objecto de uma solução unívoca. De facto, e perante a letra dos arts. 43.º e 55.º da LCCT, questionava-se da qualificação jurídica que deveria quadrar a tais hipóteses.

---

[283] MONTEIRO FERNANDES, *ob. cit.*, p. 327.
[284] Sobre o ponto, na doutrina estrangeira, *vd.*, *v.g.*, ALONSO OLEA/CASAS BAAMONDE, *Derecho del Trabajo*, *ob. cit.*, p. 227.

Nesse sentido, PEDRO FURTADO MARTINS[285], salientando a incorrecção do termo *rescisão* e alertando para a referida falta de cuidado na terminologia utilizada nos preceitos referidos, qualificava esta modalidade de cessação do contrato de trabalho como *denúncia*, atenta a circunstância de nos acharmos ante uma modalidade de cessação do contrato *inteiramente livre*[286], que assim "(...)'representa uma fase de execução do contrato de trabalho durante a qual a legislação limitativa dos despedimentos não tem aplicação' ou, noutra formulação, que nele não valem as limitações à liberdade de desvinculação por acto unilateral das partes"[287].

Já JÚLIO GOMES[288], em análise àquele regime jurídico, ensaiava uma resposta diversa da aludida – alertando, em síntese, para a circunstância de que o aparente predomínio da qualificação desta modalidade de cessação como denúncia acarreta uma desconsideração das funções a que se acha determinada a concessão de tais faculdades extintivas do contrato de trabalho durante o período de experiência, abrindo uma ampla margem de arbitrariedade na justificação, que se cala, para o exercício de tais faculdades extintivas. Nesse sentido, e corroborando as considerações de JORGE LEITE[289] sobre o ponto, salienta aquele Autor que a qualificação

---

[285] *Cessação do contrato de trabalho*, *cit.*, p. 201.

[286] *Cessação do contrato de trabalho*, *cit.*, p. 201.

[287] *Cessação do contrato de trabalho*, *cit.*, pp. 201-202. O Autor acrescenta, em nota – *ob. cit.*, p. 201, nota (3) – que o período experimental cumpre, no nosso ordenamento, "(...) a mesma função que noutros ordenamentos é associada à exigência de uma antiguidade mínima para a aplicação das regras limitativas dos despedimentos". Nesse sentido, como se referiu, parece configurar-se o sistema alemão, ao estabelecer aquilo que a doutrina apoda de *período de espera* decorrente do § 1 – 1 da *KSchG* (*Lei de Protecção no Despedimento*), período durante o qual não se aplica o regime jurídico decorrente daquele diploma. Note-se, contudo, que tal como se procurou já indicar, esse *período de espera* não corresponde necessariamente a um período de experiência e por vezes nem mesmo a um período de execução do contrato.

Ainda a este propósito recorde-se o que se referiu *supra*, no ordenamento jurídico italiano, no que concerne ao artigo 10.º da Lei n.º 604 de 1966.

Compreendendo-se assim a referência de PEDRO FURTADO MARTINS, em especial face ao anterior quadro normativo português, terá de ser já outro, porventura, o modo de colocação do problema face ao regime jurídico vigente, mormente à *delimitação substancial* que parece ter-se pretendido alcançar com a nova disciplina legal do instituto.

[288] «Do uso e abuso do período experimental», *ob. cit.*, pp. 258-261.

[289] *Direito do Trabalho*, Vol. II, reimpr., Serviços de Acção Social da Universidade de Coimbra, Coimbra, 1999, pp. 64-65, onde se salienta – numa referência

158   *Do Período Experimental no Contrato de Trabalho*

de tal modalidade de cessação da relação laboral como *rescisão* não se tratará então de um mero *lapso* do legislador[290]. Pelo contrário, a referência à *rescisão* parece surgir, se bem compreendemos a posição do Autor, como a qualificação mais acertada de tais faculdades extintivas do contrato de trabalho durante o período experimental, face à necessária distinção entre a desnecessidade de alegação do motivo que determina a cessação do contrato de trabalho e a ausência de qualquer motivo para o exercício de tal faculdade[291].

Que pensar desta questão?

Deverá ter-se como certa, e assim é salientado na generalidade dos estudos referenciados, a redacção pouco cuidada dos preceitos que, no âmbito da LCCT, regulavam este ponto, tão sensível, do regime jurídico do período experimental. Por isso mesmo, e pese embora a relevância das considerações expostas no que se refere aos riscos de uma qualificação como denúncia de tais faculdades de cessação do vínculo contratual durante o período de experiência, a verdade é que o possível argumento literal em torno da sua qualificação como rescisão padece, em nosso entender, de uma grande fragilidade.

De facto, a *denúncia*, no seu sentido *tradicional*, é caracterizada pela doutrina civilista "(...) por ser a faculdade existente na titularidade de um contraente, de mediante mera declaração, fazer cessar uma relação contratual ou obrigacional em sentido amplo, a que está vinculado, (...)"[292].

Já ao abrigo do anterior regime, portanto, esta modalidade de cessação parecia de facto corresponder tecnicamente a uma denúncia, muito embora se compreendam as hesitações referenciadas. O Código do Trabalho veio agora qualificar expressamente tal modalidade de cessação como denúncia.

---

também indicada por JÚLIO GOMES, *cit.*, p. 259 – que, "sendo o período de experiência estabelecido em função de determinados motivos, a rescisão deverá ter como seu fundamento algum deles, não podendo, por isso, qualificar-se como arbitrária".

[290] «Do uso e abuso do período experimental», *cit.*, p. 259, referindo-se em nota as posições de MENEZES CORDEIRO e FURTADO MARTINS sobre o ponto. Cfr. *supra*.

[291] O Autor não deixa, contudo, de salientar, *cit.*, p. 260, que "(...) mesmo que se interprete a nossa lei no sentido de que tem de existir algum motivo (lícito) para a cessação no período experimental, ainda que este não tenha de ser invocado (...) subsiste um amplo espaço para práticas discriminatórias (...)".

[292] MOTA PINTO, *ob. cit.*, p. 622. No mesmo sentido, GALVÃO TELLES, *ob. cit.*, p. 383, nota ([356]).

Parte II – Relação de Trabalho e Período Experimental

3.2. A terminologia utilizada pelo Código do Trabalho e a qualificação como denúncia da cessação do contrato de trabalho durante o período experimental

O Código vem agora – acompanhando as alterações terminológicas a que procedeu também no que concerne às demais modalidades de cessação do contrato individual de trabalho[293] – qualificar as faculdades extintivas do contrato de trabalho durante o período experimental como *denúncia*.

Parece ficar assim excluída a aplicação do regime do despedimento – ideia que a própria referência legal à denúncia sem necessidade de *invocação de justa causa* já procura salientar, expressão que deve ser entendida, não no sentido de uma absoluta arbitrariedade do motivo inerente à actuação das faculdades extintivas da relação laboral mas sim, e tão-só, no sentido de que tal decisão não carece de alegação ou explicitação dos seus fundamentos.

4. Desnecessidade de alegação ou fundamentação da decisão de pôr termo ao contrato de trabalho durante o período experimental

Analisada a questão da denúncia do contrato de trabalho durante o período experimental num âmbito mais geral, é tempo de partir para a apreciação dos traços mais relevantes do seu regime jurídico, matéria em que o Código do Trabalho, num evidente esforço de clarificação das soluções que prossegue, introduz também certas alterações e outras tantas inovações.

Concentremos desde já a atenção naqueles que são os traços característicos da decisão de pôr termo ao contrato.

Assim, e nos termos do n.º 1 do artigo 105.º CT, a denúncia opera por meio de uma simples declaração, dirigida ao outro contraente, na qual se manifesta a vontade de extinguir o vínculo contratual em causa. Trata-se assim de uma declaração receptícia, cuja eficácia depende do conheci-

---

[293] Cfr. o que se referiu *supra*, a este propósito bem como a bibliografia aí indicada sobre o ponto.

[294] Cfr. art. 224.º n.ºs 1 e 2 do CCiv.

160 *Do Período Experimental no Contrato de Trabalho*

mento do declaratário ou de por ele poder ter sido conhecida[294]. Por outro lado, a lei não exige qualquer forma especial para tal declaração, valendo aqui o princípio geral da liberdade de forma.

No que respeita ao conteúdo da declaração, e na expressão do apontado n.º 1 do art. 105.º, não é exigida a *invocação de justa causa*[295], bastando a mera manifestação de vontade no sentido de extinguir a relação jurídica. Reproduz-se, pois, a formulação tradicional, acolhida pela generalidade da doutrina e jurisprudência como desnecessidade de alegação do motivo da decisão ou da sua fundamentação[296]/[297]. Neste sentido, e como se compreende, a referência à *justa causa* surge aqui numa acepção ampla ou lata de motivo ou fundamento da decisão de cessação do contrato de trabalho.

A desnecessidade de alegação ou de fundamentação da decisão de pôr termo ao contrato de trabalho durante a experiência não acarreta necessariamente a ausência de motivação ou uma absoluta discricionariedade de tal decisão. Como se procurou já indicar, as especiais faculdades extintivas da relação laboral durante o período experimental são assentes em função de determinado fim, correspondente, a traço largo, ao reconhecimento e atribuição de relevância jurídica à frustração da experiência[298].

---

[295] A expressão vem sendo reproduzida nos sucessivos diplomas que regulam o instituto.

Sobre o conceito de justa causa, de entre a extensa bibliografia sobre o ponto, *vd.*, por todos, BERNARDO XAVIER, *Da Justa causa de Despedimento no Contrato de Trabalho*, BFDUC, Supl. XIV, Coimbra, 1965.

[296] Neste sentido, *vd.* PUPO CORREIA, «Da experiência no contrato de trabalho», *cit.*, p. 265, RAUL VENTURA, «Do período de experiência no contrato de trabalho», *cit.*, p. 272, JÚLIO GOMES, «Do uso e abuso do período experimental», *cit.*, pp. 258 ss. Na manualística, entre outros, MONTEIRO FERNANDES, *Direito do Trabalho, cit.*, p. 325, ROMANO MARTINEZ, *Direito do Trabalho, cit.*, pp. 410-411, BERNARDO XAVIER, *Curso...*, *cit.*, p. 419 e MENEZES CORDEIRO, *Manual, cit.*, p. 580. Trata-se, aliás, ainda que com base em formulações legais distintas, de característica assinalada em geral à disciplina jurídica da cessação do contrato durante o período experimental.

[297] Na jurisprudência, entre outros, *vd.* Ac. RP de 15 de Abril de 2002, *CJ*, 2002, T. II, pp. 254-255.

[298] Ou, noutros termos, e como se procurou salientar, o eventual juízo de inadequação dos termos concretos da relação aos interesses e expectativas na sua celebração, que resultará da avaliação permitida pela actuação do instituto, manifesta-se juridicamente pela concessão aos contraentes de uma faculdade de cessação de tal vínculo. Tais faculdades extintivas assumem-se como um efeito ou consequência jurídica possível no quadro de actuação do instituto.

5. A exoneração legal de deveres indemnizatórios

O n.º 1 do artigo 105.º CT determina que a denúncia do contrato de trabalho durante o período experimental não determina, em si mesma, qualquer dever indemnizatório.

Esta afirmação não prejudica, contudo, nem, por um lado, a possibilidade de acordo dos contraentes em contrário, nem, por outro, a existência de eventuais deveres indemnizatórios com base noutros fundamentos[299].

Pretende-se assim salientar que não há lugar, em razão ou com fundamento na denúncia, a uma obrigação de indemnização da contraparte.

6. Aviso prévio

6.1. *Regime geral – Desnecessidade de aviso prévio*

Para além da ausência de explicitação da motivação subjacente à decisão de pôr termo ao contrato de trabalho e da isenção de inerentes deveres indemnizatórios, assoma ainda, como traço característico deste regime específico de denúncia durante o período experimental, a desnecessidade de sujeição de tal decisão a um aviso prévio.

Mantém-se assim, ainda que não sem algumas alterações, o traçado geral do regime da cessação do contrato de trabalho durante o período experimental no nosso ordenamento jurídico.

De facto, e como regime geral, o n.º 1 do artigo 105.º estabelece a desnecessidade de qualquer aviso prévio para a denúncia do contrato durante o período experimental, salvaguardando, contudo, a possibilidade de acordo das partes em contrário.

A excepção – e não pouco importante – a esta regra encontra-se, contudo, no n.º 2 desta disposição, preceito novo em relação ao regime jurídico anterior e que se analisa em seguida.

---

[299] Cfr. *supra*.

6.2. *O regime especial do n.º 2 do artigo 105.º CT – Necessidade de aviso prévio do empregador quando o contrato tenha durado mais de sessenta dias*

Como houve já oportunidade de referir de passagem[300], uma das novidades apresentadas pelo Código no que concerne ao regime jurídico da denúncia do contrato durante o período experimental consiste na imposição ao empregador de um aviso prévio de sete dias para o exercício de tal faculdade, quando o período experimental tenha durado *mais de sessenta dias* – n.º 2 do artigo 105.º CT[301]. Trata-se aparentemente de medida destinada a tutelar certa expectativa do trabalhador na subsistência da relação laboral que entretanto se vem desenvolvendo, em razão, justamente, do decurso da experiência que se encontra a decorrer[302]. Identificado o motivo que parece ter presidido à introdução de tal regime específico de aviso prévio, cumpre anotar as dificuldades que o mesmo poderá suscitar na sua aplicação prática.

Assim, e desde logo, acentue-se a circunstância de, conforme se deixou já indicado[303], nos acharmos aqui perante um regime imperativo, insusceptível, portanto, de ser afastado por acordo das partes[304]/[305].

---

[300] Cfr. *supra*, Tít. II.

[301] Disposição que não constava do Anteprojecto do Código mas que surge já no âmbito da respectiva proposta de lei, apresentada ao Parlamento e agora do preceituado na disposição em análise.

[302] Como salienta LUÍS MIGUEL MONTEIRO, em anotação à disposição referida, *ob. cit.*, p. 241, trata-se de "(...) evitar decisões 'surpresa' particularmente penalizadoras das expectativas que o trabalhador foi depositando na subsistência do contrato, em virtude da antiguidade deste".

[303] Cfr. *supra*.

[304] E, por maioria de razão, atento o que se referiu a propósito da interpretação do regime constante do n.º 1 desta disposição, também por norma constante de instrumento de regulamentação colectiva de trabalho.

[305] Atente-se, porém, no facto de, como se referiu *supra*, no âmbito da possibilidade de acordo de um regime diverso do que resulta do n.º 1 do art. 105.º CT, ser possível a estipulação de um aviso prévio de duração superior ao que aqui se prevê ou a exclusão do requisito de que depende a aplicação deste regime – haver decorrido o prazo de sessenta dias de duração do período experimental – ou ainda a *extensão* da exigência de um tal aviso prévio também às hipóteses em que se trate de uma denúncia pelo trabalhador. Não se tratarão porventura de hipóteses muito frequentes, atendendo ao que vem sendo a prática contratual neste domínio. Ainda assim, cumpre acentuar a possibilidade da sua ocorrência.

Parte II – Relação de Trabalho e Período Experimental 163

Nestes termos, não deixa de surpreender a margem de incerteza consentida pelo preceito em análise.

Antes de mais, e por um lado, anote-se que o aviso prévio aí estabelecido não se submete a qualquer exigência particular de forma, o que poderá determinar acrescidas dificuldades do ponto de vista da verificação do cumprimento de tal exigência.

Por outro lado, e de consequências bem mais sérias, é o reparo que se pode dirigir à ausência de estatuição das consequências jurídicas do incumprimento de tal aviso prévio, reparo que resulta agravado pela falta de explicitação do modo de cumprimento de tal regime jurídico.

Na verdade, e perante a redacção da disposição, surge a dúvida sobre o momento em que tal requisito deverá ter-se por cumprido em ordem à sua eficácia. Propende-se a considerar que o legislador terá pretendido – em sentido de certo modo semelhante ao que se verifica no aviso prévio destinado a impedir a renovação do contrato de trabalho a termo – que tal aviso prévio ocorra ainda durante o período experimental e antes do seu término[306]. A verdade, porém, é que tal solução não resulta de modo líquido ou inequívoco do texto legal e, numa matéria tão sensível, seria de esperar maior cuidado na estatuição de um tal regime jurídico.

Para além disso, subsiste a dúvida quanto às eventuais consequências jurídicas da violação do regime constante deste n.º 2 do artigo 105.º CT, quer nas hipóteses em que o aviso prévio é omitido, quer nas hipóteses em que, achando-se a eficácia extintiva de tal declaração dependente do decurso do referido prazo – isto é, tornando-se eficaz apenas no termo de tal prazo – o seu decurso ou respectivo termo ocorra para lá do limite da duração do período experimental.

Começando pela análise desta última hipótese, poderá afirmar-se que, em tal caso – e propendendo, como se referiu para aceitar a solução que exige que o termo do prazo de aviso prévio ocorra ainda durante o período experimental – uma vez que a eficácia extintiva da declaração apenas ocorre no termo de tal prazo, deverá tal declaração ser tida por ineficaz, por extemporânea. Este será, a nosso ver, o único entendimento susceptível de garantir algum sentido útil à exigência de um tal aviso prévio.

---

[306] Neste sentido, Luís Miguel Monteiro, *cit.*, p. 241, referindo que "(...) a denúncia do contrato cujo período experimental tenha durado mais de sessenta dias encontra-se sujeita a pré-aviso de sete dias, cujo termo deve verificar-se ainda no decurso daquele mesmo período experimental".

164 *Do Período Experimental no Contrato de Trabalho*

Quanto à outra hipótese referida – de incumprimento do aviso prévio nas hipóteses em que este seja exigível por aplicação do regime decorrente desta disposição – surgem sérias dúvidas quanto às consequências jurídicas que daí deverão decorrer. A denúncia deverá ter-se por ineficaz, prosseguindo a relação laboral e, consequentemente, o período experimental? Ou, diversamente, deverá a declaração de denúncia considerar-se eficaz, sujeitando-se contudo o empregador que incumpriu tal prazo de aviso prévio, à obrigação de indemnizar o trabalhador pelos danos que daí possam eventualmente decorrer?[307]

As dificuldades, face ao silêncio da lei quanto a este ponto, afiguram-se evidentes e, associadas à ausência de qualquer forma específica para a declaração de denúncia, abrem largo caminho a sérias dificuldades de actuação prática de um tal regime jurídico – resultando, a nosso ver, em bem pouco a protecção que se terá porventura pretendido lograr por esta via.

Atrevemo-nos a avançar assim, não sem alguma hesitação, no sentido de que a declaração de denúncia feita pelo empregador sem observância do aviso prévio estabelecido no n.º 2 do art. 105.º para as hipóteses em que o período experimental tenha durado mais de sessenta dias, será ineficaz, perdurando a relação laboral e respectivo período experimental. Reconhece-se, contudo, a dificuldade de actuação e verificação prática de tal solução.

Uma nota mais, apenas para assinalar uma outra dificuldade suscitada quanto à aplicação deste regime, relativa ao cômputo do prazo aí estabelecido como condição de exigibilidade de um aviso prévio para a denúncia pelo empregador. Note-se que, de facto, a disposição que se vem analisando impõe a aplicação de tal aviso prévio *tendo o período experimental durado mais de sessenta dias*. O que deve ser considerado como *duração do período experimental* para este efeito? Pense-se, por exemplo, na hipótese de tal período de sessenta dias – de *execução do contrato*, atendendo ao disposto no n.º 2 do artigo 106.º do Código – ter sido preenchido por acções de formação – compreendidas, como se viu, na execução do contrato para efeitos de contagem do período experimental (nos termos do n.º 1 da mesma disposição). Poderá considerar-se, em tais hipóteses, que houve uma efectiva possibilidade de experiência ou, nos termos do n.º 2 do artigo 104.º, de apreciação *do interesse na manutenção do contrato de trabalho*? Argumentar-se-á possivelmente que não

---

[307] Trata-se, no fundo, de determinar em que medida o aviso prévio se configura como condição de eficácia da própria declaração de denúncia.

Parte II – Relação de Trabalho e Período Experimental   165

será curial que o empregador se disponha a denunciar o contrato face a um tal investimento na formação do trabalhador, sem que antes, ao menos, não procure *experimentar* ou *verificar* o seu desempenho na realização efectiva da prestação. Mas pode acontecer que por essa via se procure um modo alternativo – e abusivo – de selecção de trabalhadores, promovendo--se a contratação de um conjunto de trabalhadores que, porventura desconhecendo-o, estarão a *competir* entre si para o preenchimento de um único lugar, funcionando tais acções de formação como um processo de recrutamento pouco transparente nos moldes da sua actuação e gerando falsas expectativas na subsistência de um vínculo que, na verdade, se encontra para a maior parte desses trabalhadores *condenado* a não subsistir ao período de duração da experiência[308].

Em suma, e em jeito de balanço ao regime introduzido pelo n.º 2 do artigo 105.º CT, sobreleva a impressão de que, na ânsia de tutelar a posição naturalmente fragilizada do trabalhador durante este período – e porventura num reconhecimento implícito da largueza da duração que o período experimental pode atingir no nosso ordenamento – o legislador avançou, sem os devidos cuidados, para uma solução legal que levantará, do ponto de vista da sua actuação, hesitações e dificuldades porventura maiores e em maior número do que as questões que efectivamente resolverá.

7. Denúncia ilícita. Fundamentos e consequências jurídicas

De tudo quanto se foi já avançando no que concerne à possibilidade de cessação da relação jurídica laboral durante o período experimental, parece poder alinhar-se desde já certo conjunto de pontos seguros na delimitação de tal regime jurídico, pontos esses que poderão agora auxiliar à determinação do regime jurídico aplicável às hipóteses de denúncia irregular ou ilícita – isto é, às hipóteses em que o exercício das faculdades extintivas de tal relação jurídica laboral *exorbita* ou *transcende* os limites da permissão específica concedida pela actuação do instituto.

---

[308] Demonstrando, segundo nos parece, preocupação de natureza semelhante, *vd.* as hipóteses referidas, ainda no quadro da legislação anterior, por JÚLIO GOMES, «Do uso e abuso do período experimental», *cit.*, pp. 47-48, de utilização abusiva do período experimental como forma de evasão ao regime da contratação a termo.

Assim, e desde logo, compreende-se que a cessação do contrato de trabalho nestas hipóteses se configura como uma consequência jurídica, lógica e necessária, da concessão de relevância jurídica aos interesses experimentais no quadro da relação individual de trabalho – o que, como se viu, não conflitua com a circunstância de se tratar de uma característica eventual no quadro da consideração de tais interesses. Por outro lado, e como se observou, o sistema adoptado pelo legislador português permite autonomizar tais faculdades extintivas, em atenção aos especiais interesses a que se acham ordenadas e sujeitas, como uma modalidade específica de cessação da relação jurídica laboral, que, não conflituando com o sistema geral legal de cessação do contrato de trabalho, também com ele não se confunde e, bem pelo contrário, se determina por uma lógica própria, de que resulta também um regime jurídico com traços peculiares – entre os quais avultam, como se viu, a desnecessidade de explicitação do motivo da decisão de pôr termo à relação jurídica em causa, a exoneração de deveres indemnizatórios decorrentes de tal decisão e a ausência, ao menos em sede geral, de um aviso prévio como condição de eficácia da declaração extintiva da relação jurídica em causa.

Dito isto – e salientando uma vez mais a circunstância de tal modelo se achar fundamentado numa lógica específica, que procura atender ao que poderíamos chamar de *margem de risco contratual* inerente ao reconhecimento e tutela de interesse experimental na contratação laboral – será porventura mais evidente a natureza do instrumento jurídico adequado à reacção contra actuações que, sobrelevando os limites de tal permissão para o exercício de faculdades extintivas, consubstanciam manifestações *disfuncionais* do instituto. Assim, a consideração de tais hipóteses deverá situar-se, justamente, no âmbito do regime do *abuso de direito*, considerando-as, consequentemente, como hipóteses de *denúncia abusiva* e sujeitando-as desse modo ao regime que decorrerá de tal qualificação.

Dito de outro modo, e procurando explicitar um pouco mais o nosso pensamento quanto a estas hipóteses de *desvio* ao objectivo ou propósito a que tais faculdades extintivas se acham ordenadas e submetidas – hipóteses em que, como se reconhece em geral na doutrina, nos movemos num *campo minado* por dificuldades práticas de vulto, decorrentes em especial do *direito a calar* os motivos que presidiram à decisão de pôr termo ao vínculo contratual assumido – o recurso à denúncia durante o período experimental não se assume como uma faculdade absolutamente discricionária ou mesmo arbitrária. Bem pelo contrário, procura-se assim

Parte II – Relação de Trabalho e Período Experimental   167

salientar que nos achamos ante uma faculdade orientada (ou vinculada *hoc sensu*) ao fundamento geral de um instituto que, permitindo o reconhecimento e tutela de interesses experimentais na relação jurídica laboral, aceita os corolários lógicos desse reconhecimento[309], não deixando, porém, de sujeitar tais especiais faculdades de actuação extintiva do vínculo contratual em causa aos estritos termos em que se fundamenta ou se justifica o reconhecimento e tutela jurídica da experiência.

Nesta linha, e a fechar as breves notas que se procuram introduzir sobre esta questão, parece poder considerar-se que o meio adequado de reacção contra as hipóteses em que a denúncia do contrato opera para lá dos limites em que se fundamenta a concessão de uma tal faculdade, se encontrará na aplicação do regime do abuso de direito – consagrado em termos gerais, como se sabe, no artigo 334.º do Código Civil – e não, pelas razões que se procuraram explicitar, na sua subsunção aos regimes do despedimento ilícito ou de violação da disciplina jurídica da denúncia do contrato pelo trabalhador, regimes que observam uma lógica própria e diversa da que preside à concessão das faculdades de denúncia do contrato de trabalho durante o período experimental.

Não deixando de reconhecer as dificuldades práticas de actuação e verificação das hipóteses de denúncia abusiva, conforme se procurou salientar, tais dificuldades não poderão obstar, em nosso entender, ao reconhecimento de que é justamente no domínio aplicativo típico deste modelo que se alcança uma correcta tutela de tais casos.

As considerações precedentes não respondem ainda, contudo, à indagação pelo fundamento do reconhecimento de um tal regime específico no domínio laboral. A resposta a esta questão, como se procurou salientar logo no início da investigação, relaciona-se com as funções e, de modo especial, com o fundamento do instituto no nosso ordenamento jurídico – o que equivale, em suma, a enfrentar a questão do sentido último do reconhecimento deste instituto no quadro de certo sistema juslaboral e, concretamente, no quadro do actual Direito do Trabalho em Portugal. A esta radical interrogação, que se assume simultaneamente como conclusão de fundo da análise que se vem desenvolvendo, dedicaremos a nossa atenção ao tratar, na parte seguinte, e derradeira, da exposição, da questão da natureza jurídica do instituto.

---

[309] Designadamente, e como se viu logo de início, a circunstância da relevância jurídica do fenómeno *experiência* se achar em geral na sua possibilidade de influir sobre os destinos da relação jurídica em causa. Cfr. *supra*, Tít. I.

PARTE III

NATUREZA JURÍDICA
DO PERÍODO EXPERIMENTAL

1. Razão de ordem

Logo nas considerações gerais sobre o instituto objecto do presente estudo, salientou-se a circunstância de, durante largo tempo, a elaboração doutrinária em torno da experiência jurídico-laboral se ter centrado no debate relativo à sua natureza jurídica[310]. Nesse sentido, e como se observou, não faltou sequer a esta temática o epíteto de *vexata quaestio* do instituto[311] e a constatação de que em seu torno se desenvolveu o que PUPO CORREIA apelidou de *floração doutrinária de extraordinário brilho*[312]. Porém, a circunstância de apesar de tudo se manterem apartadas diversas orientações quanto à questão, sem que nenhuma delas pareça ter tido um claro vencimento, contribuiu, como se fez notar, para o grassar de certo esmorecimento na investigação relativa ao instituto.

Pois bem. Não permitindo a economia da exposição desenvolver, com a necessária profundidade, o estudo que tão intrincada questão reclama, não seria contudo recomendável que, a fechar a análise que se vem desenvolvendo em torno do actual regime jurídico do instituto – e face às conclusões que porventura se foram conseguindo alinhar – não se deixasse, ainda que a traço largo, uma menção ao modo como na actualidade, e face ao ordenamento jurídico português, se poderá colocar (ou reconduzir) a questão da natureza jurídica do período experimental.

Nesse intuito, afigura-se necessária uma alusão sumária aos termos fundamentais do modo como o tema veio sendo abordado e resolvido, tarefa em que apelaremos para a classificação – que, com algumas variantes, se pode já considerar tradicional – pela qual se procuram distinguir e enquadrar as diversas teorias relativas à natureza jurídica do instituto.

---

[310] Cfr. *supra*.

[311] Assim, expressamente, PUPO CORREIA, «Da experiência...», *cit.*, p. 284.

[312] PUPO CORREIA, *Da experiência no contrato de trabalho*, policop., *cit.*, p. 224, referido por JÚLIO GOMES, «Do uso e abuso do período experimental», *cit.*, p. 271.

Assim, procurar-se-á uma destrinça entre os dois grandes grupos de teses, respectivamente apodadas de *dualistas* e *monistas*, segundo um critério que as unifica, dentro de cada grupo, pela circunstância de se reconhecer uma nota de autonomia no modo de conformação jurídica da experiência ou, inversamente, se configurar a realização da experiência como momento ou fase de um vínculo contratual unitário. Procurar-se-á analisar assim – e ainda que, como se referiu, em termos necessariamente sumários – as grandes linhas de argumentação desenvolvidas com base nos distintos modos de perspectivação do instituto a que se aludiu, referindo as principais teses que, dentro de cada grupo, foram sendo simultânea ou sucessivamente consideradas. Só então, e abreviadamente explicitadas as linhas gerais da evolução do tratamento desta questão, se procurará, podendo fazê-lo, ponderar o modo como na actualidade se poderá responder à indagação pela natureza jurídica do instituto.

2. Teses *dualistas* sobre a natureza jurídica da experiência juslaboral

As teses sobre a natureza jurídica do instituto apodadas de *dualistas* partilham, sem prejuízo das múltiplas variantes em que surgem, um inciso fundamental comum – justamente o de que a experiência de uma relação laboral se autonomiza, em razão do seu objecto, da relação jurídica experimentada.

Ora, foi justamente em torno dessa premissa inicial que se fundaram as diversas posições doutrinárias que em seu torno se desenvolveram, desde as que configuram a experiência como objecto de um contrato especial de trabalho às que a concebem como situação jurídica preliminar ou vínculo contratual autónomo mas associado por determinado nexo ou *ligamento* funcional ao vínculo contratual laboral que constitui objecto da experiência[313].

Sendo unitária, sem prejuízo das diversas matizes assinaladas, a premissa fundamental em que se estruturam tais teorias, unitária é também a crítica que a estas foi sendo desenvolvida ao longo do tempo. Na

---

[313] A particular actualidade que mantêm ainda hoje as páginas da obra de Pupo Correia sobre o tema permitem-nos remeter maiores desenvolvimentos para as indicações fornecidas nessa obra - «Da experiência no contrato de trabalho», *cit.*, pp. 285 ss.

Parte III – Natureza Jurídica do Período Experimental

verdade, pretender dissociar o período de experiência do vínculo contratual laboral em que assenta e em função do qual se determina o próprio conteúdo e sentido da actuação do instituto não pode ser feito sem que se caia num *artificialismo* injustificado. E tão pouco a existência de um dever autónomo de realização da experiência permite sustentar um conteúdo ou causa jurídica específica, que justifique tal autonomização contratual da experiência face à relação jurídica que se encontra na sua base.

Como salienta VAL TENA, numa síntese lapidar das críticas dirigidas às teses dualistas, pretender autonomizar o período experimental enquanto vínculo contratual autónomo determina uma "(...) quebra injustificada e artificial do negócio contratual. (...) não há um consentimento sucessivo (...); o único acordo de vontades determinante dos direitos e obrigações das partes é o que tem lugar *ab initio*" (tradução nossa)[314].

Face à análise desenvolvida em torno da disciplina jurídica do instituto no nosso ordenamento jurídico afigura-se hoje indiscutível a insuficiência das teorias *dualistas* na explicitação e explicação cabal da natureza jurídica do período experimental[315].

3. Teses *monistas* – O período experimental como fase ou momento inicial de um vínculo contratual unitário

Das insuficiências apontadas às aludidas teses *dualistas*, e numa clara tentativa de superar tais insuficiências e dificuldades, foram sendo desenvolvidas na doutrina diversas teses que, superando tal perspectiva dualista, admitem um tratamento agregado ou de conjunto sob a perspectiva da sua premissa fundamental – que consiste, precisamente, na constatação de que o período experimental se configura como momento ou fase de um vínculo contratual laboral unitário[316].

---

[314] *Pacto de Prueba y Contrato de Trabalho*, *ob. cit.*, p. 47. Cfr. também Autor e obra citada na nota anterior.

[315] A posição referida não deixa contudo de manter defensores, muito embora numa posição minoritária, noutros ordenamentos jurídicos. Nesse sentido, em Espanha, *vd.*, MONTOYA MELGAR, *Derecho del Trabajo*, *ob. cit.*, pp. 517 ss., configurando a experiência como contrato de trabalho especial. Em Itália, *vd.*, entre outros, GIULIANO MAZZONI, *Manuale di Diritto del Lavoro*, Vol. I, Giuffrè, Milano, 1988, pp. 1058 ss.

[316] Na impossibilidade de desenvolver aprofundadamente as diversas cambiantes com que na doutrina se vêm apresentando as várias teorias susceptíveis de enquadramento

174   *Do Período Experimental no Contrato de Trabalho*

Com base nessa premissa fundamental, várias teorias foram sendo construídas, procurando sucessivamente combater e ultrapassar as dificuldades e críticas que lhes vão sendo apontadas e que, globalmente, podem sumariar-se na insuficiência do recurso aos esquemas civilísticos tradicionais dos elementos acidentais do negócio jurídico para explicar cabalmente toda a complexidade hoje ínsita num instituto de feições tão peculiares como o período experimental.

De facto, e dentro das chamadas teorias *monistas* sobre a natureza jurídica do período experimental, é possível distinguir entre aquelas que configuram a experiência como uma condição (suspensiva ou resolutiva, consoante os casos) inserta no contrato de trabalho e as que a configuram como uma figura complexa, combinando termo e condição.

Das cambiantes apontadas, a que parece ter alcançado maior difusão é justamente a que configura o período experimental como *condicio si voluero*.

Seja de que modo for, e sem prejuízo de outros desenvolvimentos que a economia da exposição não permite desenvolver nesta sede, a crítica que, na perspectiva do sistema jurídico português pode ser globalmente dirigida a tais teses, encontra-se na circunstância de se procurar através delas um enquadramento do instituto segundo o modelo civilístico das cláusulas acessórias ao negócio jurídico, o que – podendo porventura discutir-se noutros ordenamentos jurídicos onde, como se referiu, se assenta o modelo de actuação da experiência numa solução de base convencional – não permite explicar cabalmente a natureza jurídica do instituto, nas suas peculiaridades e especificidades, no quadro do ordenamento jurídico português.

De facto, a nosso ver, a *importação* das soluções propostas no quadro dos ordenamentos jurídicos estrangeiros esquece uma premissa fundamental, insusceptível de ser escamoteada na análise da solução do ordenamento jurídico português. Trata-se, justamente, da circunstância de nos acharmos perante um sistema de reconhecimento e tutela da experiência juslaboral que a toma como elemento *natural* ou *comum* da

---

na visão unitária ou monista do instituto, remetemos para as considerações expostas por PUPO CORREIA, «Da Experiência No Contrato De Trabalho», *cit.*, pp. 297 ss. – ainda que, como se verá adiante, não se siga a solução adoptada por este Autor no tratamento da questão da natureza jurídica do instituto, ao menos na actualidade. *Vd.* ainda, entre outros, a síntese apresentada por VAL TENA, *ob. cit.*, pp. 48 ss.

relação de trabalho, elemento que congrega uma feição e características que o puro e simples enquadramento como cláusula acessória do negócio jurídico não basta para explicar.

Dito isto, e na impossibilidade de alinhar pouco mais do que umas brevíssimas considerações em torno de tão complexo e discutido tema, procuraremos explicitar, a concluir, aquelas que nos parecem as perspectivas fundamentais para uma análise actual desta questão face ao ordenamento jurídico português.

4. Perspectivas actuais sobre a natureza jurídica do período experimental. O fundamento do instituto no ordenamento juslaboral português

Numa observação que se afigura particularmente sugestiva, e em jeito de balanço aos diversos modos como veio sendo perspectivada a questão da natureza jurídica do instituto, PIÑERO-ROYO salienta que esta demonstra "(...) a vontade de enquadrar o [período experimental] entre as categorias da dogmática tradicional do contrato; a sua qualificação como condição resolutiva, como condição suspensiva, como pré-contrato, todas elas obedecem a este intento de 'normalizar' o período de experiência do ponto de vista doutrinal. Quando esta busca esquece uma premissa maior, que o Direito do Trabalho abandonou há muito a ortodoxia dogmática, *laboralizando o direito dos contratos*. Não tem muito sentido manter esta opção metodológica. (...) estamos a falar duas linguagens distintas e melhor seria, talvez, começar a analisar o [período experimental] assumindo também *que se trata de um instituto que expressa uma lógica própria em matéria de contratos, a laboral*. Uma lógica em que as finalidades próprias do Direito do Trabalho distorcem ou modelam as regras tradicionais, de acordo com os seus princípios próprios"[317/318].

De facto, não parece que a questão da natureza jurídica do instituto se possa reconduzir hoje a um qualquer esquema civilístico tradicional, tal

---

[317] «El período de prueba (En torno al articulo 14)», *REDT*, cit., p. 468. (Tradução e sublinhados nossos).

[318] Em sentido idêntico parecem seguir também, entre nós, JÚLIO GOMES, «Do uso e abuso do período experimental», *cit.*, p. 271 e MONTEIRO FERNANDES, *Direito do Trabalho*, *ob. cit.*, p. 329.

como veio sendo colocada em momentos anteriores. A afirmação precedente resulta, a nosso ver, e além do que se apontou, da circunstância de que, também no quadro do ordenamento jurídico português, não nos acharmos perante um qualquer instituto que contrarie ou exorbite os princípios gerais enformadores do Direito do Trabalho enquanto área jurídica autónoma de regulação e, muito menos, que a sua justificação – ou, dito de outro modo, a procura por uma compatibilização entre o período experimental e tais princípios gerais enformadores do Direito do Trabalho[319] – se possa alcançar por meio de uma *fuga* ou *enquadramento forçado* do instituto em quadros que, apesar de eventuais pontos de contacto, não permitem de todo responder cabalmente às especificidades (e também às dificuldades e desafios) que o reconhecimento e tutela jurídica de interesses experimentais na relação jurídica laboral hoje colocam.

Indagar pela natureza jurídica do instituto implica hoje, por isso, uma análise aprofundada ao modo como o instituto se relaciona com o traçado fundamental do sistema jurídico em que se insere e envolve também, por conseguinte, uma busca pelo seu sentido último, pela referida finalidade tipificadora ou definitória do instituto – o seu fundamento, afinal, que só agora, e em face da investigação já desenvolvida, estaremos porventura habilitados a procurar.

Atentemos, pois, na questão do fundamento do período experimental, nos termos e com o propósito apontados. A análise desta questão determina, como se procurou fazer notar, a necessidade de proceder a um exame do instituto na perspectiva da justificação do seu reconhecimento e regulação em determinado ordenamento jurídico e, consequentemente, do seu enquadramento e relação com o sistema em que se insere[320].

---

[319] Pensa-se aqui, em especial, no que respeita à *compatibilização* das faculdades extintivas da cessação, no seu regime e fisionomia própria, com a tutela, entre nós constitucionalmente garantida, da estabilidade no emprego e na proibição constitucional de despedimentos sem justa causa.

[320] Se, como salienta designadamente JOSÉ JOÃO ABRANTES, «O Código do Trabalho e a Constituição», *cit.*, p. 69, o contrato individual é "(...) provavelmente como nenhum outro, constitucionalmente condicionado, (...)", a busca pela natureza jurídica do instituto não poderá fugir ao confronto e explicitação da relação do período experimental com tais princípios enformadores do ordenamento juslaboral – e, de modo especial, na sua relação com o princípio da estabilidade no emprego.

Parte III – Natureza Jurídica do Período Experimental

Colocada a questão nestes termos, parece resultar particularmente relevante a consideração do modelo de contratação laboral que no nosso ordenamento é assumido como paradigma da relação de trabalho subordinado – o contrato de trabalho por tempo indeterminado, desenvolvido num quadro empresarial[321]. Como se sabe, tal modelo encontra na vertente da estabilidade um dos seus principais vectores da sua regulação[322]. Ora, é justamente nessa ideia ou vertente da estabilidade que parece poder alcançar-se o alicerce para o reconhecimento do período experimental, enquanto a acentuação de tal valor motive – ainda que porventura não directamente – a relevância do reconhecimento da figura no quadro de um tal modelo de contratação e, simultaneamente, porventura determine – como parece, de facto, determinar – a sua fisionomia, conformando as particulares faculdades que através dela são actuadas.

Repare-se, inclusivamente, que a afirmação da estreita conexão do instituto com a estabilidade e segurança no emprego, não deixa de ser frequentemente assinalada[323]. Para lá, todavia, da enunciação de tal

---

[321] Como se referiu anteriormente, a legislação portuguesa adopta determinado modelo de regulação jurídica da prestação de actividade por conta de outrem como paradigma da relação laboral – justamente, a prestação de trabalho livre, retribuído, subordinado, desenvolvido no quadro da empresa. Cfr. *supra*.

[322] Estabilidade que se assume como valor constitucionalmente garantido e tutelado – cfr. artigo 53.º da CRP. Sobre o ponto, *vd.*, entre outros, desenvolvidamente, GOMES CANOTILHO/ VITAL MOREIRA, *Constituição da República Portuguesa Anotada*, 3.ª ed., Coimbra Editora, Coimbra, 1993, anot. ao artigo 53.º CRP, pp. 284 ss., JORGE MIRANDA/ RUI MEDEIROS, *Constituição Portuguesa Anotada,* Tomo I, Coimbra Editora, Coimbra, 2005, anot. ao artigo 53.º CRP, pp. 498 ss. Conservam todo o interesse as considerações desenvolvidas por BERNARDO XAVIER, «A estabilidade no Direito do Trabalho Português», Sep. ESC, *cit.*, e também, de modo relacionado, MONTEIRO FERNANDES, «O despedimento 'ad nutum' e a relevância dos motivos», *ESC*, Ano III, n.º 9 (1964), pp. 13 ss.

[323] Muito embora por vezes a título incidental e numa perspectiva diversa da que, como se verá, se procura imprimir na acentuação de tal vertente. De facto, e em regra, face a um quadro normativo precursor da estabilidade da contratação laboral – e onde, consequentemente, os poderes de cessação do contrato por iniciativa do empregador se encontram limitados – o período experimental é configurado como instrumento que visa em primeira linha uma *flexibilização* temporária de tal regime restritivo, surgindo assim em confronto ou como regime excepcional que nega ou limita, no espaço da sua actuação, a plena vigência do princípio da estabilidade. Nesta perspectiva, em suma, concebe-se o período experimental como instituto que de certo modo obsta ou contraria a estabilidade das relações laborais.

conexão, resulta sobretudo necessária a explicitação e desenvolvimento dos termos em que tal conexão se estabelece, a par das implicações que daí decorrem sobre o modelo normativo concretamente adoptado no reconhecimento do instituto. Análise que assume tanto maior relevo quando, ainda para mais, é certo que o ordenamento português encara a experiência laboral como *elemento natural* do contrato individual de trabalho ou, em bom rigor, do modelo que elege como paradigma de contratação laboral[324].

Atente-se assim, e antes de mais, neste modo de colocação do problema.

Ora, a consagração de um regime experimental é em geral assumida como um dos termos de uma relação entre esse instituto e o desenho geral do sistema de cessação da relação de trabalho. Diz-se, neste sentido, que o instituto do período experimental apenas surge e alcança sentido útil num quadro normativo norteado por princípios de segurança e estabilidade do emprego, princípios esses que determinam uma constrição, de maior ou menor amplitude, aos poderes de desvinculação do empregador. Nesta perspectiva, o período experimental surgiria, numa expressão que fez escola, como *válvula de escape*[325] da rigidez do sistema de cessação da relação laboral por iniciativa do empregador, permitindo consequentemente – pelo temporário *relaxamento* das limitações determinadas pela actuação e concretização de tais princípios – uma eliminação de um certo risco empresarial subjacente à rigidez de tal sistema[326]. Sintetizando, o fundamento último do período experimental achar-se-á na necessidade de

---

[324] Neste sentido, *v.g.*, JÚLIO GOMES, *cit.*, p. 57. Não assim noutros sistemas, que, sem prejuízo do reconhecimento da conexão existente entre o reconhecimento do período experimental e a ideia de estabilidade dos vínculos laborais – muito embora os termos em que se caracteriza tal conexão não sejam coincidentes – reconhecem o instituto com base num diverso modelo de normação, designadamente enquanto configuram a experiência laboral como elemento acidental do contrato de trabalho. Assim, por exemplo, em Espanha, em França, na Itália ou na Alemanha, onde, desconsiderando evidentemente as particularidades de regime, é possível acentuar, enquanto traço comum do modelo normativo de reconhecimento do instituto, a circunstância do seu funcionamento se achar dependente de convenção – individual ou por via da contratação colectiva – nesse sentido. Cfr. *supra*.

[325] DE LITALA, *apud* VAL TENA, *ob. cit.*, p. 30.

[326] Neste sentido, entre outros, VAL TENA, *ob. cit.*, pp. 25 ss. e MARTIN VALVERDE, *ob. cit.*, p. 141 ss. e 149 ss.

Parte III – Natureza Jurídica do Período Experimental 179

introduzir um mecanismo de reequilíbrio da situação laboral decorrente da limitação aos poderes de denúncia *ad nutum* do empregador[327]. Consequentemente, o período experimental surge como uma espécie de *mal necessário*, num sistema que, propugnando a estabilidade do emprego, carece todavia de introduzir certos factores de reequilíbrio a uma actuação rígida de tal princípio[328].

A verdade, porém, é que, a nosso ver, tal entendimento parece determinado por uma sobrevalorização de uma das vertentes de análise do problema, conduzindo em certa medida a uma compreensão enviesada do fundamento do instituto.

De facto, é certo que, ao permitir o exercício de certas faculdades extintivas por parte do empregador, o período experimental se determina como instrumento de tutela de certo interesse inerente à posição jurídica deste contraente – simultaneamente enquanto empregador e enquanto titular da empresa (tomada, como se referiu já, enquanto quadro do desenvolvimento da relação laboral). Porém, a afirmação precedente não invalida, a nosso ver, que a questão do fundamento do instituto se deva situar a montante de tais considerações. Não negando a sua evidência, a verdade é que tal justificação toma uma visão do instituto restrita à sua vertente de actuação e relação com os modos de cessação da relação laboral, aparentemente desconsiderando a circunstância – que parece

---

[327] Para uma análise desenvolvida da evolução do tratamento legal do sistema de cessação do contrato de trabalho por iniciativa do empregador, *vd.* PEDRO FURTADO MARTINS, «Despedimento Ilícito, Reintegração na Empresa e Dever de Ocupação Efectiva – Contributo para o Estudo dos Efeitos da Declaração de Invalidade do Despedimento», Supl. *Direito e Justiça*, Universidade Católica – Faculdade de Direito, Lisboa, 1992, pp. 57 ss. mantém também todo o interesse a monografia anterior à citada (adoptando uma perspectiva comparatista sobre o tema) de MESSIAS DE CARVALHO/ NUNES DE ALMEIDA, *Direito do Trabalho e Nulidade do Despedimento, cit. supra.*

[328] É justamente deste modo de colocação da questão que decorre a asserção de que o período experimental visa a eliminação de um risco empresarial potenciado pelas restrições das faculdades de cessação da relação laboral que para o empregador derivam como concretização e actuação da ideia de estabilidade do vínculo laboral. Daí até à consideração do período experimental como instituto exclusivamente destinado à satisfação do interesse do empregador vai um pequeno passo, assim podendo sintetizar-se, arriscamos, as teses que defendem a *unilateralidade* dos interesses tutelados pelo instituto. Neste sentido, podem apontar-se, a título de exemplo, as considerações expendidas, no quadro do direito espanhol, por MARTIN VALVERDE, *ob. cit.*, p. 141 ss. e VAL TENA, *ob. cit.*, p. 25 ss., entre outros.

180   *Do Período Experimental no Contrato de Trabalho*

intuir-se – de que a experiência não se esgota numa hipótese de permissão para a cessação de certa relação jurídica. Diversamente, a valoração e o consequente juízo de adequação da relação que se procuram promover por via da actuação do instituto constitui-se como meio de promoção e realização da estabilidade do vínculo contratual. E é justamente nesta dupla vertente, sobretudo na que acabamos de assinalar, que parece poder achar-se o fundamento para o reconhecimento e tutela da experiência laboral.

De facto, não fora um claro propósito de promoção da estabilidade das relações laborais e não se acharia necessidade de dotar o ordenamento de meios jurídicos destinados a promover a acomodação entre os interesses dos contraentes e o quadro jurídico por via do qual operam. Dito de outro modo, ao permitir uma avaliação e selecção dos *programas contratuais* mais adequados, o sistema procura garantir e promover a estabilidade que toma como um dos objectivos da normação juslaboral[329]. Obnubilar tal dimensão ou vertente da relação do instituto com o sistema em que se integra parece conduzir, como se referiu, a uma perspectivação enviesada do instituto.

Assim, e em suma, o fundamento do instituto parece poder situar-se no reconhecimento da ideia de estabilidade das relações laborais como princípio orientador da sua regulação, promovendo tal estabilização enquanto permite a ponderação e gestão de um equilibro da tensão de interesses subjacentes às posições relativas dos contraentes na relação laboral[330].

---

[329] Introduzindo-se um elemento de selecção e promoção da estabilidade dos vínculos juslaborais, propicia-se certa *depuração* de relações jurídicas que não compaginem os seus termos concretos à sua causa e função jurídicas, bem como aos interesses dos sujeitos que as titulam.

[330] E é, de facto, em função das particularidades do tipo de relação estabelecida no quadro da prestação de uma actividade em regime de subordinação jurídica que o direito do trabalho actua, procurando corrigir o desequilíbrio material das posições dos contraentes, entenda-se, da situação de desigualdade material entre empregador e trabalhador. Nesse sentido se enquadra a referência e a instituição de um princípio de segurança e estabilidade no emprego, concretizado não apenas na eleição de um modelo contratual laboral típico assente no desenvolvimento temporalmente protelado da relação laboral como, por outro lado, na introdução de um sistema de garantia de tal modelo que se traduz, entre outras vertentes, na restrição das faculdades de denúncia por parte de um dos contraentes e consequente protecção da posição jurídica materialmente fragilizada em que se concretiza a situação do trabalhador.

Acusar-se-á porventura a posição que defendemos de certo *artificialismo* face aos dados aplicativos do instituto. Será por isso agora possivelmente mais clara a necessidade que se sentiu em clarificar as fronteiras entre fundamento e funções do instituto. É que, não obstante a análise da relevância juslaboral da experiência não deixar de obrigar à consideração da realidade aplicativa do período experimental, não é menos certo que tal busca não se poderá bastar nessa perspectiva – que se situa, como se compreende, no seu âmbito funcional.

Considerar o fundamento do instituto, obriga a *alargar o horizonte* de análise para uma perspectiva mais geral – ou, se se preferir, mais abstracta – compreendendo também, designadamente, a aludida vertente, frequentemente obscurecida ou, pelo menos, não devidamente sublinhada, do papel do período experimental enquanto propulsor ou impulsionador da promoção de uma estabilização das relações laborais.

Atentar no fundamento do instituto sem considerar a dupla valência que se procurou assinalar acaba por determinar uma visão parcelar deste, conduzindo à sua apreciação numa óptica fragmentada – como meio jurídico destinado à tutela da posição jurídica do contraente cuja posição e interesses se encontrariam aparentemente fragilizados ou debilitados pelas particulares exigências e restrições à sua actuação contratual, determinadas por um princípio de estabilidade da vinculação contratual laboral.

Por aqui se compreenderá a necessidade pressentida por quem, afirmando o carácter unilateral do instituto[331], procura salientar que, mesmo que apenas excepcionalmente, também poderá achar-se porventura um interesse do trabalhador na existência de tal período experimental; ou, numa outra formulação, a *desnecessidade*, na óptica do trabalhador, de reconhecimento de um tal modelo, na medida em que o seu efeito se alcança pela circunstância de, quanto a este, se achar plenamente garantida a liberdade de desvinculação.

As considerações precedentes procuram assim deixar entrever aquela que nos parece ser a desacertada intersecção de planos distintos de análise do instituto. A verdade é que o reconhecimento da presença predominante

---

[331] Ou seja, a afirmação de que o fundamento do período experimental se acha no reconhecimento e tutela de um interesse exclusivo, ou ao menos predominante, do empregador, desconsiderando-se o interesse do trabalhador na actuação do instituto. Cfr. *supra*, bibliografia e autores citados nas notas anteriores.

182   *Do Período Experimental no Contrato de Trabalho*

– ou, na actualidade, quase exclusiva – de um interesse do empregador enquanto corolário do fundamento do período experimental, em nada prejudica o reconhecimento da bilateralidade enquanto traço característico do desenho legal do instituto.

Neste sentido, aliás, se revela a preocupação de certa doutrina em distinguir o que qualifica como *função formal* e *função real ou dominante* do instituto[332]. A função formal corresponderá, nos termos de tal classificação, à razão de ser da regulação do instituto, enquanto a função dita real ou dominante englobará a consideração dos interesses das partes concretamente prosseguidos pelo recurso ao instituto e sua utilização no plano de certa relação jurídica concreta. Independentemente das críticas que possam ser dirigidas a tal modo de colocação da questão – designadamente, e em nosso entender, enquanto não esclarece claramente as distintas perspectivas de análise utilizadas para a estabelecer tal distinção – a verdade é que tal perspectivação do problema tem o mérito de alertar para os óbices decorrentes de uma equiparação entre planos distintos de análise do instituto. Esclarecidos os termos em que tal distinção deve operar, parece resultar evidente que, como se procurou já evidenciar, o debate em torno da bilateralidade ou unilateralidade dos interesses tutelados pela experiência se traduz numa intersecção precipitada entre dois planos distintos de análise[333].

---

[332] Veja-se, designadamente, MASSIMO ROCCELLA, *Manuale di Diritto del Lavoro*, G. Giappicheli Editore, Torino, 2004, p. 114.

[333] Em suma, o debate em torno da bilateralidade ou unilateralidade dos interesses prosseguidos pelo instituto não assumirá, no modo como se procura perspectivar esta questão, a *gravidade* que a ausência de diferenciação da análise entre fundamento e funções lhe induz. Numa palavra, e procurando reconduzir os termos ao sentido que se lhes julga mais apropriado, dir-se-á que o período experimental revela, no seu fundamento ou *ratio* normativa, uma marca de bilateralidade, independentemente de uma maior ou menor prevalência, na sua actuação prática, do interesse ou utilidade prática no recurso a tal figura. O desacerto da assimilação entre fundamento e funções do instituto manifesta-se claramente na necessidade, já mencionada, dos defensores do carácter unilateral dos interesses tutelados pelo período experimental em ressalvar certas hipóteses em que – por muito ocasionais que se afigurem – demonstram que o trabalhador pode também prosseguir um interesse específico e próprio através da actuação do instituto. Neste sentido, a par da bibliografia já citada, atente-se na síntese de ROCELLA, *ob. cit.*, p. 114 (que, pela sua clareza, se optou por citar no original):

"L'opinione che enfatizza la valenza bidirezionale della prova non può essere scartata a priori: non si può escludere infatti che anche un lavoratore specie se in possesso

Dito de outro modo, a referência ao fundamento do período experimental reportar-se-á, como se procurou assinalar de início, à razão de ser do período experimental no quadro do sistema jurídico em que se insere – o que, olhando ao ordenamento português, conduz ao reconhecimento do fundamento do instituto no valor da estabilidade do emprego – quer na sua vertente de factor de reequilíbrio do sistema, quer enquanto propiciador e potenciador da realização desse valor – estabilidade que constitui parte do traçado *genético* do modelo assumido pelo legislador como paradigma da contratação laboral. Assim se compreenderá talvez de modo mais claro a apontada opção do legislador português na consideração sistemática do período experimental enquanto *elemento natural* do modelo de contratação laboral que assume como paradigma deste tipo de relação jurídica. Deste modo também, parece resultar claro que a referência ao carácter bilateral ou unilateral dos interesses tutelados pelo período experimental – ao menos na perspectiva em que tal questão surge tradicionalmente colocada – deve situar-se não no plano da análise do seu fundamento mas sim na sua perspectiva funcional[334].

Saliente-se, aliás, com inteira justiça, a circunstância de, na doutrina portuguesa que se foi dedicando ao tema, nunca terem vingado as teses *unilateralistas* que noutros sistemas foram, ao menos em certos momentos, fazendo escola[335]. Dir-se-á, porventura, tratar-se de certo apego à concepção do vínculo laboral numa óptica tradicional, com forte influência civilística. Arriscamos considerar que o motivo seja

---

di elevata qualificazione profissionale e/o di una professionalità rara, tale da accrescerne il potere di mercato rendendogli agevole il reperimento di altra occupazione) possa approfittare del periodo de prova, e della dimissioni senza preavviso che esso consente, período saggiare la condizioni effettive della prestazione richiesta e l'opportunità di un suo stabile inserimento in una certa organizzazione aziendale."

[334] Que, como se referiu, tomando em linha de conta as projecções práticas do seu regime jurídico, permitirá enquadrar o sentido em que, a nosso ver, devem ser tomadas as referências e o debate em torno da bilateralidade ou unilateralidade do período experimental. Cfr. nota anterior.

[335] Alertando para os *vícios* das teses da unilateralidade, PUPO CORREIA, *ob. cit.*, p. 156. Já no quadro da Lei n.º 1952, de 10 de Março de 1937 (cfr. *infra*, Pt. 5.) – que consagrava a experiência apenas na óptica do empregador – RAUL VENTURA, *ob. cit.*, p. 248, não deixava de apontar que o período experimental "(...), em princípio, interessa, porém, às duas partes do contrato". No mesmo sentido, mais recentemente, JÚLIO GOMES, «Do uso e abuso do período experimental», *cit.*, p. 40.

outro – justamente, a compreensão da diferença de perspectivas entre o fundamento do instituto e as suas dimensões ou funções jurídico-práticas[336].

De tudo quanto fica dito, e do mais que se procurou ir avançando ao longo da exposição, resultam, a nosso ver, evidentes as insuficiências dos modos de perspectivação tradicionais da questão da natureza jurídica do período experimental que, desconsiderando a profunda conexão entre o instituto e os interesses e lógica específicos da área normativa em que se integra, procuram manter um enquadramento do instituto *constrangido* em estruturas conceituais que não permitem acomodar a sua complexidade e, no limite, o seu carácter específico e autónomo face a tais modelos tradicionais.

Em síntese, e a benefício de outros desenvolvimentos e reflexão que a economia da exposição não nos permite empreender, uma impressão parece contudo impor-se de modo evidente. É ela justamente, e a nosso ver, a conclusão de que o caminho para uma compreensão adequada e actualizada do instituto do período experimental num direito laboral actual não pode já conter-se em esquemas *importados* de outras áreas de regulação, nem conformar-se à sua perspectivação como *questão irreso-lúvel* fora de tais parâmetros. É aí, no seio do ordenamento juslaboral, na sua lógica e interesses próprios e orientada pelos princípios que justificam e legitimam – hoje talvez mais do que nunca – a necessária autonomia do ordenamento juslaboral face a outras áreas jurídicas de regulação que deve achar-se – e que porventura se achará de modo decisivo – o fundamento do período experimental e, consequentemente, uma resposta alicerçada e abrangente sobre a natureza jurídica do instituto.

---

[336] O que, a nosso ver, permite também não incorrer, como alerta JÚLIO GOMES, *cit.*, pp. 40-41, nos "(...) perigos inerentes a um exagero da bilateralidade". De facto, a justeza da afirmação do Autor, ao afirmar que "(...) o período experimental serve os interesses tanto do empregador, como do trabalhador, mas não os serve na mesmo medida" e, mais adiante, salientando que "(....) o período experimental, ainda que interesse a ambas as partes, interessa normalmente muito mais ao empregador (...)", em nada contraria o que vimos afirmando a este propósito. Referir a maior preponderância prática do interesse do empregador no recurso ao instituto apenas realça, em nosso entender, que nos achamos no domínio da verificação da actuação prática ou funcional do instituto e não, diversamente, perante uma valoração do seu fundamento no quadro de certo sistema jurídico. Aqui, sim, e apenas aqui, caso se considere útil e no sentido apontado, poderá falar-se em bilate-ralidade do período experimental.

SÍNTESE CONCLUSIVA

A terminar, e procurando sintetizar em poucas palavras uma apreciação global sobre o sentido do instituto do período experimental face à actual disciplina juslaboral do ordenamento jurídico português, sobressai, a nosso ver – e deixando de lado as conclusões parcelares que, a propósito de cada tema se procuraram alinhar – uma ideia fundamental quanto a tal sentido do instituto.

Da análise que se procurou desenvolver no curso destas já longas páginas – e que procuramos agora aclarar no remate desta investigação – sobressai justamente a ideia de que nos achamos perante um instituto que, muito embora assuma como objecto determinada feição ou vertente de um fenómeno de relevância potencialmente transversal ao ordenamento jurídico – o reconhecimento e tutela de *interesses experimentais* – não deixa, porém, de se distinguir e distanciar desse quadro mais geral, designadamente em razão da óptica particular que a circunstância de nos acharmos perante um contrato de trabalho individual imprime à consideração de tais interesses e, em especial, ao modo de configurar juridicamente a sua relevância.

O período experimental traduz-se então, a um único tempo, numa feição dupla e ambivalente de uma relação com o paradigma de relação de trabalho subordinado que lhe serve de fundamento – paradigma que assume, como um dos seus traços essenciais, um vector de estabilidade e durabilidade dos vínculos.

Assim, paradoxalmente, o instituto surge hoje como momento de *precariedade* na relação jurídica laboral a que se refere e, em simultâneo, como condição ou factor de potenciação e sedimentação da estabilidade de tal relação laboral.

Ora, só por via do reconhecimento de tal ambivalência se compreende e se alcança uma explicação satisfatória para um tão complexo e aparentemente tão obscuro sentido global do modelo de reconhecimento e tutela do instituto no nosso ordenamento juslaboral.

Ultrapassadas as concepções tradicionais que visavam equiparar este instituto aos quadros tradicionais da disciplina civilística, ressoa e ressurge a sua verdadeira natureza e fundamento jurídicos, que, como porventura será agora já claro, há muito se libertaram de outras dependências e encontram o seu espaço de autonomia e afirmação à luz dos princípios e da tutela de interesses que apenas se compreendem no quadro específico de uma regulamentação juslaboral.

BIBLIOGRAFIA CONSULTADA

AA. VV., *Comentario al Estatuto de los Trabajadores*, Dir. de Monereo Perez, Comares, Granada, 1998

AA. VV., *Kundigungsschutzgesetz Kommentar*, Beck, München, 1992, Anot. ao § 1 da KSchG, pp. 76 e 83

AA. VV., *Dossier Trabalho – Novos problemas, Novo Direito, SUB JÚDICE – Justiça e Sociedade*, n.º 27 (Janeiro-Março/2004), pp. 7-160

AA. VV., *I Licenziamenti Individuali e la Legge 11 maggio 1990, n.º 108 – atti del Convegno di Verona – 20 Ottobre 1990*, dir. Marcello De Cristofano, Cedam, Padova, 1991

AA. VV., *Münchener Handbuch zum Arbeitsrecht – Individualarbeitsrecht II*, Tomo 2, C. H. Beck, München, 1993

Abrantes, José João, «O Código do Trabalho e a Constituição», *Estudos sobre o Código do Trabalho*, Coimbra Editora, Coimbra, 2004, pp. 55 ss.

Almeida, Tatiana Guerra de, «Período Experimental – Breves Notas para o estudo comparativo dos regimes jurídicos português e espanhol» in *Estudos de Direito do Trabalho em Homenagem ao Professor Manuel Alonso Olea*, coord. António Monteiro Fernandes, Almedina, Coimbra, 2004

Amado, João Leal, *Vinculação versus Liberdade – O Processo de Constituição e Extinção da Relação Laboral do Praticante Desportivo*, Coimbra Editora, Coimbra, 2002

Andrade, Manuel de, *Teoria Geral da Relação Jurídica*, Vol. II, 9.ª reimpr., Coimbra Edit., Coimbra, 2003

Araújo, Maria José, «O Período Experimental nos Contratos a Prazo», *Scientia Iuridica*, Tomo XXXVI (1987), págs. 50-58

Assanti, Cecília, *Il contratto di Lavoro a Prova*, Giuffrè, Milano, 1957

Auvergnon, Philippe, «Les Ruptures en période d'essai», *Droit Social*, n.os 9/10, Setembro-Outubro/1992, pp. 796-804

190 *Do Período Experimental no Contrato de Trabalho*

BANO, Fabrizio, «Durata de la prova e sospensione dell'activitá lavorativa período ferie», *Rivista Italiana di Diritto del Lavoro*, Giuffrè, Milano, 1996, II, pp. 123 ss.

BAPTISTA, Albino Mendes, «A Duração do Período Experimental nos Contratos a Termo», *Prontuário de Direito do Trabalho*, n.º 55 (Abril-Junho/1998), Centro de Estudos Judiciários, págs. 57-65

___, *Jurisprudência do Trabalho Anotada – Relação Individual de Trabalho*, 3.ª ed. (reimpr.), Quid Juris Editora, Lisboa, 2000

BARTESAGHI, Massimiliano, «Sui Criteri di Computo del Tempo della Prova», *Rivista Italiana di Diritto del Lavoro*, Giuffrè, Milano, 1992, II, pp. 980 ss.

BATAILLE-NEVEJANS, Nathalie, «La période d'essai instituée au cours des relations contractuelles» *in Droit Social*, n.º 4 – Abril/2004, pp. 335 ss.

BIAGGI, Marco, *Istituzioni di Diritto del Lavoro*, 2.ª ed., Giuffrè, Milano, 2003

BONARDI, Olivia, «Durata Massima Legale del Periodo di Prova e Sospensione per Malattia», *Rivista Italiana di Diritto del Lavoro*, Giuffrè, Milano, 1997, II, pp. 179 ss.

BONARETTI, Loris, *Il Patto di Prova nel Rapporto di Lavoro Privato*, Giuffrè, Milano, 1987

BOWERS, John, *Bowers on Employment Law*, 6.ª ed., Oxford University Press, Oxford, 2002

BRIGNONE, Alessandro/RENDINA, Marco, *Il Patto de Prova*, Cedam, Padova, 1993

BURRAGATO, Gugliemo, «Patto di prova e relativi oneri formali» *in Rivista Italina di Diritto del Lavoro*, Ano XIX (2000), n.º 2, pp. 342 ss.

CALABRO, Emilia, «Periodo di Prova (Diritto Privato)» *in Enciclopedia del Diritto*, dir. de Francesco Calasso, Vol. XXXIII, Giuffrè, Milano, 1983, pp. 72 ss.

CAMERLYNCK, G. H., Droit du Travail – *Le Contrat de Travail*, Vol. 1, 2.ª ed., Dalloz, Paris, 1982

CANOTILHO, Gomes/MOREIRA, Vital, *Constituição da República Portuguesa Anotada*, 3.ª ed., Coimbra, 1993

CARINCI, Franco /TOSI, Paolo /TAMAJO, Rafaele De Luca /TREU, Tiziano, *Diritto del Lavoro, 2. Il Rapporto di Lavoro subordinato*, UTET, Torino, 1985/1986

CARVALHO, António Nunes de, «Anotação ao Acórdão do Tribunal Constitucional n.º 360/03», *Jurisprudência Constitucional*, n.º 1 (Janeiro-Março/2004), pp. 37-42

___, «O pluralismo do Direito do Trabalho», *III Congresso Nacional de Direito do Trabalho – Memórias*, Almedina, Coimbra, 2001, pp. 269 ss.

Bibliografia Consultada

___, *Das Carreiras Profissionais no Direito do Trabalho – Notas para o estudo do caso português*, Lisboa, 1990 (dissertação ainda não publicada)

CHÉNEDÉ, Olivier /JOURDAN, Dominic, *Contrato du Travail – Du recrutement à la rupture*, 5.ª ed., Dalloz-Delmas, Paris, 2003

CHORÃO, Mário Bigotte, *Direito do Trabalho*, policop., Instituto de Estudos Sociais, Lisboa, 1970/1971

CIAN, Orgio/TRABUCCHI, Alberto, *Commentario Breve al Codice Civile*, 4.ª ed., Cedam, Padova, 1992

CORDEIRO, António Menezes, *Da boa fé no Direito Civil*, reimpr., Almedina, Coimbra, 2001

___, *Manual de Direito do Trabalho*, Almedina, Coimbra, 1991

CORREIA, Miguel José de Almeida Pupo, «Da experiência no contrato de trabalho», *Boletim da Faculdade de Direito da Universidade de Coimbra*, Supl. XVIII, Coimbra, 1971, págs. 149-324

___, *Da Experiência no Contrato de Trabalho*, policop., Coimbra, 1967

CORRIGNAN-CARSIN, Danielle, «La Periode d'essai», *Revue de Jurisprudence Sociale*, 8-9/95, 1995, pp. 551 ss.

COSTA, Mário Júlio de Almeida, *Direito das Obrigações*, 8.ª ed. (revista e aumentada), Almedina, Coimbra, 2000

COUTURIER, Gèrard, *Droit du Travail – 1. Les relations individuelles de travail*, 2.ª ed., P.U.F., Paris, 1992

DESCHAMPS, Etienne, *La période d'essai*, Rebondir Ed., Puteaux, 2001

DIEGUEZ, Gonzalo, *Lecciones de Derecho del Trabajo*, 4.ª ed., Marcial Pons, Madrid, 1995

DRAY, Guilherme, *O Princípio da Igualdade no Direito do Trabalho – Sua aplicabilidade no domínio específico da formação de contratos individuais de trabalho*, Almedina, Coimbra, 1999

DÜTZ, Wilhelm, (com a colab. de Heike Jung), *Arbeitsrecht*, 9.ª ed., C. H. Beck, München, 2004

ETIENNOT, Pascale, «Stage et essai en droit du travail», *Revue de Jurisprudence Sociale*, 8-9/99, 1999, pp. 623 ss.

FERNANDES, António Monteiro, «O despedimento *ad nutum* e a relevância dos motivos», *Estudos Sociais e Corporativos*, 1964, Ano III, n.º 9, págs. 13-35

___, *Direito do Trabalho*, 12.ª ed., Almedina, Coimbra, 2004

192   *Do Período Experimental no Contrato de Trabalho*

___, *Noções Fundamentais de Direito do Trabalho*, 2.ª ed., Almedina, Coimbra, 1978

FERNANDES, Luís Carvalho, *Teoria Geral do Direito Civil*, Vol. II, 3.ª ed., Universidade Católica Portuguesa, Lisboa, 2001

FREITAG, Peter, *Das Probearbeitsverhältnis*, 2.ª ed., Schäffer, Stuttgart, 1981

GAMILLSCHEG, Franz, *Arbeitsrecht I – Arbeitsvertrags- und Arbeitsschutzrecht*, 8.ª ed., C. H. Beck, München, 2000 (com adit. de actualização de Janeiro/2001)

GHERA, Edoardo, «Sulla apponibilità del patto di prova nel contrato di formazione e lavoro» *in Il Contratto di Formazione e Lavoro fra Legislazione e Contratazione*, Giuffrè, Milano, 1991

GOMES, Júlio Vieira, «Do uso e abuso do período experimental», *Revista de Direito e Estudos Sociais*, 2001, n.º 3, págs. 37-74, n.º 4, págs. 245-276

___, «Anotação ao Acórdão do Tribunal Constitucional n.º 360/03», *Jurisprudência Constitucional*, n.º 1 (Janeiro-Março/2004), pp. 30-36

GOMES, Maria Irene, «Principais aspectos do regime jurídico do trabalho exercido em comissão de serviço» *in Estudos de Homenagem ao Professor Alonso Olea*, coord. António Monteiro Fernandes, Almedina, Coimbra, 2004

___, «A comissão de Serviço» *in A Reforma do Código do Trabalho*, Coimbra Editora, Coimbra, 2004

___, *A Comissão de Serviço no Direito do trabalho*, Coimbra, 2000 (dissertação ainda não publicada)

GONZALEZ, FRANCISCO J. TOROLLO, «Extinción del contrato en período de prueba», *Estúdios sobre el Despido – Homenage al Profesor Alfredo Montoya Melgar en sus vinticinco años de Catedrático de Derecho del Trabajo*, Univ. de Madrid, Madrid, 1996, pp. 325 ss.

HUECK/NIPPERDEY, *Compêndio de Derecho del Trabajo*, (trad. castelhana de Miguel Rodriguez Piñero e Luis Enrique de La Villa), Editorial Revista de Derecho Privado, Madrid, 1963

ICHINO, Pietro, *Il contrato de Lavoro*, III, col. *Trattato di Diritto Civile e Commerciale*, Giuffrè, Milano, 2003

LA PRADELLE, Laure de, «La periode d'essai», *Revue Pratique de Droit Social*, n.º 611, 1996, pp. 79 ss.

LEITÃO, Luís Teles de Menezes, *Código do Trabalho Anotado*, reimpr., Almedina, Coimbra, 2003

LEITE, Jorge, *Direito do Trabalho*, Vol. II (reimpr.), Serviços de Acção Social da Universidade de Coimbra – Serviço de Textos, Coimbra, 1999

LOPES, Manuel Baptista, *Do contrato de Compra e Venda – No Direito Civil, Comercial e Fiscal*, Almedina, Coimbra, 1971

LÖWISCH, Manfred, *Arbeitsrecht*, 7.ª ed., Werner, Düsseldorf, 2004

MANCUSO, Rita, «Note sul recesso del datore di lavoro durante il periodo di prova» *in Rivista Italiana di Diritto del Lavoro*, Ano IV – n.º 3, Jul.--Set./1985, pp. 315 ss.

MARINELLI, Massimiliano, «La specificità delle mansioni nel patto di prova» *in Rivista Italiana di Diritto del Lavoro*, Ano XXI (2002), n.º 2, pp. 903 ss.

MARTINEZ, Pedro Romano, «Considerações Gerais sobre o Código do Trabalho», sep. IV Congresso Nacional de Direito do Trabalho, Almedina, Coimbra, 2004, pp. 41-60

___, *Apontamentos sobre a Cessação do Contrato de Trabalho à Luz do Código do Trabalho*, Associação Académica da Faculdade de Direito de Lisboa, Lisboa, 2004

___, *Direito do trabalho*, Almedina, Coimbra, 2002

MARTINEZ, Pedro Romano/MONTEIRO, Luís Miguel/VASCONCELOS, Joana/BRITO, Pedro Madeira de/DRAY, Guilherme/SILVA, Luís Gonçalves da, *Código do Trabalho Anotado*, 3.ª ed., Almedina, Coimbra, 2004

MARTINS, Pedro Furtado, «A Crise do Contrato de Trabalho», Sep. *RDES*, Ano XXXIX (XII da 2.ª Série), Outubro-Dezembro/1997, n.º 4, pp. 335 ss.

___, *Cessação do Contrato de Trabalho*, 2.ª ed., Principia, Cascais, 2002

___, *Despedimento Ilícito, Reintegração na Empresa e Dever de Ocupação Efectiva – Contributo para o Estudo dos Efeitos da Declaração de Invalidade do Despedimento*, Supl. *Direito e Justiça*, Universidade Católica – Faculdade de Direito, Lisboa, 1992

MARTINUCCI, Giuseppe, «Durata del período di prova e riposi settimanali», *Rivista Italiana di Diritto del Lavoro*, Giuffrè, Milano, 2000, II, pp. 500 ss.

MAZZONI, Giuliano, *Manuale di Diritto del Lavoro*, Giuffrè, Milano, 1988

MELGAR, Alfredo Montoya, *Derecho del Trabajo*, 23.ª ed., Tecnos, Madrid, 2002

MELGAR, Alfredo Montoya/MORENO, Galiana/SEMPERE NAVARRO/RIOS SALMERÓN, *Comentarios al Estatuto de los Trabajadores*, 5.ª ed., Thomson, Navarra, 2003

MIRANDA, Jorge/MEDEIROS, Rui, *Constituição Portuguesa Anotada*, Tomo I, Coimbra Editora, Coimbra, 2005

194   *Do Período Experimental no Contrato de Trabalho*

MONTESINOS, Ignacio Albiol /MELLADO, Carlos Alfonso /PELLICER, Ángel /PESET, José, *Estatuto de los Trabjadores*, 2.ª ed., Tirant Lo Blanch, Valencia, 2001

MOTA PINTO, Carlos Alberto da, *Teoria Geral do Direito Civil*, 3.ª ed. (11.ª reimpr.), Coimbra Editora, Coimbra, 1996

MOURA, JOSÉ BARROS, *Compilação de Direito do Trabalho Sistematizada e Anotada*, Almedina, Coimbra, 1980

MOURA, Paulo Veiga e, *A Privatização da Função Pública*, Coimbra Editora, Coimbra, 2004

NETO, Abílio, *Código do Trabalho e Legislação Conexa – Anotados*, Ediforum, Lisboa, 2003

___, *Contrato de Trabalho – Notas Práticas*, 16.ª ed., Ediforum, Lisboa, 2000

NEVES, Ana Fernanda, *Relação Jurídica de Emprego Público*, Coimbra Editora, Coimbra, 1999

NOGUÉRO, David, «Le devenir de la période d'essai du salarié» *in Droit Social*, n.º 6 – Junho/2002, pp. 589 ss.

OLEA, Manuel Alonso, «Resolucion del contrato de trabajo en periodo de prueba y discriminación por razon de embarazo», *Revista Española de Derecho del Trabajo*, Civitas, Madrid, 1988, pp. 617 ss.

OLEA, Manuel Alonso/BAAMONDE, Maria Emília Casas, *Derecho del* Trabajo, 20.ª ed., Civitas, Madrid, 2002

PALOMEQUE LÓPEZ, Manuel Carlos/ALVAREZ DE LA ROSA, Manuel, *Derecho del Trabajo*, 5.ª ed., Editorial Centro de Estudos Rámon Areces, Madrid, 1997

PÉLISSIER, Jean/SUPIOT, Alain/JEMMAUD, Antoine, *Droit du Travail*, 22.ª ed., Dalloz, Paris, 2004

PERA, Giuseppe, (com a colab. de Vincenzo António Poso), *Compendio di Diritto del Lavoro*, 6.ª ed., Giuffrè, Milano, 2003

PINTO, Mário/MARTINS, Pedro Furtado/CARVALHO, António Nunes de, *Comentário às Leis do Trabalho*, I, Lex, Lisboa, 1994

PINTO, Mário, *Direito do Trabalho*, Univ. Católica Editora, Lisboa, 1996

PIQUERAS, Maria Carmen Piqueras, «El período de prueba: pasado y presente de una institución jurídico-laboral clásica», *Revista Española de Derecho del Trabajo*, 1995, págs. 249-280

___, *La Extinción del Contrato durante el Período de Prueba como Despido*, Ibidem Ediciones, Madrid, 1995

Bibliografia Consultada

PIRES DE LIMA/ANTUNES VARELA, *Código Civil Anotado*, Vol. II, 3.ª ed., Coimbra Editora, Coimbra, 1986

POSO, Vincenzo António, «Le conseguenze del recesso del datore di lavoro período motivo illecito durante il período di prova», *Rivista Italiana di Diritto del Lavoro*, Giuffrè, Milano, 1988, II, pp. 476 ss.

PREIS, Ulrich/KLIEMT, Michael/ULRICH, Cristoph, *Aushilfs- und Probearbeitsverhältnis*, 2.ª ed., C. F. Müller, Heidelberg, 2003

QUINTAS, Paula/QUINTAS, Hélder, *Código do Trabalho Anotado*, Almedina, Coimbra, 2004

___, *Regulamentação do Código do Trabalho*, 2.ª ed., Almedina, Coimbra, 2004

RAMALHO, Maria do Rosário Palma, «Intersecção entre o regime da função pública e o regime laboral – Breves Notas», *Estudos de Direito do Trabalho*, I, Almedina, Coimbra, 2003, pp. 69 ss.

RAMALHO, Maria do Rosário Palma/BRITO, Pedro Madeira de, *Contrato de Trabalho na Administração Pública – Anotação à Lei n.º 23/2004, de 22 de Junho*, Almedina, Coimbra, 2004

RAY, Jean Emmanuel, *Droit du Travail, Droit Vivant*, 12.ª ed., Liasons, Paris, 2003

REBELO, Glória, *Emprego e Contratação Laboral em Portugal – Uma Análise Sócio-Económica e Jurídica*, RH Editora, Lisboa, 2003

ROCCELLA, Massimo, *Manuale di Diritto del Lavoro*, G. Giappicheli Editore, Torino, 2004

ROYO, Miguel Rodríguez-Piñero, «El período de prueba (En torno al articulo 14)», *El Estatuto de los trabajadores, 20 Años Después, REDT*, n.º 100 (2000), pp. 465 ss.

SANSEVERINO, Luísa Riva, *Diritto del Lavoro*, 14.ª ed., Cedam, Padova, 1982

SCHAUB, Günter, (com a colab. de Ulrich Koch e Rüdiger Linck), *Arbeitsrechts-Handbuch*, 11.ª ed., C. H. Beck, München, 2005

SCOGNAMILIO, Renato, *Manuale de Diritto del Lavoro*, Jovene Edit., Napoli, 2003

SILVA, Filomena Dias da, *Recrutamento e Selecção de Pessoal*, Almedina, Coimbra, 1995

SILVA, Maria Conceição Tavares da, *Direito do Trabalho*, Instituto de Estudos Sociais, policop., Lisboa, 1964-65

SIMONE, Gisella De, «Note a margine di un caso di recesso discriminatório período ragioni di sesso al termine del periodo di prova» *in Rivista Italiana di Diritto del Lavoro*, Ano IX, n.º 1, II, 1992, pp. 228 ss.

SÖLLNER, Alfred/WALTERMANN, Raimund, *Grundiss des Arbeitsrechts*, 13.ª ed., F. Vahlen, München, 2003

STOLFA, Francesco, *Il Rapporto di lavoro: Subordinazione e Costituzione*, Tomo II, UTET, Torino, 1993

SUPPIEJ, Giuseppe, *Il Rapporto di Lavoro – Costituzione e Svolgimento*, col. *Enciclopedia Giuridica del Lavoro*, dir. Giuliano Mazzoni, vol. 4, Cedam, Padova, 1980

TAVARES DA SILVA, Maria da Conceição, *Direito Do Trabalho*, Instituto de Estudos Sociais, Lisboa, 1964-65

TELLES, Inocêncio Galvão, *Manual dos Contratos em Geral*, 4.ª ed., Coimbra Editora, Coimbra, 2002

VARELA, João de Matos Antunes, *Das Obrigações em geral*, Vol. II, 9.ª ed., Almedina, Coimbra, 1996

VAL TENA, Angel Luís, *Pacto de Prueba y Contrato de Trabajo*, Civitas, Madrid, 1998

VALLEBONA, António, *Istituzioni di Diritto del Lavoro – II – Il Rapporto di Lavoro*, 4.ª ed., Cedam, Padova, 2004

VALVERDE, ANTÓNIO MARTIN, *El período de Prueba en el contrato de Trabajo*, Editorial Montecorvo, Madrid, 1977

VANNES, Viviane, *Le contrat de Travail: Aspects Théoriques et Pratiques*, 2.ª ed., Bruylant, Bruxelles, 2003

VENTURA, Raul, «Do Período De Experiência No Contrato De Trabalho» *in O Direito*, ano 93 (1961), n.º 4, págs. 247-280

___, «Lições de Direito do trabalho» *in* AA. VV., *Estudos de Homenagem ao Professor Raul Ventura*, Vol. II, Coimbra Editora, Coimbra, 2003, pp. 551 ss.

___, *Teoria da Relação Jurídica de Trabalho – Estudo de Direito Privado I*, Imprensa Portuguesa, Porto, 1944

XAVIER, Bernardo da Gama Lobo, *Curso de Direito do Trabalho*, 2.ª ed. (com aditamento de actualização), Verbo, Lisboa, 1996

___, «A estabilidade no Direito do Trabalho Português», Sep. *Estudos Sociais e Corporativos*, Ano VIII, n.º 31 (Julho-Setembro/1970), Lisboa, 1970

___, *Curso de Direito do Trabalho I – Introdução. Quadros organizacionais e Fontes*, 3.ª ed., Verbo, Lisboa, 2004

___, *Da justa causa de despedimento no contrato de trabalho*, Boletim da Faculdade de Direito da Universidade de Coimbra, sep. Supl. XIV, Coimbra, 1965

___, *Do despedimento colectivo no dimensionamento da empresa*, Verbo, Lisboa, 2000

___, *Regime Jurídico do Contrato de Trabalho Anotado*, 2.ª ed., Atlântida Editora, Coimbra, 1972

ZANGARI, Guido, *Il contrato di Lavoro con Clausula di Prova – I – Fattispecie. L' esperimento comme effetto preliminare*, Giuffrè, Milano, 1965

___, *Il Recesso dal Rapporto di Lavoro in Prova – Studi sul contratto di lavoro con clausola di prova*, Giuffrè, Milano, 1970

ZÖLLNER, Wolfgang/LORITZ, Karl-Georg, *Arbeitsrecht*, 4.ª ed., C. H. Beck, München, 1992

ÍNDICE

Página

Plano geral da Exposição 7

Siglas e Abreviaturas mais utilizadas 11

Introdução 13

PARTE I
PRELIMINARES

1. Considerações gerais 21

2. Noção e características do período experimental 28

    2.1. Temporaneidade e temporalidade do período experimental 29
    2.2. Fundamento e funções do período experimental 34
    2.3. Faculdades extintivas da relação de trabalho 42

3. Distinção de figuras próximas 44

    3.1. Período experimental, processos de recrutamento e selecção de pessoal e promessa de contrato de trabalho 44
    3.2. Período experimental e *períodos probatórios em funções* 48
    3.3. Período experimental e *formação* 50
    3.4. Formas *atípicas* de experiência. O recurso prático à contratação a termo como meio alternativo ao período experimental 52

4. Evolução do tratamento legal do instituto no ordenamento jurídico português – Indicação sumária 56

200   *Do Período Experimental no Contrato de Trabalho*

PARTE II
RELAÇÃO DE TRABALHO E PERÍODO EXPERIMENTAL

TÍTULO I
ENQUADRAMENTO DO PERÍODO EXPERIMENTAL
NA ESTRUTURA DA RELAÇÃO JURÍDICA LABORAL

1. Razão de ordem 65

2. Modelos normativos de reconhecimento e tutela do período experimental   66

3. Autonomia contratual e regulamentação colectiva – Âmbito e limites
da sua actuação na conformação da disciplina jurídica do instituto 75

TÍTULO II
O REGIME JURÍDICO DO PERÍODO EXPERIMENTAL
NO CÓDIGO DO TRABALHO

CAPÍTULO I
O PERÍODO EXPERIMENTAL E A CONSTITUIÇÃO
DA RELAÇÃO JURÍDICA LABORAL

1. Período experimental e formação do contrato de trabalho 81

2. Influência do período experimental no *programa contratual*. Indicação
de sequência 85

CAPÍTULO II
CONTEÚDO DA RELAÇÃO DE TRABALHO
DURANTE O PERÍODO EXPERIMENTAL

1. O dever de realização da experiência 91

1.1. O problema da autonomização de um dever de realização da expe-
riência 91
1.2. Conteúdo do dever de realização da experiência 95

Índice

1.3. A apreciação do interesse na manutenção do contrato de trabalho como fundamento de um especial dever de actuação durante o período experimental 100

1.4. A violação do dever de realização da experiência 104

2. O objecto da experiência 107

3. Breves notas sobre o período experimental no contrato de trabalho em regime de comissão de serviço. O novo regime do artigo 108.º do Código do Trabalho 114

CAPÍTULO III
DURAÇÃO E DECURSO DO PERÍODO EXPERIMENTAL

1. Duração do período experimental 119

1.1. Regime legal de duração do período experimental 120

1.2. Autonomia contratual e regulamentação colectiva no regime de duração do período experimental 131

1.3. Determinação do prazo aplicável. Antecipação do termo do período experimental, prorrogação da experiência e período experimental como duração mínima do contrato 131

1.4. Cômputo dos prazos de duração do período experimental 137

1.5. Período experimental e acções de formação 139

1.6. O novo regime do artigo 105.º n.º 2 – Necessidade de aviso prévio – Remissão 141

2. Suspensão do período experimental 142

3. O decurso do período experimental e seus efeitos quanto à posição jurídica dos contraentes 144

CAPÍTULO V
CESSAÇÃO DA RELAÇÃO DE TRABALHO
DURANTE O PERÍODO EXPERIMENTAL

1. As especiais faculdades extintivas da relação laboral durante o período experimental. Razão de ordem. Enquadramento 147

2. A cessação do contrato de trabalho durante o período experimental face ao regime laboral *geral* de cessação do contrato de trabalho 149

202 *Do Período Experimental no Contrato de Trabalho*

3. A qualificação da cessação do contrato de trabalho durante o período experimental como denúncia.. 156

3.1. A questão da qualificação da cessação do contrato durante o período experimental no regime da LCCT 156
3.2. A terminologia utilizada pelo Código do Trabalho e a qualificação como denúncia da cessação do contrato de trabalho durante o período experimental 159

4. Desnecessidade de alegação ou fundamentação da decisão de denúncia do contrato de trabalho durante o período experimental 159

5. A exoneração legal de deveres indemnizatórios................................... 161

6. Aviso prévio 161

6.1. Regime geral – Desnecessidade de aviso prévio 161
6.2. O regime especial do n.º 2 do artigo 105.º CT – Necessidade de aviso prévio do empregador quando o contrato tenha durado mais de sessenta dias 162

7. Denúncia ilícita. Fundamentos e consequências jurídicas.................... 165

PARTE III
NATUREZA JURÍDICA DO PERÍODO EXPERIMENTAL

1. Razão de ordem.. 171

2. Teses *dualistas* sobre a natureza jurídica da experiência juslaboral...... 172

3. Teses *monistas* – A experiência juslaboral como fase ou momento inicial de um vinculo contratual unitário 173

4. Perspectivas actuais sobre a natureza jurídica do instituto. O fundamento do instituto no ordenamento juslaboral português 175

SÍNTESE CONCLUSIVA 185

BIBLIOGRAFIA 189

ÍNDICE.. 199